纪念上海社会科学院暨
院图书馆成立六十周年

上海社会科学院图书馆馆藏张仲礼学术收藏目录（西文）

主编◎王海良
副主编◎王威　毕晓妍

上海社会科学院出版社
SHANGHAI ACADEMY OF SOCIAL SCIENCES PRESS

上海社会科学院图书馆馆藏张仲礼学术收藏目录（西文）

主　编：　王海良

副主编：　王　威　毕晓妍

工作小组主要成员：

沈大明　蒋　晨　程　佳　李　蘅　施玉妹

崔新梅　武模会　张瑞力　王　莺　王立伟

杨士奇　钟添好　姚骄桐　沈怡琦　李　沁

文　静　马　岭

序

展现在读者面前的这本书——《上海社会科学院图书馆馆藏张仲礼学术收藏目录(西文)》是为纪念张仲礼先生并为便利相关学术研究而编撰的专题工具书之一。我们之所以用这种方式纪念张仲礼先生,首先是因为他曾长期担任上海社会科学院院长,为我们这个社会科学学术研究机构的发展作出了重要贡献。其次是因为张仲礼先生闻名海内外学术界,其治学之道堪称典范,一直嘉惠同道及后学,值得后人长期学习。再者是因为张仲礼先生的学术收藏十分丰富,价值很高,不可多得,将其系统整理,使其能为后辈学人长期发掘利用,既是我们弘扬其治学精神的题中之义,无疑也应该是他本人的初衷。

张仲礼于 1920 年 4 月 10 日在上海出生,1941 年毕业于上海圣约翰大学,获经济学学士学位。在银行业工作几年后,通过公派赴美留学选拔考试,于 1947 年初入美国西雅图华盛顿大学经济系,获经济学硕士学位,1953 年获经济学博士学位。后留校任教并从事研究工作,历任经济系、远东研究所助理研究员、副研究员、研究副教授等职,主要研究方向为中国经济史和太平天国史。张仲礼于 1958 年底回国参加中华人民共和国建设,历任上海社会科学院经济研究所研究员、研究室主任、副所长,上海社会科学院常务副院长、院长,并兼任中国国际交流协会上海分会副会长、上海社会科学联合会副主席、上海生态经济学会会长、中国经济史学会副会长、上海市社会科学高级职称评审委员会主任委员等职。曾被选为第六届至第九届全国人大代表并成为提出议案最多的人大代表。1982 年获美国卢斯基金会中国学者奖。

张仲礼先生以其英文学术专著《中国绅士》闻名遐迩,这部开山之作不仅奠定了他在中国学术研究领域的独特地位,也在中国经济史研究界树立了几乎不可逾越的标杆。帮助他取得这一里程碑式成就的最有力工具和便捷途径是华盛顿大学图书馆的丰富资料,那里收藏了大量的清政府官方文献、19 世纪重要官员的文集和奏稿,以及方志、宗谱、家谱、族谱等珍贵史料。他在掌握和利用这些宝贵资料的基础上,通过科学的分析方法,解决了关于中国绅士的制度问题,并因此于 1952 年获得美国学会科学研究理事会奖金。《中国绅士》博得了美国学术界的高度评价,成为中国研究的重要参考书。这一时期,他还完成并出版了《太平天国史》《19 世纪中国重要官员的奏稿提要》和《中国绅士的收入》。回国后，他重点研究中国近代资本主义经济史和上海工业史，出版了《南洋兄弟烟草公司史料》《荣家企业史料》等重要作品；改革开放后，他的研究重点转到外国在华企业，他领衔完成的主要研究成果包括《英美烟草公司在华企业资料汇编》《沙逊集团在旧中国》《太古集团在旧中国》《近代上海城市研究》《东南沿海城市与中国近代化研究》《长江沿江城市与中国近代化》等。张仲礼先生在这样漫长的靠史料说话的学术研究活动中，养成了随手收集并精心收藏学术资料的好习惯，他曾在美国国会图书馆中国部的专家阅览室整整坐过 3 个月，每当发现好的资料时，他都如获至宝，爱不释手。他回国时带回最多的不是衣物电器家具，而是大批银行资料。回国后，他又收集了大量的 1949 年后上海工商业改造、公私合营、工业生产等方面的原始资料。这一习惯一直延续到他八十高龄以后，不仅在长期的学术研究中发挥了重要作用，也给后人留下了丰厚的学术宝藏。

在上海社会科学院，张仲礼先生享有崇高的地位和声誉，提到老院长大家都能道出许多佳话。然而，关于老院长收藏的大批学术资料，恐怕了解情况的人就屈指可数了。这些不会说话的旧资料大多已有五十多个年头了，先后身处经济所资料室、院大楼地下室和院档案室，虽几经辗转，却没有散失，多数仍保持了原貌。2013 年夏，这批资料被移送到院图书馆，我们随即制订了整理计划并付诸实施。经过前期一年多的拆箱整理，弄清了这批资料的情况。资料分中文和西文两大部分，而西文主要是英文和法文。我们决定把中文资料和西文资料分开编目和保存，后又经我馆工作人员及上海师范大学古籍文献专业 2014—2016 届本科实习生近三年的努力，完成了所有资料的编目工作，并于 2017 年出版了《上海社会科学院图书馆馆藏张仲礼学术收藏目录(中文)》。

《上海社会科学院图书馆馆藏张仲礼学术收藏目录(西文)》是《上海社会科学院图书馆馆藏张仲礼学术收藏目录(中文)》的姊妹篇，共收西文条目 8 537 条，与中文学术资料目录数量相当，但其内容更广博，纷繁复杂。语种虽以英语为主，但也涵盖多种其他语言，如法语、意大利语、德语、西班牙语、葡萄牙语等。我们在编目时先把它们按语种分开，再把数量最大的英文资料按形态和内容划分成信件、报告、账册、表格、合同、期刊、档案、手稿、图书、电报及其他 11 大类。为方便读者查找，全部资料都按出现的年份排列顺序。这样就形成了方便读者和研究者查找所需资料的《上海社会科学院图书馆馆藏张仲礼学术收藏目录(西文)》。至此，我们完成了对馆藏张仲礼收藏学术资料的整理和目录编辑出版工作。

在《上海社会科学院图书馆馆藏张仲礼学术收藏目录(西文)》成书之际，我由衷感谢所有参与这批学术资料整理工作的我馆同仁和上海师范大学同学们，没有他们的努力和辛劳付出，这些资料仍会停留在身蒙积尘散乱无序的状态，绝不可能被分门别类对号入座并编成目录一目了然的。此外还要感谢上海社会科学院出版社前社长缪宏才先生，现任社长佘凌女士，副总编唐云松先生，社长助理陈磊先生，以及本书责任编辑曹艾达女士，他们的支持、指导和协助，使这本学术工具书得以顺利面世，助力学人。最后，需要指出的是，限于学术和专业水平，资料的整理和目录的编写难免存在不足之处，希望得到专家的批评指正，以便再版时修改完善。

王海良

二〇一八年夏于上海

总　　目

凡　例

本目录共收录由张仲礼院长收藏的外文学术资料整理而来的西文条目 8 537 条,内容广博,纷繁复杂,语种以英语为主,并涵盖多种语言,如法语有 1 148 条,此外还有少量意大利语、德语、西班牙语、葡萄牙语、日语等。从中可见,张仲礼老院长不仅自身学识极其渊博,还为学界研究之便利,悉心收集保存了多语种学术资料。虽然这批资料主要是西文资料,但也含有日文资料,因数量不多,且题名是以罗马字形式记录的,我们为保持资料的完整性,仍收入本西文目录中。此外,原资料中个别不易辨识语种的条目,也另作一类,列在最后。现述本目录编纂体例如下:

一、为便于读者查阅和利用常见语种的资料,以及查找研究课题最可能涉及的语种的资料,将全目先按语种不同,再按同语种下情况不同,大致分为 17 个种类。

这是由于资料本身特性决定了先按语种分类更加清晰、系统。需要说明的是,有些资料内容是外语的,但题名是中文的,在这种情况下,为避免冗长杂乱,将该资料按其内容所属语种归类,但仍保留其中文题名,并不再打括号特别说明该资料的语种了。

二、鉴于资料的年代复杂且日期标注方式不统一,为便于读者查找,我们把各个类目下的条目按原标注时间进行排列,以下列三种形式呈现,其顺序如下例:

1920

1920.8

1920—1924

日期编排的原则是,能够追溯到月份的就标明至月份,不能追溯到月份的就标明年份,只能追溯到年份区间的则只标明年份区间范围。对年份或时间未标明不清楚的,统一放在该类目的最后。

三、由于英语类的体量最大,为方便读者查找和利用,我们又按照资料的载体类型进行了进一步分类,情况如下:

1. 信件,该类共有条目 2 423 条,主要是打印的书信。

2. 报告,该类共有条目 379 条,以公司企业的单篇报告、工作总结、业务概要等为主。

3. 账册,该类共有条目 1 825 条,包括各种成本核算的账册和单张的账单。

4. 表格,该类共有条目 137 条,包含以列表方式呈现的业务活动数据、报表或统计表。

5. 合同,该类共有条目 174 条,为一般公司企业间的协议、合同、合约。

6. 期刊,该类共有条目 55 条,基本是公司企业订购的专业期刊、杂志。

7. 档案,该类共有条目 100 条,属于企业以档案形式保存的归档过的文件、人事材料、机构材料等。

8. 手稿,该类共有条目 50 条,是包括手写信件在内的非打印的手写原件。

9. 图书,该类共有条目 27 条,主要是公司企业印制的资料本,采用了图书的装订方式,故以图书称之,而不是由出版社或出版公司出版发行的书籍。

10. 电报,该类共有条目 32 条,大多是银行类的业务类电报,也有一些电报公司留存的底稿。

11. 其他,该类共有条目 2 030 条,内容最为繁杂,具有不同载体形式,是将不适用于前列任何分类的条目都归于该类目下。

四、目录中有不少“...”符号,是因原稿此处原本有内容,但由于年代久远导致模糊无法辨认,或因史料本身纸张缺损导致文字缺失,故在录入时以此符号标示。

一、英文资料

1. 信件

题名;责任者;出版时间

Bank of America;H.G. Mende;1901

Application by importers;1913—1919

Raven trust company;1914

Raven trust company, limited;1914

Roberson & rosier;1914

North America companies;1914.1.20

The U.S. government at work;1914.2—3

Bonney forge & tool works;1914.4.11

电报;天津电信局;1915.6.25

Community fund for the Shanghai American school;1916

Memorandum from the jardine engineering corporation, limited;1916.9.29

伪美丰银行;1917

North China export produce co.;1917.7

The kailan mining administration;1917.9

Netherlands India commercial bank;1917—1950

Changli agricultural station;1918.12.13

伪刘鸿记;柳江煤矿铁路公司;1918—1923

Asia banking corporation;1919

The chartered bank of India, Australia & China;1919

Pao chong auto supply works;1919.11

Chartered bank of India, Australia and China;1920

International banking corporation;1920

The national city bank of New York;1920

The Shanghai bankers guild;1920.2.20

Asia banking corporation;1921

Chartered bank;1921

The first national bank of Chicago;1921.2

军阀张作霖与法帝的勾结活动;法帝中法工商银行天津分行;1921.2—1928.12

N.e. lurton 致函美帝大通银行结束存款和遗产事;1921.4.22—1925.2.12

General letter file;1921.7.20

The mercantile bank of India, limited;1921.8.1

美国律师爱温斯;1921.8.5

填昌洋行与美亚之业务函件、朱孔嘉之函件等;中国人民银行上海市分行;1921—1945

International banking corporation;1922

Union trust company;1922

Asia banking corporation;1922.2.25

Asia banking corporation;1922.2.26

Myron g. shick export and import of furs & skins;1922.7.4

The American oriental banking corp;United states court for China;1922.9

In the united states court for China;1922.10

To & from the wing on compang, fed., inc., U.S.A., Shanghai;1922.11.23

Asia banking corporation;1922.12.5

Bank of China Tientsin;1923

International banking corporation;1923

The chartered bank of India, Australia &

China;1923

四川美丰银行;1923

伪刘鸿记;柳江煤矿铁路公司;1923

信济银行;1923

中法工商银行;1923

重庆四川美丰银行;1923

重庆四川美丰银行;1923

Asia life insurance co.;1923.1.12

Fuhrmeister & company;1923.2.23

International banking corporation;1923.2.9—1926.2.26

Miscellaneous;1923.2.20

American consulate general;1923.3

International banking corporation;1923.6.31

United states court for China;1923.6

United states court for China;1923.6.22

The bankers trust company of New York;1923.8.16

Equitable eastern banking corporation;1923.10.29

Insured: yue ming worsted mill, ltd.;1923.10

The chartered bank of India, Australia & China;1923.11.4

Dong chong cycle & motor company;1923.12

Asia banking corporation;1923—1928

Herbet b. gallop;1923—1925

Hong kong & Shanghai banking corporation Tientsin;1923—1929

Messrs. American express co.;1923—1932

The American-oriental banking corporation;中法工商银行;1923—1935

The italian bank for China Tientsin;Sino Italian Bank;1923—1924

与客户业务往来信件;Banque Franco Chinoise;1923—1927

中法实业银行与客户 Feldman 来往信件;1923—1924

American oriental banking corporation;1924

American oriental banking corporation;1924

Compagin franc American d'assurances;1924

Eastern engineering works, ltd.;1924

Fed., Inc., U.S.A.;1924

International banking corporation;1924

International banking corporation;1924

The mercantile bank of India;1924

美帝花旗银行纽约致北京分行函件;1924

万国储蓄会;1924

万国储蓄会;1924

万国贸易发展公司;1924

中央汽车公司;1924

中央汽车公司;1924

中央汽车公司;1924

中央汽车公司;1924

Internatioanal banking corporation;1924.1.5

The fearon, daniel company;1924.2

Copy of letter from international banking corporation New York;C.R. Bennett;

1924.3.14

Equitable eastern banking corporation;英商连纳有限公司;1924.4—1929.2

International banking corporation;1924.4.29—6.4

Chartered bank, Tientsin;1924.5—12

Copy of telegram received;中央汽车公司;1924.5.17

International banking corporation;1924.5

International banking corporation;1924.5.22

Mitsui bussan kaisha, ltd.;中央汽车公司;1924.5.24

Bank of communication;Societe Francaise de gerance;1924.6.5

International banking corporation 60 wall street New York;1924.6.16—24

Olma manufacturing co.;S.F.G.B.I.C.;1924.6.27

American-oriental banking corporation;1924.7.9

The American-oriental finance corporation;1924.7

Acme messenger service 合伙协议;1924.9

American-oriental banking corporation;1924.9

American-oriental banking corporation;1924.9.15

The united corporation of China;The American oriental banking corp;1924.9

American community interests;1924.10.24

The bank of nova scotia;1924.10.11

The central bank of China;1924.10.4

W.a. doberck & co.;1924.10

First national bank detroit;1924.11.23

First national bank of boston;S.F.G.B.I.C;1924.11.13

Rosenstock's directory of China and manila;Rosenstock's Directory Of China;1924.11.2

Starr, park & freeman, inc.;1924.11.14

American exchange national bank;S.F.G.B.I.C;1924.12.11

American oriental banking corporation;1924—1933

American oriental finance corporation;Banque Franco-Chinoise;1924—1935

American-oriental banking corporation;1924—1926

American-oriental banking corporation;1924—1933

Manufacturers trust company;A.R. Smyth;1924—1934

Singer sewing machine company;1924—1929

The American-oriental banking corporation;1924—1930

The hongkong & Shanghai banking corporation;1924—1935

The national city bank of New York Tientsin;1924—1926

The national city bank of New York;1924—1940

The texas company, petroleum and its products;1924—1925

Tientsin investment corporation;1924—1946

伪刘鸿记;柳江煤矿铁路公司;1924—1925

伪美丰银行;1924—1929

American oriental banking corporation;1925

American-oriental finance corp;1925

Bank of communication;1925

Chartered bank of India, Australia & China;1925

Commerce trust company kansas city;1925

Eduard meyer & co.;The American-oriental banking corporation;1925

International banking corporation;1925

International banking corporation;1925

Manufactures trust company;1925

O. joerg & co.;1925

Special payments letter;1925

The American express company;1925

The American-oriental banking corporation Shanghai;1925

The chartered bank of India, Australia & China;1925

The merchants national bank of Los Angeles;1925

万国储蓄会;1925

American-oriental banking corporation;1925.1.16

Bank of chosen tokioi;L'Agent General Pour La Chine;1925.1.8

The merchants national bank;1925.1

Mr. r.m. Binney, assistant vice president;1925.2.13

Union trust company dearborn & madison streets;1925.2.6

Allied express co., ltd.;1925.3.17

China provinces;1925.3.28

Equitable eastern banking corporation;1925.3.6

Manufacturers trust company;1925.3

American-oriental banking corporation;1925.4.23

Kent & meunsey;1925.5.8

Kinhai trading company, ltd.;1925.5—1933.3

The association of appointed banks, Tientsin;1925.5.26

Cecil holiday & co., ltd.;Bank Of Montreal;1925.6.29

福利公司;1925.6.18

China products & industrial co. importers and exporters Tientsin;Banque Franco-Chinoise;1925.7—12

Cr. inf. rendor trading corporation, fed., inc., U.S.A., Tientsin;1925.7.20

Imperial chemical industries (China), ltd.;1925.7.25

Office of the chief inspectorate of salt revenue. 18, the bund. Shanghai;1925.8.12

The American oriental banking corporation;1925.8.21

American oriental banking corporation Shanghai;American oriental banking corporation;1925.9.28

Eastham & dawid counsellors at law;1925.9

Eduard meyer & co. (the American-oriental banking corporation, Tientsin.);Eduard Meyer & Co.;1925.9.15

Imperial chemical industries (China), ltd.; 1925.9.24—12.30

The American oriental banking corporation; 1925.9.5

Commerce trust company; 1925.10.1

Confirmation; 世昌洋行; 1925.10.23

Hemmings & berkley; 1925.10

M. garibaldi & co.; 1925.10.5

Mr. h.m. Blake; 1925.10.12

The China state bank; 1925.10.14

The international bank of China; 1925.10.9

Chartered bank of India, Australia & China; 1925.11.21

Messageries terrestres & maritimes; 1925.11.11

Black sea & baltic general ensurance co., ltd.; 1925.12.23

Mr. w.s. Flaming; 1925.12.21

The chartered bank of India, Australia and China; 1925.12.7

American oriental banking corporation; 1925—1935

American oriental banking corporation; 1925—1935

American oriental banking corporation; 1925—1938

Curits & tompkins; 1925—1926

G. colinet Tientsin; 中央汽车公司; 1925—1928

Mathon & dubrulle; 1925—1929

The American-oriental banking corporation; 1925—1933

The American-oriental banking corporation Tientsin, China; 1925—1933

The chartered bank of India, Australia & China; 1925—1931

The national city bank of New York; 1925—1934

德国汉堡 norddeutshe 银行信用证及信件等; 1925—1935

关于 Faust & co.信用证问题的信件; 1925—1926

Asia banking corporation; 1926

Asia banking corporation routine letter; 1926

Blend-levey inc; 1926

Bryner & co. (Shanghai), ltd.; 1926

Charles james fox; 1926

Chartered bank of India, Australia & China; 1926

Chartered bank of India, Australia & China; 1926

Cr. inf. natt weinstock, inc. New York; 1926

E.w. frazar & company; 1926

E.w. frazar & company; 1926

General motors China; 1926

Hongkong and Shanghai banking corporation; 1926

Midland bank, limited; 1926

Shewan, tomes & co.; 1926

The American-oriental banking corporation; 1926

The bank of christian education; 1926

The kailan mining administration; 1926

美通洋行; 1926

苏州鸿生火柴公司瑞典火柴公司准备买厂的来往文件;1926

中法工商银行;1926

中法工商银行;1926

中法工商银行与中南银行往来信件;1926

American-oriental finance corporation; 1926.1.6

G. colinet; 1926.1.9

Planters national bank; 1926.1.21

Subject file; 1926.2.19

The mercantile bank of India, limited; 1926.2 —1950.11

Equitable eastern banking corporation; 1926.3.13

Equitable eastern banking corporation; 1926.3.23

E.w. frazar & company; 1926.4

The Yokohama specie bank, limited; 1926.4.10

E.w. frazar & company; 1926.5

E.w. frazar & company; 1926.5.27

E.w. frazar & company; 1926.5.28

Head office Shanghai; 1926.5.27

Memorandum from rosenstock's directory of China; American oriental rank; 1926.5.23

Nichols super yarn & carpets, inc.; 1926.5.26

E.w. frazar & company; 1926.6.15

E.w. frazar & company; 1926.6.1

E.w. frazar & company; 1926.6.10

E.w. frazar & company; 1926.6.2

E.w. frazar & company; 1926.6.3

E.w. frazar & company; 1926.6.3

E.w. frazar & company; 1926.6.9

Eduard meyer & co.; 1926.6.19

Equitable eastern banking corporation; 1926.6.29

Mr. b.m. kepping; 1926.6.30

The American oriental banking corporation; 1926.6.8

The American-oriental banking corporation; 1926.6.7

Trust receipt; 1926.6.29

Copy of telegram received; 1926.7.5—9

Far eastern division; Ladies & gentlemens; 1926.7.23

Memorandum; Equitable Eastern Banking Corporation, Shanghai; 1926.8.3

Soloman Zetlin; 1926.8.10

Special indemnity contract; 1926.8.31

The jardine engineering corporation, limited; 1926.8.21

Despatched messrs e.a. pierce & co., San Francisco; 通商行名簿; 1926.9.17

E.w. frazar & company; 1926.9.7

Eduard meyer & co.; 1926.9.22

Eduard meyer & co.; 1926.9.3

Rough translation; 1926.9—10

Asia banking corporation; 1926.10

Miss j. vilinovich; 1926.10.12

National city bank, Seattle; 1926.10.25—1927.1.7

Trust receipt; 世昌洋行; 1926.10

China foreign corporation importers and exporters;1926.11.23

Monthly letter the American exchange-pacific national bank New York;1926.11.1

Asia banking corporation;1926.12.30

Asia banking corporation;1926.12.8

North America companies Shanghai branch;1926.12.3

通商行名簿;Rosenstock's Dirctorg Of China;1926.12.4

1926年至1935年伪美丰银行与大通银行、美加银行的保密信件;伪美丰银行;1926—1935

Dexter horton national bank, Seattle;1926—1929

North America companies;1926—1947

Phola. outgoing evacuation office;C.P. Simoes;1926—1927

Sino italian bank Tientsin branch;Bank Franco-Chinoise;1926—1930

The American-oriental banking corporation;上海美丰银行;1926—1931

The American-oriental banking corporation;1926—1935

伪刘鸿记;柳江煤矿铁路公司;1926—1927

伪美丰银行;1926—1927

伪美丰银行与波斯顿的伪"The national shawnut bank"之间来往业务信件;1926—1930

一般业务函件;法帝中法工商银行;1926—1931

中法工商银行天津分行与H. Carrie先生的往来函件;中法工商银行天津分行;1926—1936

Aisa banking corporation;1927

American asiatic underwriters;1927

American embassy office of the naval attache;1927

American-oriental corporation;1927

American union bank new-york;1927

Asia banking corporation;1927

Asia banking corporation;1927

E.w. frazar & campany;1927

Frazar, federal inc., U.S.A.;1927

Pacific naitional bank;1927

Peterson cipher code corporation;1927

Standard Vacuum oil company;1927

The national city bank of New York;1927

The thai farmers bank, limited. Bangkok, Siam;1927

Tientsin;1927

Tientsin investment corporation;1927

Union trust company;1927

Union trust company;1927

Woodcraft works, limited;1927

东省铁路管理局;1927

费尔幕诗大律师事务所;1927

美帝花旗银行业务类 纽约总行与北京分行业务信件;1927

天津万国储蓄会;1927

伪上海美丰银行雷文写给美国加利福尼亚州洛杉矶C.A. Barker的信件;1927

与工商银行往来业务信件;1927

伪美丰银行;1927.1—3

The China & south sea bank, ltd.;

1927.1—4

美帝花旗银行业务(北京)业务函电; 1927.1—12

Union trust company; 1927.1.25

Mr. t.l. Mar; 1927.1.26

Chartered bank, Tientsin; 1927.3.11

International banking corporation, Peking, China; 1927.3.12

R. Fermus Avocat; 1927.3

The American oriental banking corporation; 1927.3.7

The national city bank of New York; 1927.3.4

The oriental book store; 1927.3

Union trust company (American oriental banking corporation); F.B. Tedford; 1927.3.1

J. gully & co.; 1927.4—5

The national city bank of New York; 1927.4.11

The Shanghai commercial & saving bank, ltd.; 1927.4—1929.12

Union trust company; 1927.4

Chang ying tang deceased; 1927.5

The Shanghai commercial & savings bank, ltd.; 1927.6.22

Union trust company; 1927.6.6

Kent & mounsey; National City Bank Of New York; 1927.7.5

American-oriental banking corporation; 1927.8.13

Chartered bank of India, Australia & China; 1927.8

Stockholms enskilda bank; 1927.8

The chihli commercial company, inc.; 1927.8

The American express company, inc.; 1927.10

Tientsin realty company, inc.; 1927.10.9

天津万国储蓄会; 1927.10.15

A public savings company; 1927.11

Anglo chinese girl's school; Jos. Manager; 1927.11.28

Christiania general insurance co.; Asst Manger; 1927.11.29

Tientsin realty company, inc.; 1927.11

Carfield national bank New York; 1927.12.29

China merchants steam navigation company; 1927.12.10

Mr Paul Benoist; 1927.12.19

Rossia insurance company of America Hartford, conn; 1927.12.14

The American oriental banking corp Shanghai China; 1927.12

Union trust company; 1927.12

Union trust company; Chicago; 1927.12.15

American oriental banking corporation; 1927—1934

Equitable eastern banking corporation; 1927—1928

Melchers & co.; 1927—1928

Midland investment company, limited; 1927—1938

Philippine trust company; 1927—1930

Yee tsoong tobacco distributors, limited; 1927—1928

The national city bank;1927—1939

The national city bank of New York; 1927—1938

Trust receipt;1927—1936

The American-oriental banking corporation dr.;1928

American asiatic underwriters;1928

American oriental banking corporation;1928

Asia banking corporation;1928

Bank of America San Francisco calif;1928

Columbian bank note company;1928

Equitable eastern banking corporation;1928

Hong kong & Shanghai banking corporation;1928

Oriental product trading company;1928

States steamship company;1928

The chartered bank of India, Australia & China;1928

The daily suppliers;1928

The equitable eastern banking corporation;1928

The mercantile bank of India, limited;1928

The national bank of scotland, limited;1928

The national city bank of New York;1928

The national city company;1928

Tientsin race club;1928

Yee tsoong tobacco distributors, limited;1928

苏州鸿生火柴公司柴林天翼往来函件;1928

天津万国储蓄分会;1928

伪刘鸿记;1928

伪美丰银行;1928

The American-oriental banking corporation（往来文件）;1928.1

1928 年 2 月至 1934 年 11 月伪六福洋行、伪贸达洋行、伪亨茂洋行等关于有效的签字盖章间给伪美丰银行的信件(英文...;伪美丰银行;1928.2—1934.11

American oriental bank;The American oriental banking corp;1928.2.25

Union trust company;1928.2.20

法帝中法工商银行天津分行与上海商业储蓄银行的来往函件;1928.2

伪津浦铁路管理局寄信给伪上海美丰银行关于微术投资建造株陈铁路的信件;1928.2

伪美丰银行;1928.2.18—1929.9.19

伪美丰银行调查 shea twing co.的情况，伪香港国民商业储蓄银行的复询文件;伪美丰银行;1928.2.20

Eisler reeves & murphy federal inc., U.S.A.;1928.3.6

Equitable eastern banking corporation;大通银行;1928.3.26

Fidlity union trust company;1928.3

In the united states court for China;N. F. Allman, L.T. Kenake;1928.3.19

National motor sales corporation;1928.3.8

Pacific national bank;1928.3.15

Pacific national bank;1928.3.24

The national city company;1928.3.1

United capitol national bank and trust company;1928.3.12

American oriental banking corporation;1928.4.7

American-oriental banking corporation;The chase national bank;1928.4

Telegram despatched;1928.4

Union trust company;1928.4.16

The American-oriental banking corporation;上海美丰银行;1928.5.16

The American-oriental banking corporation Tientsin, China;天津美丰银行;1928.5.21

伪美丰银行 1927 年至 1930 年关于美联合史华公司等公司的资产、经济情况等及业务信件;伪美丰银行;1928.5.14

Equitable eastern banking corporation;1928.6.13

Equitable eastern banking corporation;1928.6.13

Pacific national bank;1928.6.27

The canadian bank of commerce mail to American oriental banking corp;1928.6.22

美国樊克令律师公馆律师信;American oriental banking corporation;1928.6.25

Aau main office, Hongkong;1928.7.26

R. riroyal oak victoria;1928.7.23

The united states national bank;1928.7.9

Tientsin realty company, inc.;美商业兴公司;1928.7.1

Bryner & co.;1928.10.22

Copy of monsieur h. bar manager;苏联驻华贸易处;1928.10.6

The national city bank of New York;1928.10.16

The national city company;1928.11.30

Union trust company;1928.11.13

Hongkong & Shanghai banking corp;1928.12.6

The American oriental banking corp;1928.12

The national city company;1928.12.12

福建美丰银行;1928.12

American asiatic underwriters;Manila Office Manage;1928—1934

Duplicate;Milano;1928—1929

Hongkong and Shanghai banking corporation;1928—1950

Public national bank of New York;1928—1946

The central bank of China;1928—1929

花旗银行北京分行与纽约总行及各地分行来往的业务函件;1928—1931

伪刘鸿记;柳江煤矿铁路公司;1928—1933

伪刘鸿记;柳江煤矿铁路公司;1928—1934

中英澳特许银行与伪美丰银行关于 C.H. gonda 的信件往来;伪美丰银行;1928—1933

American asiatic underwriters;1929

American asiatic underwriters;1929

American foreign credit underwriters;1929

American oriental banking corporation;1929

assignment letters;1929

Confidential;1929

Equitable eastern banking corporation;1929

Equitable eastern banking corporation;1929

Equitable eastern banking corporation, Shanghai;1929

Fidelity national bank and trust company;1929

First national bank;1929

First national bank;1929

First national bank;1929

Hongkong & Shanghai banking corporation;1929

Irving trust company;1929

List of furniture written in chinese characters;1929

North America companies;1929

Pacific national bank;1929

Seiro tanaka & company;1929

Sun life assurance company of Canada;1929

The bank of America;1929

The first national bank of Chicago;1929

The first national bank of Chicago;1929

The kailan mining administration;1929

The texas company;1929

Tientsin lot no.61061903;瑞和洋行;1929

Union trust company;1929

大通银行;1929

大通银行;1929

福建美丰银行;1929

关于厦门分局副局长在证券、股票间与美东银公司之间往来文件;伪美丰银行;1929

联昌有限公司;1929

苏州鸿生火柴公司出口业务来往函件;1929

万国储蓄会;1929

伪美东银公司与汉口徐家棚伪粤汉铁路工务处之间往来信件;伪美丰银行;1929

伪美丰银行业务信件;1929

伪美丰银行与神户花旗银行之间往来业务文件;伪美丰银行;1929

中法工商银行;1929

1929年1月至10月伪美丰银行与伪中庸有限公司等单位账目的来往文件;伪美丰银行;1929.1—10

Bank of America;1929.1

Messrs fairchild & co., ltd.;1929.1.15

Private & confidential;1929.1.15

伪美丰银行规定银行规章制度的文件;伪美丰银行;1929.1.17

American oriental finance corporation;1929.2

American-oriental banking corporation;1929.2.4

Monsieur kouo, pekin;1929.2.26

National park bank;1929.2—3

Harbour department;1929.3.4

American-oriental banking corporation;1929.4.13

万国储蓄会;1929.4.24

Equitable eastern banking corporation;1929.5.10

Equitable eastern banking corporation;1929.5.22

The first national bank of Chicago; 1929.5.31

中法保太水火保险公司; 1929.5.24

The chinese-American publishing company; 1929.6.18

American oriental banking corporation; 1929.7.4

E. bourgery; 1929.7.9

In duplicate; 1929.7

The l.e. gale company; 1929.7.29

The national city bank of New York; 1929.7.6

The national city bank of New York, Tientsin; 1929.7—1934.1

Chamber of commerce of the united states of America; 1929.8.30

Standard products corporation manufacturers-importers-exporters; 1929.8.6

A. & m. karagheusian American corp. for overseas Tientsin branch; 1929.9.5

American oriental banking corporation; 1929.9.5

The American express company, inc.; 1929.9.3—12.30

Chartered bank of India, Australia & China; 1929.10.19

Frazar, federal inc., U.S.A. Tientsin Peking Mukden Harbin Daren Tsingtao; 1929.10.31

Law office theodore e. simmang; 1929.10

Pacific national bank; 1929.10

The mercantile bank of India, ltd.; 1929.10.19

Shanghai municipal council; Horn & Nobbins; 1929.11.27

The chekiang industrial bank, limited; 1929.11.29

苏州鸿生火荣公司产品销售函件; 1929.11

American consular service; 1929.12.30—1930.1.10

Fleming, franklin & allman; 1929.12.19

法帝中法工商银行天津分行业务函件; 1929.12.5

1929年至1934年伪美丰银行与纽约juaing junst company之间业务往来文件; 伪美丰银行; 1929—1934

American oriental banking corporation; 1929—1930

American-oriental banking corporation; 1929—1930

American-oriental banking corporation; 1929—1933

Equitable eastern banking corporation; 1929—1930

Memo; 瑞生洋行; 1929—1934

Memorandum; 天津美以美会中西女学校; 1929—1930

Pine street corner of nassau; Banque Franco-Chinoise; 1929—1943

Sino-belgian development co. power of attorney; Buchheister. Co.; 1929—1930

The International Export Co., Ltd.; 1929—1941

The Shanghai evening post; 1929—1937

伪美丰银行; 1929—1930

伪美商福利有限公司、伪美商美艺有限公司等对地毯进行估价(1929—1930); 伪美丰银行; 1929—1930

The American-oriental banking coporation; American-oriental banking corporation; 1929.7.18

American oriental banking corp; 1930

American oriental finance corporation; 1930

American-oriental banking corporation; 1930

American-oriental banking corporation; 1930

American-oriental banking corporation; 1930

American-oriental banking corporation; 1930

American-oriental banking corporation; 1930

Asia realty company; 1930

Bank of America; 1930

Champagne Leon Chandon; 1930

Chartered bank of India, Australia & China; 1930

Chartered bank of India, Australia & China; 1930

Chartered bank of India, Australia & China; 1930

Chekiang industrial bank, limited; 1930

China securities company, inc.; 1930

Eastman kodak company; 1930

Equitable eastern banking corporation; 1930

Equitable eastern banking corporation; 1930

First national bank of Chicago; 1930

Gordon; 1930

Hongkong & Shanghai banking corporation; 1930

London office; 1930

Motor car loss Shanghai no.47/3; 1930

National city bank of New York; 1930

North America companies Shanghai branch; 1930

Pacific national bank; 1930

Pacific national bank; 1930

Pacific national bank; 1930

Pacific national bank of San Francisco; 1930

Rathke grain company; 1930

Shanghai office; 1930

Specimen signature; 1930

Swiss bank corporation; 1930

The national city bank of New York; 1930

The American-oriental banking corporation; 1930

The first national bank of Chicago; 1930

The Shanghai trading co. of New York; 1930

The Yokohama specie bank, limited; 1930

Yien yieh commercial bank Tientsin, China; 1930

大通银行; 1930

法东银行; 1930

华比银行; 1930

苏州鸿生火柴公司来往函件; 1930

天津美丰银行; 1930

伪 The office appliance 打字机公司与伪美东银公司之间有关发行新股票等的来往信件; 1930

伪汇丰银行、伪远东银公司等单位的业务信件;1930

伪美东银公司内部会议通知"研究股票持有问题";伪美丰银行;1930

伪美丰银行;1930

伪美丰银行有关行情的业务电报及少量业务信件;1930

伪美国总会与伪美东银公司之间来往信件;1930

粘镶木片事业;1930

American-oriental banking corporation 7-m-4 Tientsin-China;1930.1.10

American-oriental banking corporation Shanghai to Tientsin;1930.1—2

Garage central;1930.1.15—21

Robertson evans motors federal, inc.;1930.1.17—29

The American-oriental banking corporation;1930.1.27

Thomson & co.;1930.1

Tuthill spring company;1930.1.17

Garage central;1930.2.21

Garage central Tientsin;First National Bank;1930.2.17

Mr. r.g. Fairfield;1930.2.5—1931.12.23

White-cooper & co.;1930.2.14

Abstract of outgoing cable;1930.3.7

Chartered bank of India, Australia & China;1930.3.11

Equitable eastern banking corporation;1930.3

Millington, limited;1930.3—12,1934

National city bank of New York Tientsin;1930.3.7

Private file no.1045;J. Warner Brown;1930.3.17

The American-oriental finance corporation;1930.3.5

A.s. watson & co.;1930.4.22

Reliable fur trading co. Tientsin;1930.4.11—1946.3.26

The equitable trust company of New York;1930.4.1

The first national bank of Chicago;1930.4.22

Thomson & co.;J. Kleffel;1930.4.25

天津万国储蓄分会;1930.4.17

Chartered bank of India, Australia & China;1930.5.21

Dollar trading corporation;The First National Bank;1930.5.1

The American-oriental banking corporation Tientsin, China;天津美业银行;1930.5—9

The central bank of China;1930.5.8

The Hongkong & Shanghai banking corporation, Tientsin;1930.5.6—1931.3.25

American asiatic underwriters;1930.6—1931.3

North America companies 1600 arch street philadelphia l;Siernssen & Co.;1930.6.23

The Brearley company 323 chestnut street;1930.6.5

Thomson & co.;The American-oriental banking corp;1930.6.21

Chartered bank, Tientsin;1930.7.17

Horn & nobbins manufacturers

representatives; Frazar, Federal Inc., U.S.A; 1930.7.5

States steamship company; 1930.7.22

The China soap company; 1930.7.3

Thomson & co.; David P. Gill; 1930.7

British-American tobacco company (China), ltd.; 1930.8.16

Pacific national bank of San Francisco; 1930.8.14

The American-oriental banking corporation; 1930.8.2

The American-oriental banking corporation; 天津美业银行; 1930.8.6

The national city bank of New York; 1930.8.1

Charles h. duff 12/14 queen's road. (central) Hongkong 0113/0108; 1930.9—11

Pacific national bank; 1930.9.18

Peoples wayne county bank; 1930.9.27

The first national bank of Chicago; 1930.9.4

美商华美皮毛公司; 1930.9.15

伪美丰银行 1930 年业务信件(贷款); 伪美丰银行; 1930.9.1

Captain henry t. kent; 1930.10.16

Head office to tsingtao; 1930.10

Hongkong & Shanghai banking corporation; 1930.10.29

The American-oriental banking corporation Tientsin, China; 天津美业银行; 1930.10.29

Thomson & co.; 1930.10.23

关于与 Horace Gulick 遗产执行人往来函; 1930.10.3

伪美丰银行 1930 年业务信件(贷款); 伪美丰银行; 1930.10.31

American oriental finance corporation (statistical department); 1930.11.19

Asia realty company; 1930.11.8

Feng hwa steam navigation co., ltd.; 上海英商美灵登有限公司; 1930.11.24

Lloyds bank, ltd.; 1930.11

Redgate & co. [export] led provision exporters & manufacturers; 1930.11.19

Starr, park & freeman, inc.; David P. Gill; 1930.11

American asiatic underwriters; 1930.12—1931.9

Ostergotlands enskilda bank; 1930.12.17

伪东银公司伪贷款问题等的业务信件来往; 1930.12.23

American oriental banking corporation; 1930—1931

Bank of australasia; 1930—1931

Henry Stsinberg co. tsingtao; Mr. Kislitzin; 1930—1932

Member banks of the association; 1930—1941

Memorandum; 英商隆茂有限公司; 1930—1940

The American express company, inc.; Airst (Asiatic) National Bank; 1930—1933

The chartered bank of India, Australia & China; 1930—1933

The export trading & finance corporation; 1930—1939

The Yokohama specie bank; 1930—1932

The Yokohama specie bank, ltd.; 1930—1938

本卷关于该行与伪华义银行、伪花旗银行、伪麦加利银行在交换商业情报方面的往来业务信件;伪美丰银行;1930—1935

本卷关于该行与伪美国纽约 mamfctaiode joint co.在资产方面的往来文件,以及与伪美家银行在交换商业情...;伪美丰银行;1930—1935

法帝中法工商银行天津分行;1930—1940

刘鸿生赞助反动政府征收统税和大中华要求缓追欠税的往来函件;1930—1935

伪 vankos. hollyart. co.公司合营合同等文件;伪美丰银行;1930—1934

伪美丰银行;1930—1935

伪美丰银行业务信件(贷款);1930—1932

伪益普地产公司求职申请书;伪美丰银行;1930—1932

中法工商银行;Banque Franco Chinoise;1930—1933

中国人民银行上海市分行香港办事处书件;1930—1931

Standard oil company of New York;1931

2nd. lt. john. nemeth;1931

American-oriental banking corporation;1931

American-oriental banking corporation;1931

Chartered bank, Tientsin.;1931

Defiance spark plugs, inc.;1931

Eastern engineering works, ltd.;1931

Instrument of transfer;1931

Original via siberia;1931

Paul Benoist;1931

Raven trust company;1931

Received from the American-oriental banking corporation;1931

Relay motors export corporation;1931

Sino-American company manufactures representatives Italian bund, Tientsin;1931

Telegram despatched;1931

The American-oriental banking corporation;1931

The chase national bank;1931

The chihli import & export co.;Banque Franco-Chinoise;1931

The national city bank of New York, 36, bishopsgate;1931

The Tientsin land investment co., ltd. Tientsin;P.S. Widdup;1931

Thriftcor bank;1931

Thriftcor bank;1931

法东各种函件;1931

法商永兴洋行;1931

亨茂汽车公司;1931

华丽皮毛公司;1931

美国 gagton pnice & colid 与伪天津美丰银行来往业务信件及其他杂件;伪美丰银行;1931

天津崇德堂;1931

天津崇德堂;1931

伪美丰银行求职申请书;1931

永盛;1931

All-China export corporation;1931.1

Melchers & co. cable address;Frazar, Federal Inc., U.S.A;1931.1.31

Mr. Arthur Noltinck;1931.1.30

Raven trust company;1931.1.12—1933.3

天津美丰银行;1931.1—1932.4

Equitable eastern banking corporation;1931.2—3

Inter-office communication;1931.2.11

National provincial bank, limited;1931.2.24

The chartered bank of India, Australia & China;1931.2

大通银行;1931.2.27

Chekiang first bank of commerce, ltd.;1931.3.7

North America companies Shanghai branch;1931.3.28

Raven trust company;1931.3.1

The bank of chosen;1931.3.3

The central bank of China;1931.3.3

Application for personal and other (non-import) requirements;1931.4.28

Crocker first national bank of San Francisco;1931.4.2

The first national bank of Chicago;1931.4.20

The national city bank of New York (head office or branches);Assistant Vice President;1931.4.23

Thomson & co.;1931.4.13

British municipal council Tientsin;1931.5.12

Eduard meyer & co.;1931.5.13

Equitable eastern banking corporation;1931.6.2

G.t.r., limited;1931.6.3

Martins bank, limited;1931.6.23

The American-oriental banking corporation;1931.6.23

美国信济银行上海分行;1931.6.9

Barclays bank;1931.7.17

British & continental banking company, limited;1931.7.28

Chartered bank, Tientsin;G.N. Allen;1931.7—1940.12

Orsini & france express company;1931.7.3

The chartered bank of China;1931.7.6

The chase bank;1931.7.15

法国大律师董唐及庞纳富;1931.7

天津上海商业储蓄银行;1931.7.10—15

First Seattle dexter horton national bank;1931.8.25

Goteborgs bank;1931.8.10

Louis dreyfus & co.;1931.8.29

Morris casing co.;1931.8

The Shanghai evening post;1931.8

Mr. p.b. truax;1931.9.16

Pacific national bank of San Francisco;E.O. Kaufmann;1931.9.15

The American oriental finance corporation;1931.10.7

Oriental trading & engineering company;1931.11.14

The national city company;J.F. Lauderdale;1931.11

American-oriental banking corporation;1931.12.11

Memorandum;1931.12

The central bank of China;1931.12.31

The central trust of China;1931.12.21

The Shanghai commercial & savings bank, ltd.;普莱梅大律师公馆;1931.12

百利洋行;1931.12

Agency agreement (fire);1931—1935

American asiatic underwriters;1931—1932

American asiatic underwriters;1931—1936

American asiatic underwriters fed., inc., U.S.A;Banque Franco-Chinoise;1931—1946

Henri begue Tientsin-China;日耀洋行;1931—1938

J.P. Lawrie import company importers of oriental merchandise;J.P. Lawrie import company;1931—1932

The asiatic petroleum co.;1931—1934

The China printing & finishing co., ltd.;1931—1946

本卷关于伪天津美丰银行与伪普益公司之间有关客户存款问题以及股票问题的业务往来文件;伪美丰银行;1931—1935

伪花旗银行与伪中国进出口银行往来业务信件;1931—1935

伪美国驻沪领事馆与伪普益银公司之间有关福利方面的往来文件;1931—1933

伪普益银公司给美亚保险公司的业务往来文件;伪美丰银行;1931—1935

伪普益银公司与伪上海美丰银行业务往来信件;1931—1932.2

1932年关于cathay international import, co.的情况的往来文件;伪美丰银行;1932

1932年向伪美丰银行申请贷款单;伪美丰银行;1932

1932年向伪美丰银行申请贷款单;伪美丰银行;1932

American-oriental banking corporation;1932

Donies. K.L;1932

Manufacturers trust company 55 broad street New York;1932

Private & confidential;1932

Russian emigrants' association;1932

Special instruction applying to our application of the ... 1937;Bierce & Co.;1932

The American-oriental banking corporation;1932

The American-oriental banking corporation;1932

The national bank of New Zealand, limited;1932

The Tientsin land investment co., ltd.;1932

Thriftcor bank;1932

万国储蓄会;1932

伪菲列滨银行、伪德七古石油公司与伪普益银公司有关提取现金等方面的往来信件;1932

伪美丰银行;1932

伪普益公司同Mary T. chang就股票买卖等问题的来往信件;1932

伪普益银公司与伪上海美丰银行关于附寄支票等业务往来信件;1932

信济银行;1932

Bank of America nt & sa;1932.1

中国电报局;1932.2.22

Chartered bank of India, Australia & China;J. Warner Brown;1932.3—4

Motor car loss;1932.3.4

The American-oriental banking corporation;1932.3.10

American-oriental banking corporation Shanghai;1932.4.6

Garage central;中国人民银行上海市分行;1932.4.25

Original via siberia;1932.4.29

Sheng hsi foo hat co.;The kingcheng bank;1932.4—9

The chase national bank of the city of New York;1932.4

American oriental banking corporation;1932.5.26

American-oriental banks;大北电报公司;1932.5.28

Midland bank, limited;1932.5.13

The American-oriental banking corporation;上海美丰银行;1932.5

The national city bank of New York peiping;1932.5.6—7

Wells fargo bank & union trust co.;1932.5.17

中国人民银行上海市分行与美帝花旗银行往来信件;1932.5

Despatched;1932.6.6

Kent-costikyan, inc.;1932.6.7

伪上海证券交易所规定的稿本;伪美丰银行;1932.6—12

American-oriental banking corporation;1932.7—8

Barclays bank;Banque Franco-Chinoise;1932.7.21

John j. waldron;1932.7—8

Underwriters savings bank;1932.7.7

American asiatic underwriters(往来文件);The American-oriental banking corporation;1932.8

Capt. h.t. kent;1932.9.7

The national city bank of New York south China products, co.;The National City Bank Of New York;1932.9.27

渭水尔歉鸿那建筑师与美亚保险公司书信来往其内容关于家形船保险延期问题;1932.9

The American-oriental banking corporation;1932.11.4

伪美丰银行 **1932** 年至 **1933** 年业务信件(贷款);伪美丰银行;1932.11.7

The bank of China Tientsin, China;1932.12.17

The united export co. import and export;1932.12.22—1934.4.19

1932 年至 **1934** 年伪上海普益信托公司和伪美丰银行间业务信件;伪美丰银行;1932—1934

American asiatic underwriters;1932—1948

American oriental banking corporation;1932—1934

Asia electric company;1932—1935

International assurance company, limited;

1932—1936

Robertson & rosier;1932—1942

The American-oriental banking corporation;1932—1934

The chase bank Tientsin credit department;The Chase Bank;1932—1939

Thriftcor bank;1932—1933

伪美丰银行和伪上海商业储蓄银行、伪中国银行等单位有关了解其他一些伪公司经济情况的往来业务信件(英...;1932—1934

伪益善公司开 2 000 元支票作为 Asla Trust Linled 公司 100 股票的两封业务信件和一张过户单;伪美丰银行;1932—1934

1933 年向伪美丰银行申请贷款单;1933

American chinese company federal incorporated U.S.A.;American Chinese Company;1933

American trust company;1933

Application for commercial letter of credit;1933

Charted bank of India, Australia & China;1933

Charted bank of India, Australia & China;1933

Chartered bank Tientsin;1933

F.J. Raven 的来往家信;1933

J.p. lawrie import company;1933

Memorandum;大通银行;1933

Messrs. s.t. hou & co., ltd.;1933

The American-oriental banking corporation;1933

The central bank of China;1933

The chartered bank of India, Australia & China;1933

The China trade & industrial service;1933

The italian bank of China;1933

The national city bank of New York;1933

The sun life assurance co. of Canada;1933

Trust receipt;1933

其他各公司与伪美丰之间、其他各伪公司之间的往来信件及其他杂件;1933

荣兴商业公司;1933

瑞隆洋行;1933

天津上海商业储蓄银行;1933

伪美丰银行关于伪普益信托公司在抵押业务方面的业务信件;1933

伪普益信托公司与贸易股份有限公司的业务信件往来;1933

上海美丰银行;M.F. Raven;1933.1.30

天津大陆油业公司;1933.2

Mr. k.w. Chang;1933.3.8

Raoul fermus;1933.3.13

The American-oriental banking corporation Shanghai, China;1933.4.18

American oriental banking corporation;1933.5

Mr. chowing;1933.5.15—7.14

Manufacturers trust company;1933.6.16

Mr. m.g. Khourl;1933.7.21

美帝花旗银行业务类(北京)总分支行间往来函件;1933.7—9

American asiatic underwriters fed., inc., U.S.A.;American Asiatic Underwriter;1933.8.10

American oriental banking corp;1933.8.19

Garage central;Mantimgohow Christion Hospital;1933.9.19

Manufacturers trust company;1933.9.7

Frazar, federaling., U.S.A.;1933.10.23

关于信托资产等问题,伪普益信托公司与伪亚洲电器公司等的业务信件来往;1933.10—1934.1

Chungking import China s.a.;1933.11.17

Insurance of fruit in refrigerator;American Asiatic Underwriters;1933.12.23

Lenergie electrique;1933.12.18

伪美丰银行给 Chase national bank of the city of New York 等机构的征询信件;1933.12—1934.7

American asiatic underwriters;1933—1948

China & korea trade federal incorporated U.S.A.;1933—1934

Eduard meyer & co.;1933—1934

The insurance company of state of pa.;1933—1938

The national city bank of New York;1933—1934

The national city bank of New York Tientsin (for inter-office only);1933—1934

Wells fargo bank & union trust co.;1933—1934

上海科发大药房与美商美亚保险公司保险业务来往文书;1933—1937

上海普益地产公司与普益银公司之间往来业务联系文件;伪美丰银行;1933—1935

伪美丰银行与伪美纽约 Manufacturers trust company 以及大通银行的往来业务信件;1933—1934

芝加哥第一国家银行给伪美丰银行的文件;伪美丰银行;1933—1934

1932 年至 1934 年伪美丰银行和伪天津银行等业务往来的信件;1934

1933 年至 1934 年关于 Eating commercial co.的资产与地位等情况的信件;1934

Brady & Co.有关商业情况报道内部业务信件;1934

Capt. h.t. kent;1934

F.j. reven 给 c.s. franklin 等业务信件;伪美丰银行;1934

Messrs. the asiatic petroleum co. (north China), ltd.;1934

Mr. e.a.g. Petersen;1934

The national city bank of New York;1934

The national city bank of New York;1934

The national city bank of New York peiping.;1934

The national city bank of New York (France);1934

The Shanghai commercial & savings bank, ltd.;1934

Trust receipt;1934

本卷关于一些业务方面的往来便笺;1934

大西地产公司等单位情况,伪花旗银行、伪上海银行等机构的征询和复询信件;1934

关于伪美丰银行与花旗银行等单位交换情报的业务信件;1934

关于伪美丰银行与伪普益公司以及借贷人等业务信件;1934

利孚洋行;1934

苏州鸿生火柴公司生产技术方面函件;1934

伪 vankos hollyart. co.公司合营合同等信件;1934

伪公司 Staink $ Company 等公司的情况以及信件往来;1934

伪美丰银行 1934 年 Irving trust co.写出给 Raven 秘书的信以及 Raven 写出的信件;1934

伪美丰银行 1934 年 Ravene 写给伪大美晚报的信件;伪美丰银行;1934

伪美丰银行 1934 年贷款申请书和有关业务信件,贷款申请者: 天津 the chllng yuenco;伪美丰银行;1934

伪美丰银行 1934 年贷款业务信件;1934

伪美丰银行 1934 年贷款业务信件,申请贷款者: 天津 Adelaide P. Bolle;伪美丰银行;1934

伪美丰银行 1934 年贷款业务信件,申请贷款者: 天津 David P. Gill;伪美丰银行;1934

伪美丰银行 1934 年贷款业务信件,申请贷款者: 天津 Haiold W. Gnamlis;伪美丰银行;1934

伪美丰银行 1934 年贷款业务信件,申请贷款者: 天津 Helen G. & Bacon;伪美丰银行;1934

伪美丰银行 1934 年关于 racific lifhwily coip 的剪报;伪美丰银行;1934

伪美丰银行和伪上海商业储蓄银行,伪中国银行等单位有关了解其他一些伪公司经济情况的往来业务信件(英...;1934

伪美丰银行了解有关行商的资产等情况的信件;1934

伪美商美亚代理保险公司与伪美丰银行有关签样等的信件;1934

伪普益信托公司关于信托账目等问题等往来信件;1934

伪普益银公司给 Robert Bahlmarn 关于固定文化业务及期满通知单;伪普益银公司;1934

Dr. ethel leonard;1934.1.8

Bank of America national trust & savings association;1934.3.22

Copy for general files;Chartered bank of India, Australia & China;1934.3

Mr. f.f. spielaman;1934.3.7

North China export produce company;1934.3

The American-oriental banking corporation;1934.3.26

The national city bank of New York;1934.3.12

Yokohama specie bank limited;The national city bank of New York;1934.3

达保罗医院;1934.3.2

与运通银行往来函件;1934.3.26

American oriental banking corporation, Shanghai;大通银行;1934.4

Raven trust company;1934.4.24

伪美丰银行 1934 年贷款申请书和有关业务信件;伪美丰银行;1934.4.14

Mr. h.c. titus, second vice president, the chase bank, New York;1934.5.11

The chase bank Shanghai;1934.5—1936.2

伪美丰银行 1934 年贷款申请书和有关业务信件,申请贷款者: 天津;伪美丰银

行;1934.5.7

伪美丰银行 1934 年贷款业务信件,申请贷款者: 天津 Gdilh Nichols;伪美丰银行;1934.5.16

伪美丰银行 1934 年贷款业务信件,申请贷款者: 天津 W.A.B. Nichols;伪美丰银行;1934.5.17

Union watch co.;1934.6.13

伪美丰银行 1934 年、1935 年贷款方面的业务信件;伪美丰银行;1934.6.4

伪美丰银行 1934 年贷款申请书和有关业务信件,申请贷款者: 天津安德洋行;伪美丰银行;1934.6.12

Agency agreement (marine);Hanover Fire Insurance Company;1934.7.1

British-American tobacco company (China), limited;1934.7.14

The American-oriental banking corporation;1934.7.14

Manufacturers trust company fifty five broad street New York, n.y.;Manufacturers Trust Company;1934.8.18

The national city bank of New York;1934.8.21

American oriental banking corp;1934.9.6

J. gully & co.;1934.9.18

Mr. m.g. Khourl;1934.9.18

The italian bank for China;1934.9.27

伪美丰银行 1934 年业务信件(贷款);伪美丰银行;1934.9.14

American-oriental banking corporation;1934.10.1

The capital trading co.;1934.10.29—1934.1...

伪美丰银行 1934 年业务信件(贷款);伪美丰银行;1934.11.21

The American-oriental banking corporation;1934.12.10

Yee tsoong tobacco distributors, ltd.;1934.12.21

卷内制卡人物名单、翻译材料登记表;N.C.B. Shanghai;1934.12.23

1934 年至 1935 年 raven 写出的私人信件;Raven;1934—1934

1934 年至 1935 伪美东银公司业务信件;伪美丰银行;1934—1935

1934 年至 1935 伪美东银公司与伪普益银公司之间来往业务信件;1934—1935

American asiatic underwriters;1934—1935

Chartered bank of India, Australia & China, Hankow;上海亚而马化学制造厂;1934—1935

Copy for general files;1934—1938

International assurance company, limited;1934—1938

Manufacturers trust company fifty five broad street;Manufacturers Trust Company;1934—1935

Messers. whineray, brady & co.;1934—1935

Pacific national bank San Francisco;1934—1935

Siemssen & co.;1934—1935

关于与伪普益银公司之间在现金支票方面的业务往来信件;伪美丰银行;1934—1935

North China commercial co., ltd.;1934—1935

1933 年至 1935 年摘自 Standard trade & securities 有关 Amerian & foreign power co., inc.公司业务股票等情况的新闻简…;1935

1934 年、1935 年写 Raven 的信件;1935

1935 年、1930 年、1928 年伪老公茂公司等关于代表其签字盖章给美丰银行的信件;1935

A.e. bulling & co.;1935

American international underwriters;1935

American overseas warehouse;1935

American trust company;1935

Bank of America;1935

Hongkong & Shanghai banking corporation;1935

Lee-fu trading company;1935

Mistsui bank, ltd.;1935

Mr. Aram Kaiserlian;1935

Private and confidential;1935

Raven trust company;1935

The American jewish joint distribution committee, inc.;1935

The American-oriental banking corporation;1935

The central bank of China;H.E. turner;1935

The chartered bank of India, Australia & China;1935

The chartered bank of India, Australia & China;1935

The chase bank;1935

The Shanghai commercial & saving bank;1935

Thriftcor bank;1935

崇德堂;1935

关于伪普益银公司等在存款、支票、资产负债方面的业务信件;1935

和香港律师 Johnson 等来往信件;1935

开滦矿务总局;1935

美帝花旗银行业务函件(北京)与美国信托公司往来信件;1935

美商倪克纺冒厂;1935

上海美丰银行;1935

伪加拿大 BC 设备公司 加拿大商务代表交换文件;1935

伪美丰银行 1935 年业务信件(贷款);伪美丰银行;1935

伪美丰银行公司给各客户的信件;1935

伪友边洋行业务信件;1935

伪中国银行等机构给伪美丰银行的询问信件;1935

Franklin & bryan;1935.1.23

Mr. william c. Kunz, second vice president;1935.1.6—1946.1.9

The American-oriental banking corporation. Shanghai no.10/394;W. F. Raven;1935.1.30

The China medical & pharmaceutical works;The Chartered Bank of India, Australia & China;1935.1—1940.3

法帝中法工商银行天津分行业务往来;1935.1

伪美丰银行 1935 年贷款申请书和有关业务信件;伪美丰银行;1935.1.7

Chartered bank;1935.2.14

National city bank of New York;1935.2.7—1949.4.19

The American-oriental banking

corporation 29 nanking road; The American-oriental banking corporation; 1935.2.21

1934 年至 1935 年 Rawen 个人写出信件; Chen meijun; 1935.3.19

Frazar, federal inc., U.S.A.; 1935.4

伪美丰银行与各公司有关业务文件及资产负债表; 1935.4

The central bank of China Tientsin branch; 1935.5—6

The national city bank of New York; 1935.5—8

Local correspondence; 1935.6

Mr. rolland l. sjodin, college of chinese studies.; 1935.6.28

Mr. w.a.b. Nichols; 1935.6.28

S.s. "yung fung" no.23226; 1935.6—10

Thriftcor bank; 1935.7.15

中法工商银行天津分行与北京分行的往来函件; 1935.7—10

Inward providen (fire, marine & auto); 1935.8.30

American asiatic underwriters federal inc., U.S.A.; 1935.10.8

The south british insurance company, limited; 1935.10.15

Tientsin anlee export company, limited; 1935.10.19

The chase bank; Wells fargo bank and union trust company; 1935.11—1935.12.12

The chase national bank; 1935.11.21

Lee-fu trading company; 1935.12

Public service cup co.; 法商中央汽车公司; 1935.12.21

The chung hsing coal mining co., ltd.; 1935.12.6

American asiatic underwriters; 1935—1941

Boyd & company, limited; American Asiatic Underwriters; 1935—1940

Melchers & co.; G. Colinet; 1935—1945

The north China advertising co.; The Nugget Polish Co. (Sales) Ltd.; 1935—1936

The Tientsin general chamber of commerce, Tientsin (circular No.109); 1935—1936

美帝美国商业银行; 1935—1959

Barclays bank, limited; 1936

Fan hoh lumber company; 1936

International assurance company, limited; Sedgwick, Collins & Co., Limited; 1936

Mr. m.a. Sequeira; 1936

The central bank of China Tientsin branch; 1936

The chartered bank; 1936

The kailan mining administration; 1936

Thomson & co.; 1936

大中华火柴公司业务往来函件; 1936

法帝中法工商银行天津分行业务函件; 1936

伪美丰银行内部记录和内部信件; 1936

The union bank of Austrilia, ltd.; 1936.1.27

远东公证行; 1936.1.31

Eduard meyer & co. Tientsin; Banque Franco-Chinoise; 1936.2.3

Fah hoh lumber company; 1936.2

Mustard & co.;1936.2.3

The chase bank (往来文件);1936.2—1937.6

The China state bank, ltd. Tientsin branch;1936.2.12

1st and 3rd excess treaties;The chase bank;1936.3

Irving trust company;1936.3.9

Sorell and son honolulu, Hawaii;1936.3.2

A. cameron & co. (China), limited (the manager, messrs. p. & o. banking corporation, ltd.);A. Cameron & Co. (China), Limited;1936.5.26

Accountant's letter;1936.5

American consular service;1936.5.20

Bryner & co.;1936.6

The manager northern trading co.;1936.6.27

Dividend check-common;1936.7.29

The trade mission of U.S.S.R. in China;China & South sea banks;1936.7.15

The nugget polish company (sales), ltd. (the chartered bank);The Nugget Polish Company (Sales) Ltd.;1936.8.24

Bank of communications;The chase national bank;1936.9.5—1947.11.14

International assurance company, limited;International Assurance Company;1936.9.9

The chase national bank;1936.9.9

American consulate general, Tientsin (attention Mr. G. Warner, file No. 125.3);1936.10

Mr. William o. Kunz;1936.10.21

N.c.b. Shanghai;1936.10

美帝花旗银行业务款(北京)总分行往来信件;1936.10—12

Midland bank, limited;1936.11

Norama-Shanghai;J.E. Paradissis;1936.11.28

The American-oriental banking corporation 29 naking road;The American-oriental banking corporation;1936.11.11

The chartered bank of India, Australia & China;1936.11

The mosler safe company;1936.11.10

American international underwriters;1936.12.11

Asia banking corporation;1936.12.12

Foreign documentary draft for collection;Melchers & Co.;1936.12.14

Roy G. allman 文件;1936.12.30

美帝花旗银行北京总分行往来信件;1936.12

American international underwriters;1936—1940

Bank of New York and trust company;1936—1938

Chartered bank of India, Australia & China;1936—1938

Marine loss No.420041;Chartered;1936—1937

Racewll garage;Dr Ludwik Fisher;1936—1937

The managing governor imperial bank of India calcutta;Banque Franco-Chinoise;1936—1945

Thomson & co.;1936—1948

陶祖椿向中法工商银行天津分行借款

信件;1936—1938

业务函件——丙类;法帝中法工商银行丙类;1936—1948

中法工商银行与英商中国天津济安自来水有限公司来往函件;1936—1943

American asiatic underwriters;1937

Central bank of China;1937

Chartered bank of India, Australia & China;1937

China securities company, inc.;中华平安公司;1937

Commercial letter of credit agreement;1937

Foo kee & co.;1937

International assurance co.;1937

J. gully & co.;1937

K.k. tse;1937

Mr. Charles s. miner;1937

The central bank of China;1937

The chartered bank of India, Australia & China;1937

The chartered bank of India, Australia & China;1937

The chartered bank of India, Australia & China;1937

The chase bank;1937

The chase bank;1937

The chase bank;1937

The chase bank;1937

The chase bank;1937

The italian bank for China;1937

The office appliance;1937

Yee tsoong tobacco distributors, limited;1937

法帝中法工商银行天津分行19箱子函件;1937

葛拉迪斯;1937

Bank of Hawaii;1937.2.10—19

Thrift & investment, finance & trust corporation;1937.2.24

Copy of the New York office;1937.3.31

Frazar federal inc., U.S.A.;1937.3.11

Motion picture trade;Banque Franco-Chinoise;1937.3.12

Tsun yuan & co.;1937.3.30

Francoins 收到的信件;1937.4

Garage central;The chase bank;1937.5.19

Bank of America national trust and savings association;Bank Of America;1937.5.16

Marine department;American Asiatic Underwriters;1937.6.18

American asiatic underwriters;1937.7—1940.5

American international underwriters corporation;1937.7.12

Assurance franco-asiatique;Banque Franco-Chinoise;1937.7.22

写给 Francoin 的信件;1937.7

执行的信函;1937.7

A.a.u. Shanghai office;Marine Open Policy;1937.8

Ajax blue print company;1937.8.30

Chartered bank of India, Australia & China;1937.8.5

North America companies;1937.8

Duplicate drafts drawn;1937.9.27

Eduard meyer & co.;1937.9.24

有关中法工商银行保险信用的函件;1937.9

Deutsche reichsbank;1937.10

J. gully & co.;1937.10

North motors corporation;1937.10.12

A.w. Brun esq;1937.11.3

Fairchild & co., ltd.;1937.11

John j. Waldron;1937.11.22

American trust company;1937.12.6—1938.1.14

American asiatic underwriters;1937—1938

American asiatic underwriters; Mr. M. A. Lorenzen;1937—1941

American asiatic underwriters;1937—1947

Memorandum;1937—1939

North China adjusters;1937—1939

The chase bank;1937—1940

The chinese American bank of commerce;American Asiatic Underwriters;1937—1938

Advice of fresh purchases and sales memorandum;Melchers & co.;1938

Affaice mr. hu yu tchen;1938

American asiatic underwriters;1938

American international underwriters;1938

Chartered bank, Tientsin;1938

Marine department hull;1938

Messrs. kentwell & kokubo. law office. Shanghai. China;1938

Morris casing co.;1938

Oscar, Fazzini. C;1938

Post card;American Asiatic Underwriters;1938

Re: manchukuo new insurance law;M. W. Obakiewicz;1938

The bank of adelaide;1938

The chartered bank of India, Australia & China;1938

The chase national bank;1938

The italian bank for China;1938

The national city bank of New York;1938

The national city bank of New York;1938

The national city bank of New York;The National City Bank Of New York;1938

The national city bank of New York;1938

The national city bank of New York;1938

The national city bank of New York;1938

The national city bank of New York;1938

The Shanghai marine underwriters association;1938

The shingming trading co., China, ltd.;1938

The united states life insurance company;1938

Thomson & co.;1938

Tientsin telephone administration, the ministry of communications;1938

Trust receipt;1938

Wells fargo bank & union trust co.;1938

北京平安电影院;1938

北京圣经公会;1938

路透电有限公司;1938

上海毛绒纺织公司;1938

上海市银行商业同业公会;1938

英商先农有限公司;1938

中法工商银行;1938

中国人民银行上海市分行;The chartered bank of India, Australia & China;1938

108 chung cheng road;1938.1.12

Chartered bank of India-Australia China; The National City Bank of New Bank; 1938.1.5

The central bank of China;1938.1

Northwest airlines;1938.2.15

Wells fargo bank & union trust co.; 1938.2.14

Imperial ottoman bank;1938.3

North American companies;1938.3.3

Bocker & co., inc.;1938.4

Andersen, meyer & company, ltd.; 1938.5.7

Garage central;The International assurance co.;1938.5.31

International assurance company;1938.6.14

Miss e. hahn;1938.6.14

Swiss bank corporation;1938.6.14

Mr. k.k. Tse;1938.7.12

Mr. n.n. Yakoonnikoff;1938.7.22

Underwriters saving bank;1938.7.4—11.30

America trust company;1938.8

The American express company, inc.; 1938.8

The globe mercantile co.;The national city bank of New York;1938.8

The national city bank;1938.8.24

The national city bank of New York; 1938.8.26

Bank of montreal vancouver;Bank Of China;1938.9.11

Chartered bank of India, Australia & China;1938.9.1

Nessrs China vegetable oil corp Tientsin; Chartered Bank Of Australia;1938.9.18

The national city bank of New York; 1938.9

The national city bank of New York; 1938.9.17

Westminster bank, limited.;1938.9.26—29

R. c.a communications, inc.;The Chase Bank;1938.10—11

The sub-agent;1938.10.13

颐中运销烟草股份有限公司;1938.10.15

The national city bank of New York; 1938.11.15

美帝花旗银行业务类(北京)总分行往来信件;1938.11

A.c. monk & co., inc.;美国无线电交通公司;1938.12.31

Andersen, meyer & company, ltd.; 1938.12.5

Embassy of the united states of America 000119;C.W. Carter;1938.12.1

J. henry schroder banking corporation; 1938.12.29

Otis elevator company Shanghai Tientsin

agents; The Shanghai Trading Co., China, Ltd.; 1938.12.15

Rouch translation; Banque Franco-Chinoise; 1938.12.13

The national city bank of New York; 1938.12

The national city bank of New York; 1938.12.23

Underwriters savings bank; 1938.12

Underwriters savings bank; 1938.12.31

American asiatic underwriters; 1938—1942

American asiatic underwriters; 1938—1948

Foreign department 000021, 000327 - 000331; 1938—1940

J. henry schroder banking corporation; 1938—1949

Letters of credit issued by manufacturers trust company; 1938—1949

The central trust of China; 1938—1940

The italian bank for China; 1938—1941

The national city bank of New York; 1938—1939

The national city bank of New York; 1938—1946

The underwriters bank; 1938—1941

上海大通银行与纽约大通银行关于Edward Nissim死后,他儿子继承他财产有关股票、证券转让业务文书及业务…; 1938—1946

中法工商银行总行与北京分行及北京电车公司业务往来文件; 1938—1950

American asiatic underwriters; 1939

American international underwriters; 1939

Banker's cooperative credit service; 1939

Captain gilbert berbudean (europe); 1939

Hongkong & Shanghai banking corporation; 1939

Hongkong and Shanghai banking corporation; 1939

Know all men; 1939

Melchers & co. cable address; Banque Franco-Chinoise; 1939

Office copy; 1939

The chase bank; 1939

The Hongkong fire insurance company; 1939

The national city bank of new York; 1939

The national city bank of New York; 1939

The national city bank of New York; 1939

The national city bank of New York; 1939

The national city bank of New York; 1939

The national city bank of New York; 1939

美亚保险公司与Syarv park & freeman, inc.的业务信件往来; 1939

American asiatic underwriters federal inc., U.S.A.; 1939.1.31

The Shanghai commercial & savings bank, ltd.; 1939.1.18

Hemmings & berkley; 1939.3

Hongkong and Shanghai banking corporation; 1939.4

Tai shan insurance company, ltd.; 1939.4

The national city bank of New York, Shanghai; 1939.4

福隆洋行; 1939.4

美帝花旗银行业务(汉口)与香港花旗

银行往来信件;美帝花旗银行;1939.5.2—1940.5.6

Asia realty company;1939.6.23

The italian bank of China;1939.6—8

Frazar, federal inc., U.S.A.;Banque Franco-Chinoise;1939.7.5

North China investment & trading co., ltd.;1939.7

Sears-staton co., inc.;The Bank Of Asiatic;1939.7.31

The commercial and credit information bureau;1939.7.15

The national city bank of New York (for inter-office use only);1939.7.17

Centralbanken for norge;1939.8

The association of appointed banks;1939.9—1940.2

The national city bank of New York;1939.9.19

关于 Np douboskaya 遗产执行函件;1939.9.6

中法工商银行 Licoine 账户…;1939.9

Barclay's bank (france), ltd.;1939.10.30

S.e. levy & co.;Chartered Bank of India, Australia & China;1939.10.18

Missionary society of the church of england in Canada;1939.12—1940.8

National provincial bank limited overseas branch;1939.12.14

法帝中法工商银行天津分行印箱——函件;法帝中法工商银行天津分行;1939.12—1947.5

Marine Loss;1939—1950

The central bank of China;1939—1948

The chartered bank of India, Australia & China;acting manager;1939—1940

The Hongkong and Shanghai banking corporation;American Asiatic Underwriters;1939—1941

The national city bank of New York;1939—1940

中法工商银行与中南银行往来信件;1939—1941

The chase bank;1939—1947

American asiatic underwriters;1940

American international underwriters, ltd.;1940

Chartered bank of India, Australia & China;1940

Cuban trade treaty signed;1940

Doney;1940

Hongkong and Shanghai banking corporation;1940

Inter-office communication;1940

Irving trust company;1940

Irving trust company one wall street;1940

Joseph l. koch;1940

National city bank;1940

Reuters, limited;1940

Shanghai general supply;1940

The national city bank of New York;1940

The canadian bank of commerce;1940

The chase national bank;1940

The international export co.;天津英商和洋记洋行有限公司;1940

The irving trust company, New York;1940

The national city bank of New York;1940

The national city bank of New York;1940

The national city bank of New York;1940

The national city bank of New York. Tientsin, China branch;1940

The public national bank and trust company of New York foreign department;The Public National Bank And Trust Company Of New York;1940

The underwriters bank for the far east, inc.;1940

W. tondon & h. bonnafous;1940

大通银行;1940

大通银行与菲律宾银行、法兰西银行往来文件;1940

法帝中法工商银行天津分行函件;1940

法帝中法银行一般信件;1940

与美亚来往函件;1940

中国人民银行上海市分行;1940

中国人民银行上海市分行;1940

International assurance company, limited;1940.1.19

法帝中法工商银行与爱·比西先生来往的特别函件;1940.1

美帝中华平安公司与美帝美亚保险公司业务往来信件;1940.1—1942.2

Copy for general files;1940.2

Dodge seymour (China), ltd.;1940.3

International assurance company, ltd.;1940.3

Richard t. Evans attorney at law;1940.3

The national city bank of New York. Tientsin, China branch;1940.3.4

The chase bank;1940.4.10

The chase national bank;1940.4.10

欧文信托公司航空邮件;Irving trust company;1940.4

Chartered bank, Tientsin;C. Chao;1940.5.8

Doney & company;1940.5.23

Mitsui bank;1940.5.21

Bank of Adelaide;1940.6.20

Eduard meyer & co.;Ching Ree;1940.6.27

The national city bank of New York;1940.6.24

All China export co., hamilton house;1940.7.15

Shanghai foreign fur exporters association;Banque Franco-Chinoise;1940.7.17

恒丰公司;Banque Franco Chinoise;1940.7

A/P NO.645 China trading corp Tientsin;1940.8.24

Chartered bank, tientsin;Mackenzie & Co., Limited;1940.8.3

Wells fargo bank & union trust co. market at montgomery;Internation Assurance Company;1940.9

中法工商银行马安分行给 **Bussy** 先生的函件;1940.9—1941.6

American asiatic underwriters re messrs. harvie, cooke & co.;1940.10.31

Miss maney a. fry;American Asiatic Underwriters;1940.10.29

The state bank;1940.10.3

American asiatic underwriters;1940.11.28

Chartered bank of India, Australia & China; The chase bank; 1940.11

Garage central; 1940.11—1945.1

National city bank of New York; 1940.11.28

Pnuranie company of north America; 1940.11.8

Report agent Bombay; 1940.11.12

English, scottish & Australian bank, ltd.; 1940.12

J. Gully & co.; 1940.12.17

National city bank of New York; 1940.12.16

American asiatic underwriters; 1940—1949

General veneer factory n.s.; 1940—1941

Irving trust company New York; AIrving Trust Company; 1940—1941

National aniline & chemical company, U.S.A.; 1940—1949

The underwriters bank; 1940—1946

American asiatic underwriters; John J. Waldron; 1941

American asiatic underwriters; 1941

American president lines; 1941

Chartered bank of India, Australia & China; 1941

Garage central; 1941

International assurance company; 1941

K.s. chang korea; 1941

Manufacturers trust company; 1941

Manufacturers trust company; 1941

Marine loss no.o/248; 1941

Northwestern bank bldg; 1941

Peking; 1941

Radiogram; American Asiatic Underwriters; 1941

Subject file; 1941

The American bureau for medical aid to China; 1941

The chase bank; 1941

The manufacturers life insurance company; 1941

The national city bank of New York memorandum; 1941

大通银行; 1941

法帝中法工商银行客户 Baubzecone 的业务往来; 1941

美帝花旗银行业务类来往函件; 1941

美亚保险公司与天津、哈尔滨公司来往信件; 1941

天津大陆油业公司; 1941

天津德华银行; 1941

伪 George mcbain 的业务文件; 1941

中法工商银行上海分行函件; 1941

中通航运股份有限公司; 1941

交通部武汉电信局电报回执; 交通部武汉电信局; 1941.9.20

American asiatic underwriters; Wyc Enclo; 1941.1.17

Chartered bank, Tientsin; The national city bank of New York; 1941.1—9

Manufacturers trust company; 1941.1.6

The bank of nova scotia; American Asiatic Underwriters; 1941.1—12

The national city bank of New York;

1941.1

The public national bank and trust company; 1941.1.7

Doney & co.; 1941.2.14

The irving trust company; 1941.2.6

American oriental finance corporation; 1941.3.24

China-American lumber company; 1941.3.24

Daltotat company; 1941.3

Deutsch-asiatische bank; 1941.3.7

Guaranty trust company of New York; 1941.3.5

Manufacturers trust company; 1941.3.10

Memorandum from the national city bank of New York (1057); 1941.3.1

The national city bank of New York (1057); The National City Bank Of New York; 1941.3

Doney & company; 1941.4

Hall & holtz, ltd.; 1941.4.19

American asiatic underwriters; 1941.5.12

Sino-canadian development corporation, ltd. tornto, Canada; E.J. Schilling; 1941.5.12

The national city bank of New York; 1941.5.30

Motor ship of the shimatani kisen kabushiki kaisha; American Asiatic Underwriters; 1941.6—12

National hair net company; 1941.6.12

Cardinal insurance company manila, philippines; Cardinal Insurance Company; 1941.7.12

Chartered bank of India, Australia and China; 1941.7.23

Doney & company; 1941.7

Ipoh general letters; Banque Franco-Chinoise; 1941.7.19

Mr. d.c. Batstone; 1941.7.2

The ekman foreign agencies, ltd.; 1941.7.23

The national city bank of New York; 1941.7.25

Union insurance society of canton, limited; American Asiatic Underwriters; 1941.7.26

Marine loss no.410624; 1941.8.28

The chase national bank of the city of New York; The Chase National Bank; 1941.8.5

The public national bank and trust company of New York foreign department; 1941.8.15

瑞隆公司; 1941.8.28

The Shanghai commercial & savings bank; 1941.9.27

Metropolitan insurance company elizalde building; American Asiatic Underwriters; 1941.10.17

Stockholms enskilda bank; 1941.10.22

Marine loss no.410548; 1941.11.12

Mr. Hall; 1941.11.6

American asiatic underwriters; R.E. Shean; 1941.12.6

Attaching to and forming part of open policy; American Asiatic Underwriters; 1941.12.19

Dr. george d. broyles, jr., palestine,

texas;K.K. Tse;1941.12

美亚与 Federal Insurance Co., Ltd.的业务函件;中国人民银行上海市分行;1941.12.12

American asiatic underwriters;1941—1950

R.R, Newman, esquire;B.F.C;1941—1945

Survey report;1941—1948

Underwriters trust company;1941—1946

美帝花旗银行关于 Mrs D.O Griffin 股票业务的文件;1941—1949

American international underwriters corporation general insurance worldwide;American International Underwriters Corporation;1942

Assurance franco-asiatique;1942

Managers files;1942

Morris a. goldstein;1942

Sondovitch bros., inc.;1942

The central bank of China;1942

The chartered bank of India, Australia & China;1942

Swiss bank corporation;1942.2

美帝花旗银行秘书(上海)有关总行指示函件;美帝花旗银行;1942.3.5—1950.12.15

Northern trading company;天津德隆贸易公司;1942.5.4

J. twyford & son, ltd.;R.H. Chapman, Jr;1942.7.22

American consular service;1942.12

Private file;Bien Cordialement;1942.12.19

The Shanghai commercial & savings bank, ltd.;1942.12.22

法帝中法工商银行天津分行一般信件及凭证;1943

法帝中法工商银行天津分行与日本横滨正金银行天津分行来往函件;1943

柯海科洛夫太太(寡妇)来往函件;1943

Rapid binder;1943.3.13

中法工商银行与天津崇德堂往来信件;1943.4

The China dental supply house;1943.8

The underwriters bank, inc.;1944

The swiss bankverein, zurich (switzerland);1944.2.2

Reichsbank;1944.5

The American oriental banking corp Shanghai;1944.9

The American oriental banking corp Shanghai;1944.9

Bank of America;1945

The chase national bank;1945

The chase national bank;1945

Tientsin forwarding & commission agency;1945

中法工商银行;1945

Marine loss no.s/500082;Messrs. A. P. Pattison & Company;1945.2.7

The state bank;1945.2.10

Imperial chemical industries (China), ltd.;1945.4.27

Central air transport;1945.7.6

M. triguboff;The Chase Bank;1945.10.24—12.3

The chase national bank newyork;1945.10

E.d. sassoon & company, ltd.;1945.11.2

信件;The Chase National Bank;1945.11.28

North America companies;1945.12.24

Tee chee company manufacturers and exporters Tientsin-tsinanfu;1945.12—1946.11

美帝花旗银行业务——安达银行印证字样;美帝花旗银行;1945.12—1949.4

美帝美国商业银行(上海分行)与英商精艺木行函件来往;1945.12—1949.6

Bryner & co.;Charles S. Miner;1945—1950

Frazar, federal inc. U.S.A.;American Asiatic Underwriters;1945—1946

J. Warner Brown;1945—1949

Partial loss receipt;1945—1946

The Hongkong and Shanghai banking corporation;1945—1949

The underwriters bank;1945—1950

Tientsin regional office, Tientsin;1945—1948...

Union sales company;American Asiatic Underwriters;1945—1951

法帝中法工商银行与 A.M. Beack 小姐房租争论;法帝中法工商银行;1945—1949

驻沪丹口商会给各商会会员的文件;伪美丰银行;1945—1946

"Switzerland" general insurance company, limited;1946

American asiatic underwriters;1946

American international underwriters corporation;1946

American radio service;1946

American oriental finance corporation;1946

Cable department;R.L. Clute;1946

Charles James Fox;1946

Chartered bank, Tientsin;1946

Copy of telegram despatched by American asiatic underwriters;1946

E. gipperich & co.;1946

Fire agency agreement;1946

G. Colinet Tientsin, newchwang;1946

Galata istanbul;1946

Letters of credit issued by pacific national bank of San Francisco;1946

Marine loss no.am011;R.A. Kreulen;1946

Marine loss no.nall.53;1946

Messrs. fu chung corporation;1946

National fire insurance co. of Hartford;1946

North America companies;1946

North America companies;1946

North America company;1946

North China trading company;1946

Radiogram;交通部国际电台;1946

Seattle-first national bank;1946

Shoemaker art looms;1946

Standard-vacuum oil company;1946

The American-oriental finance corporation;1946

The automobile insurance company of Hartford;1946

The chartered bank of India, Australia & China; 1946

The chase bank; 1946

The chase bank; 1946

The chase bank; 1946

The chase bank; 1946

The chase bank Tientsin; 1946

The China agricultural insurance co., ltd.; 1946

The first national bank of Chicago; 1946

The kailan mining administration; 1946

The national bank of commerce of Seattle; 1946

The Tientsin land investment co., ltd.; 1946

The underwriters bank for the far east, inc.; 1946

The underwriters bank, inc.; 1946

The underwriters bank, inc. Hongkong branch; 1946

The underwriters bank, inc.; 1946

Underwriters bank, inc.; 1946

Underwriters savings bank; 1946

Wayon export & import co.; 1946

大通银行; 1946

大通银行; 1946

法帝中法银行天津分行商业函件; 1946

高德洋行; 1946

老花旗洋行; 1946

天津美耀银行 S.t. hou & co., ltd.; 1946

伪麦边洋行业务信件; 1946

伪美丰银行; 1946

中国人民银行上海市分行; 1946

Balin export company; The Chase National Bank; 1946.1.9—1947.5.5

Chartered bank; E.J. Schmidt; 1946.1.4

上海美商; 美亚保险公司; 1946.1.6

Hall & holtz, ltd.; 1946.2.4

Standard commercial corp; The Chase National Bank; 1946.2.7

The first national bank of Chicago; 1946.2.21—1947.10.30

The first national bank of portland; A. W. Lynn; 1946.2.27

The sunflower mercantile co.与美亚保险总公司来往信件; 中国人民银行上海市分行; 1946.2.15

威信洋行; American Asiatic Underwriters; 1946.2—5

伪江海关往来文件; 1946.2.12—1949.6.2

中国人民银行上海市分行与美亚保险公司函件; American Asiatic Underwriters; 1946.2—1949.7

Head office citizens national trust & savings bank of los angeles; 1946.3.1

Insurance company of north America; 1946.3

Mr. h.c. Titus, second vice president; 1946.3.2

J. gully & co.; 1946.4.23

Ohas branch New York; The Chase Bank; 1946.4.30

The chase bank; 1946.4.15

Cable department the chase bank Tientsin; The Chase Bank; 1946.5.15

Continental illinois national bank;

1946.5.2

Hongkong & Shanghai banking corporation;1946.5.3

Messrs. bunge & co., ltd.;1946.5.4

The chase bank;1946.5.10

The chase bank;1946.5.6

The national city bank of New York;1946.5

Association of appointed bank;1946.6.11

First national bank in st. louis;First National Bank;1946.6—10

John j. waldron;1946.6.4

Mr. robert R. moore;1946.6.20

The chartered bank of India, Australia & China;Franklin Liu;1946.6.10

The chase bank;1946.6.10

The italian bank for China;1946.6.22

美帝大通银行纽约总行与上海分行业务来往函件;1946.6

美帝美国商业银行上海分行;1946.6—1955.9

中国工业联合产物保险股份有限公司;1946.6

Allied express company;1946.7.24

American asiatic underwriters;1946.7

Col. price section, phib corps Tientsin;The Chase National Bank;1946.7.14

D. carter & co.;1946.7.6

The chartered bank of India, Australia & China;1946.7.29

The chase bank;1946.7.12

The first national bank of boston;1946.7.6

The Hongkong and Shanghai banking corporation;1946.7.4

Western mercantil company;Wells Fargo Bank & Union Trust Co.;1946.7.4

与客户业务往来;The Chase Bank;1946.7.17—8.30

Andersen meyer & company, limited;American Asiatic Underwriters;1946.8—12

Calder marshall & co., ltd.;1946.8.23

First national bank;1946.8.9

Marine loss dept;A.A. Heinzer;1946.8.28

Morrison-knudsen company, inc.;1946.8.19

The chase bank;1946.8.19

The China industrial union fire & marine insurance co., ltd.;1946.8—1948.4

Tientsin press, limited;1946.8.1

American president lines;1946.9.21

American-oriental financial corporation federal inc., U.S.A.;1946.9.25

F.a. rumpf export-import;The Chase Bank;1946.9.21

Head office citizens national bank;1946.9.12

Hongkong & Shanghai banking corporation;Hongkong & Shanghai Banking Corporation;1946.9.30

Hua mei trading conpany;1946.9.21

Irving trust company one wall street;1946.9—1947.2

Loxley rice co., (Bangkok) ltd.;1946.9.28

Marine loss no.am013;大中华贸易公司;

1946.9.30

National fire insurance company of Hartford;1946.9

The automobile insurance company;1946.9

The automobile insurance company (confirmation copy — regular mail);C.O. Tilton;1946.9.30

The chase bank;1946.9

The chase bank;1946.9

The chase bank-Shanghai;1946.9.25

The million trading company;1946.9.14

Thriftcor bank;1946.9.18

United states marine corps;1946.9.24

大通银行 1946 年 9 月至 10 月间往来信件 9;1946.9—10

意商立多利;1946.9.9

中法工商银行;张果为;1946.9

Buying order;1946.10.18

Copy;1946.10.11

H.b.m. consulate-general;1946.10.8

Memorandum;1946.10

Siber hegner;1946.10.26

The chase bank Tientsin;1946.10.22

The chase national bank of the city of New York;W.E. Sullivan;1946.10.14

The siberian trading company export-import;1946.10.3

隆锐贸易公司;1946.10

顺通汽车商行;1946.10.24

American asiatic underwriters;I.M. Altadukoff;1946.11.17

American asiatic underwriters federal inc., U.S.A. copy for Shanghai office;Mr. G.A. Moszkovski;1946.11.11

American foreign insurance association;1946.11

Application for personal and other (non import) requirements;1946.11

British municipal council;1946.11

China overseas trading company;1946.11.10

Feng lung trading company;The chase bank;1946.11.13—15

Jack y h. yuen;1946.11.3

Jamie c. tsien & co., inc.;1946.11.4

The chase bank Hongkong;The chase national bank New York;1946.11—1948.7

The chase national bank;1946.11.4

William h. cope;W.A. Hale;1946.11.18

American asiatic underwriters federal inc., U.S.A.;R.A. Kreulen;1946.12.21

China central situation port conditions;Sedgwick, Collins & Co.;1946.12.9

Copy John j. Waldron;1946.12.12

John j. Nemeth;1946.12.3

Office copy the chase bank Tientsin, China;1946.12

Pacific bank;1946.12.11

The central bank of China;1946.12.31

The chase bank;1946.12.23

The chase bank Tientsin — the Hongkong & Shanghai banking corporation;The chase bank;1946.12.27

The China & south sea bank, ltd. Tientsin;1946.12.31

中国工业联合产物保险股份有限公司;1946.12.14

Alois p. swoboda aeolian hall New York;1946—1948

American asiatic underwriters;1946—1947

American asiatic underwriters;1946—1948

American asiatic underwriters;1946—1949

American asiatic underwriters;1946—1950

American asiatic underwriters;Federal Inc., U.S.A.;1946—1950

American asiatic underwriters fed., inc., U.S.A.;1946—1949

American asiatic underwriters federal inc., U.S.A.;1946—1948

American asiatic underwriters Shanghai;1946—1949

Asia realty copmpany;1946—1949

Automobile insurance company of Hartford;1946—1947

Bardays bank, limited;C.S. Miner;1946—1949

British American tobacco co.;American Asiatic Underwriters;1946—1949

Foreign department;K.K. Tse;1946—1949

Hong kong Shanghai banking corp;1946—1947

Imperial bank of India;1946—1948

Letters to the chase national bank from havana cuba;1946—1948

Marcel leopold & cie financial agent;John J. Waldron;1946—1947

Miscellaneous China provinces;The Chase Bank;1946—1948

Public national bank & trust co. of New York;1946—1948

S.t. hou & co., ltd.;1946—1948

The American express company, inc.;荣茂洋行;1946—1948

The association of appointed banks;1946—1948

The automobile ins co.;The Chase Bank;1946—1948

The canadian bank of commerce;The Chase National Bank;1946—1948

The cathay metal pressworks, ltd.;1946—1949

The chartered bank of India, Australia & China;1946—1947

The chase bank;1946—1949

The chase bank 往来信件;1946—1947

The underwriters bank, inc.;K.K. Tse;1946—1947

The underwriters bank, inc.;1946—1947

Union bank of switzerland;American Asiatic Underwriters;1946—1951

建元兴业股份有限公司 pan tse-chuen 的股票业务、股息票据,与大通银行的通信以及大通银行为此认得股票...;中国人民银行上海市分行;1946—1947

美亚保险公司业务函件;1946—1950

天津华嘉洋行与美亚保险业务来往、中孚银行与美亚保险账目来往;中国人民银行上海分行;1946—1949

伪北美保险公司与伪瑞士保险公司来往业务信件;1946—1950

伪北美洲保险公司;1946—1949

伪北美洲保险公司上海分公司收发信件前后参照单及部分有关业务单位来往信件;1946—1950

伪北美洲保险公司上海分公司与伦敦分公司有关货运保险业务;1946—1951

伪北美洲保险公司与伪青岛茂记洋行、伪南京荷兰大使馆、伪比利时大使馆等单位有关火险、货险等方面的来…;1946—1950

业务函件;法帝中法工商银行;1946—1948

Aeronautical department Peking China;1947

American asiatic underwriters;1947

American asiatic underwriters;1947

American asiatic underwriters;1947

American asiatic underwriters Hongkong office;1947

American consulate-general;1947

Ander Merzario;1947

Atlantic mutual insurance company;1947

Belgian brick factory;1947

Cr inf thalson co., San Francisco;1947

Failing dept;American Asiatic Underwriters;1947

Gopie;1947

Inter office communication;Lai Im Tong Branch Manager;1947

International insurance office;1947

Joseph hadley & son;C.C. Ch'iao;1947

Joseph hadley & son;1947

Kunst & albers Tientsin agency;1947

Lester, johnson & morriss;1947

Letters to Shanghai commercial & saving bank, ltd.;1947

Marine loss no.470212;1947

Marine loss no.470224;1947

Marine loss no.47238;1947

Motor car loss Shanghai no.49/85;1947

National fire insurance company of Hartford;1947

Pacific national bank;1947

Policy no. 1011530;1947

Power of attorney;1947

Power of attorney;C.E.O.A. Simmons;1947

Safren wool stock co., San Francisco;1947

Shanghai municipal police;1947

Sims & co., pasadena, calif;1947

Solomon zetlin, 73 consular road Tientsin, China;1947

Starr park & freeman, inc.;1947

Starr park & freeman, inc.;1947

Swiss bank corporation;1947

The automobile insurance company;1947

The central bank of China;1947

The chartered bank of India;The Chase National Bank;1947

The chartered bank of india, Australia & China;1947

The chase bank;1947

The chase bank;1947

The chase bank;1947

The chase bank;1947

The chase bank;1947

The chase bank;1947

The chase bank Tientsin;1947

The chase bank Tientsin;1947

The chase bank, Paris;1947

The chase national bank;1947

The chase national bank of the city of New York;1947

The China straw goods corporation;1947

The postal remittances & savings bank;1947

The Shanghai development co., ltd.;John J. Waldron;1947

The underwriters bank;1947

The underwriters bank;1947

The underwriters bank, inc.;1947

Thomson & co.;1947

Tientsin investment corporation;1947

United states lines;1947

船壳等保险有关函件电文等;1947

大通银行与 China juland minion 有关汇款之事业务往来;中国人民银行上海市分行;1947

鼎益洋行;1947

福利公司;1947

美帝美国商业银行一般函件业务;1947

美国医药助华会;1947

美亚保险公司与泰山保险股份有限公司的业务信件往来;1947

美亚新韩服务社(韩国汉城)与美业务部有关预定保险单业务往来;1947

上海卫德行;Chen-chun Ku;1947

中国农业保险公司;1947

中国人民银行上海市分行;1947

A. gallusser & co. Tientsin;W.Y. Lin, Director;1947.1—2

Bank of communications;1947.1.6

Burroughs, inc.;1947.1

Charles clay & sons, ltd.;The Chase National Bank;1947.1.13

Hai ho improvement communion;1947.1.8

Hall & holtz, ltd.;1947.1.20

Stockholms enskilda bank;1947.1

The agent, national bank of India, ltd. Bombay, India;1947.1.9

The chartered bank of India, Australia & China;1947.1.27

The underwriters bank;1947.1.27

与南阳企业股份有限公司往来函件及业务通知留底;大通银行;1947.1—11

发往伪输入临时管理委员会及伪输入品管理处业务函件留底;1947.1—12

与海京洋行业务往来函件;1947.1—12

与美国总统轮船公司业务往来函件;1947.1—12

A.o.b.c., Shanghai;1947.2.7

American international underwriters corporatipon;L. Cirillo;1947.2

Civil air transport;1947.2.5

Frank o. wetmore chairman;Yuan Chang & Co.;1947.2.22

Mr. c.m. beddow pacific import & export trading company, London, s.n.7.;1947.2.3

north America companies;1947.2

The associated press;1947.2

The chase bank Tientsin;The Chase Bank;1947.2.21

The national city bank of New York Shanghai;Berbhard Bluhm;1947.2.22

Thomas publishing company;Thomas Publishing Company;1947.2.24

Wells fargo bank and union trust company;1947.2—5

与 China supply corporation 业务往来函件;1947.2.4—7.18

与美帝美国俱乐部业务往来函件;1947.2.10

与亚通华行、亚历山大洋行、美国造纸联合公司等业务往来函件;1947.2.7—12.27

Blend-levey, inc.;1947.3.8—31

Inspectorate general of customs;1947.3.1

The chase bank;1947.3

1947 年 4 月至 5 月伪北美洲保险公司与费城总公司及其他有关单位之间的业务往来信件;1947.4—5

Board for the temporary regulation of imports non-quota imports examination department;1947.4.25

Chase national bank;1947.4.8

Chi yee company;1947.4.17

Lexander gutbezahl trading corporation;1947.4

Mark. w. billing. warrant officer. pearl harbor. t.h;1947.4.9

Messrs. willy & company;1947.4.23

The central bank of China;1947.4.23

The chase bank;1947.4

The chase bank;1947.4.18

The chase bank cristobal canal zone;1947.4.16

The chase national bank of the city of New York;1947.4.9

The Shanghai commercial & savings bank, ltd., Tientsin;1947.4.3

Watts, quarez & yui appointed exchange brokers;1947.4.4

与美帝阿乐满克保罗法律事务所律师往来函件;1947.4—12

Alscap trading company, New York.;1947.5.19

American asiatic underwriters federal inc., U.S.A.;1947.5.19

Eduard meyer & co.;1947.5.3

Marine loss no.470220;1947.5.26

R. fermus;1947.5.12

The chase bank;1947.5.16

意商意中洋行关于米兰及中国;1947.5.8

American asiatic underwriters;1947.6.11

International trading co.;1947.6.19

Lee-fu trading co.;1947.6.26

R. fermus;John Ahlers;1947.6.5

Shanghai bankers' association;1947.6.13

The chase bank (No.b/r 812);1947.6.13

The Texas Company (Motor Car Loss);1947.6.11

四川畜产贸易股份有限公司天津分公司;1947.6

与科发药房来往业务函件及单据留底;

1947.6

J. ullmann & co. Tientsin; 1947.7.10

Marine loss no.a.m.131; 1947.7.25

Memorandum from jardine, matheson & co., ltd.; 1947.7.25

Midland bank, limited; 1947.7.22

The central bank of China banking department; The underwriters bank; 1947.7

The oriental book store; 1947.7.1

The underwriters bank, inc.; The Underwriters Bank; 1947.7.9

The underwriters bank, inc.; 1947.7.21

荷国安达银行香港分行; 1947.7.30

通安贸易公司; 1947.7.25

A.a.u. filing department; The Chase Bank; 1947.8

Head office citizens national trust & savings bang of los angeles; 1947.8.25

Messrs. American asiatic underwriters, Shanghai; John J. Waldron; 1947.8.30

Philadelphia national bank, philadelphia, pa; 1947.8.13

The bank of nova scotia; Fred T. Douglas; 1947.8—1949.1

The central bank of China; 1947.8.14

The chartered bank of India, Australia and China; 1947.8

The chase bank; 1947.8.5

The commercial & credit information bureau; 1947.8.13

与英商瑞记有限公司业务往来信件; 1947.8

Admiral oriental line; John J. Waldron; 1947.9

American asiatic underwriters; 1947.9.19

American asiatic underwriters; 1947.9.3

Bank of communications; 1947.9—1948.12

Copy for Tientsin branch; 1947.9.9

International export and import company; 1947.9.20

Mr. Paul Benoist; 1947.9.8

The cathay metal pressworks, ltd.; 1947.9.16

The chase national bank; The chase bank, China; 1947.9

The chase national bank; 1947.9.29

The chase national bank; 1947.9—1949.5

The chase national bank New York; James P. Duddy; 1947.9.1

Tsun yuan & co.; 1947.9.9

美帝商业银行上海银行协会通函; 1947.9—1948.1

亿中企业银公司; 1947.9.15

Edward company, limited.; 1947.10

Hongkong and Shanghai banking corporation; 1947.10

Letters to sin hwa trust & savings bank, ltd., Tientsin; 1947.10.8

Martins bank, limited; 1947.10.17

New York correspondents report; Mr. Melvin C. Poons; 1947.10.30

Re: our b/p No.3001 (your draft No.48/152) for us $1,994.25; Roy G. Fairfield; 1947.10

Seattle-first national bank; 1947.10.15

The chase bank; 1947.10

The chase bank Tientsin China; 1947.10

The chase national bank; 1947.10—1948.1

Translation (re: application for report on fire incurred to building.); Meng Chao Pei Chief Officer of the 6th Police Sub-Station; 1947.10.16

美国医药助华会; 1947.10.3

致美商美国产物保险公司业务函件; 1947.10

Bankers trust company; 1947.11.10

Buchheister & co. established 1871; 1947.11.25

Copy of telegram received; F.L. Greiner; 1947.11.5

Editional office north China star Tientsin; 1947.11.15

Miss anna fischer, p.o. box no.5 peiping; 1947.11.8

Sondovitch bros, inc.; David Smith; 1947.11.14

The chase bank; 1947.11

The chase national bank; Banque franco chinoise; 1947.11

Translation of documents; 1947.11

与美商美品洋行业务往来函件; 1947.11

American asiatic underwriters federal inc., U.S.A.; 1947.12.30—1948.1.12

Letters to the chase bank Hongkong; 大通银行; 1947.12.16

Mr. a.e. Schumacher, second vice president; 1947.12.15

Officers of the corporaticn; 美国华明烟叶公司; 1947.12

Szechuen animal by-products trading co., ltd.; 1947.12.17

The chartered bank of India, Australia & China; 1947.12.12

The chase bank; 1947.12.15

The chase national bank; 1947.12.22

The national commercial bank, ltd.; 1947.12.18

The underwriters bank, inc.; 1947.12.1

The underwriters bank, inc.; 1947.12.24

分行与商行往来业务函件; 1947.12.29

美帝大通银行纽约总行与上海分行关于伪造支票案件的往来函件; 1947.12.2

美国远东乳业公司业务往来信件; 1947.12.23

炎华实业股份有限公司; 1947.12.8

与 China art embroiclery co.业务往来函件; 1947.12.12

与美商金山油墨出口公司等来往业务往来函件; 1947.12

American asiatic underwriters; 1947—1950

American asiatic underwriters; 1947—1948

American asiatic underwriters; Federal Inc., U.S.A.; 1947—1948

American asiatic underwriters; 1947—1949

American asiatic underwriters; 1947—1949

American asiatic underwriters; 1947—1951

American international underwriters, ltd. Hongkong; 上海美商美亚保险公司; 1947—1948

Bank of America national trust & savings association; The Chase Bank; 1947—1948

Bank of chosen; The Chase Bank; 1947—1949

Deutsch-asiatische bank; 1947—1949

Herman schultz, oslo, norway; 1947—1948

K.c. Boyd; 1947—1949

Kent & mounsey; 1947.1950

Marine loss no.o/357; 1947—1948

Special services headquarters, fleet marine force, pacific; 1947— 1948

The American express company, inc.; 1947—1949

The central bank of China; 1947—1948

The chase bank; 1947—1948

The chase national bank; 1947—1948

The chase national bank; 1947—1948

The chinese associated trading co., ltd.; John J. Waldron; 1947—1948

The mercantile bank of India; 1947—1950

美帝美国商业银行; 1947—1948

伪北美洲保险公司; 1947—1950

Allan & buchan; 1948

American asiatic underwriters; 1948

American asiatic underwriters; 1948

American asiatic underwriters; 1948

American asiatic underwriters; 1948

American asiatic underwriters; 1948

American international marine agency; 1948

American international underwriters, ltd.; 1948

Bank of America; 1948

China-pacific motors, inc.; 1948

Gary trading company; 1948

Hanover fire insurance; 1948

Hwa foo trading company; 1948

International insurance office; 1948

Letters from sinhwa trust & savings bank, ltd., Tientsin.; 1948

Letters of credit issued by the chase bank, Hongkong; 1948

Signatures-the national city bank of New York Tientsin; 1948

Stamp account; J.Y. Chow; 1948

The association of appointed banks; 1948

The central adjusters & surveyors; 1948

The central bank of China; 1948

The chartered bank; 1948

The chartered bank of India, Australia & China; 1948

The chartered bank of India, Australia & China; 1948

The chase bank; 1948

The chase bank; 1948

The chase bank; 1948

The chase bank; 1948

The chase bank; 1948

The chase national bank; 1948

The ekman foreign agencies, ltd.; 1948

The office appliance co.; 1948

The underwriters bank, inc.; 1948

北美洲保险公司;1948

大通国际商业银行;1948

大通银行;1948

法帝中法工商银行天津分行 19 箱子函件;1948

法帝中法工商银行兴朱辛兰一般业务往来函;1948

关于信用证事纽约大通银行电函上海大通银行;1948

行政院物资供应局;1948

合丰企业股份有限公司;1948

亨通贸易有限公司;1948

华东煤矿公司董事会通知函;1948

美亚保险公司;1948

美亚保险公司;1948

美亚给远东打捞公司业务信件;1948

泰安企业股份有限公司;1948

远东皮业公司;1948

中法工商银行;1948

中国工业联合产物保险有限公司;1948

American asiatic underwriters;1948.1

American association of Shanghai;中国人民银行上海市分行;1948.1—12

J.h. trachsler (China), ltd.;1948.1.20

Muller & Phipps (China), ltd. (automoblie insurance co., 113 kiukiang road, Shanghai);C.K. Chang;1948.1.19

Received from the chase bank;大通银行;1948.1—2

Rohner, gehrig & co.;1948.1.5

The underwriters bank, inc.;1948.1.9

伪海关总税务司署业务往来函件;1948.1.13

有关中法济经会与中法工商银行来往信函;1948.1—1949.11

与本地银行(杂项)业务往来函件;1948.1.5—12.2

与建新贸易公司业务往来函件;1948.1.30—3.17

中法工商银行 法商华兴商业公司巴黎总行和上海分行的来往函件;1948.1

American asiatic underwriters;1948.2.25

Fret fluvial;W.H. Cope;1948.2.6

Shun tung motors;1948.2.28

The automobile insurance company;1948.2.2

The chase bank;1948.2.7

The chase bank Tientsin;The Chase Bank;1948.2.9

The manager, peiping;1948.2.24

The underwriters bank, inc.;1948.2.26

Vongehr-low China company, inc.;G. W. Macon. jr;1948.2.12

关于外国外汇资财管理的规定等业务往来;1948.2

American asiatic underwriters;1948.3—1949.10

North American companies;1948.3.13

The bank of the philippine islands;1948.3.5

电报;1948.3.9

东京美帝大通银行业务往来函件;1948.3.26

哈克生汽车公司;American Asiatic Underwriters;1948.3—4

伪北美洲保险公司上海分公司的业务往来信件;1948.3

Atlas pen & paper company, New York; 1948.4.17

Manufacturers trust company; 1948.4.28

The China & south sea bank, Ltd.; 1948.4

The China development finance corporation; 1948.4.27

The Chinese bankers' assosiation; 1948.4.26

伪北美洲保险公司业务往来信件; 1948.4

Commercial letter of credit agreement; 1948.5

Liddell bros & co., ltd., Hankow; Banque Franco Chinoise; 1948.5.5

Seattle-first national bank; The chase bank; 1948.5

Sedgwick, collins & co., limited; The chase bank; 1948.5

The chartered bank of India, Australia & China; K.C. Tse; 1948.5—11

美帝美国商业银行上海分行总分行函电往来; 1948.5

美帝美国商业银行业务(上海)总行与分行之间函件往来介绍有关人员去美或来沪旅行; 1948.5—1949.2

伪中国银行中兴银行有关外汇来往函件; 1948.5—1949.9

Copy for mr. c.s. Miner; W.A. Hale; 1948.6.3

Mr. m. Triguboff; 1948.6.8

North China trading company; 1948.6.24

The central bank of China; 1948.6.16

The chase bank Tientsin; 1948.6.3

The chase national bank; 1948.6

Willtam c. batchelder and elizabeth l. batchelder to the underwriters bank, inc.; Willtam C. Batchelder; 1948.6.1

美帝美国商业银行业务(上海分行)该行总分行间以及同中国航空公司等有关单位的来往函件; 1948.6—1949.2

与中新纺织第二厂业务往来函件; 1948.6.16

American asiatic underwriters (往来文件); National trust trading co.; 1948.7—11

Atlantic mutual insurance company; 1948.7—8

China embroidery & lace co. (messrs. American asiatic underwriters, Shanghai); China Embroidery & Lace Co.; 1948.7.28

Copy for Tientsin branch; 大通国际商业银行; 1948.7.7

Philippine American import & export co.; 1948.7.3

合盛贸易有限公司; 1948.7.28

American asiatic underwriters; 1948.8.26

American international insurance comany; 1948.8.28

Corn exchange national bank and trust company philadelphia foreign department; 1948.8.5

Realchild importing corporation; A. & M. Karagheusian; 1948.8.17

The association of appointed banks; 1948.8

The chase bank; The chase bank Tientsin China; 1948.8—10

The rin-tai company; 仁太洋行; 1948.8.31

保险业务文件往来(美亚);American Asiatic Underwriters, Shanghai; 1948.8—12

中法工商银行北京分行家具杂物清册; 1948.8

Ah sam & co.;1948.9.18

American asiatic underwriters federal inc,. U.S.A.;1948.9.28

Chartered bank, Tientsin (the sub-agent, peking);1948.9.13

Feng lung trading company;Feng Lung Trading Company;1948.9.30

J. henry schroder banking corporation; 1948.9

Please return to a.a.u filling department; 1948.9.29

The chase national bank, London; William C. Ryan Jr;1948.9—12

The chase national bank of the city of New York;Howard H. Hoffman; 1948.9.12

The China soap company, limited; 1948.9.20

The hanover insurance company; American Asiatic Underwriters;1948.9

The national city bank of New York; William C. Ryan Jr;1948.9.19

一般信件;美帝中法工商银行;1948.9.25

Chartered bank of India, Australia & China;1948.10

Citizens national bank;1948.10.21

King may company;1948.10.30

The China manufacturers trading co., ltd.;1948.10.4

The thriftcor bank;1948.10.21

American oriental finance corporation letter no.2122/letter no.2288;James M. Faulkner, II;1948.11.13

Copy of telegram received;The chase national bank;1948.11.3

List of securities in safe-keeping with the underwriters bank, inc.;The Underwriters Bank;1948.11.31

美帝花旗银行与外商来往信件等/美帝花旗银行天津分行于 **1948** 年 **12** 月 4 日停业复给美国信托公司、美孚公司、...;1948.11—1949.10

Cable department the chase bank Tientsin;The Chase Bank;1948.12.31

Chinese skf company, ltd., Shanghai; Messrs. American Asiatic Underwriters; 1948.12.10

Columbia pictures international corporation;1948.12

Despatched;1948.12.24

Messrs. China securities company; American Asiatic Underwriters;1948.12.28

Swiss bank corporation;1948.12.1

The municipal gazette;1948.12.8

United states lines;1948.12.6

Y 与聚兴银行业务往来函件;1948.12.22

美帝美国商业银行业务(上海)一般业务函电;1948.12—1949.1

American consulate general;American Asiatic Underwriters;1948—1951

Atlantic mutual insurance co.;American Asiatic Underwriters;1948—1949

B.i.c;1948—1949

China export-import & bank co.; 1948—1948

Despatch (to messrs. e.a. pierce & co., San Francisco); James M. Faulkner; 1948—1949

Import licensing department; 1948—1949

Marine loss no.470280; 1948—1949

Marine loss no.5/500105; 1948—1950

Pekin le; 1948—1949

The underwriters bank, inc.; 1948—1949

Thriftcor bank the thrift & investment, finance & trust corporation; 1948—1949

Underwriters federal inc., U.S.A.; American Asiatic Underwriters; 1948—1946

United property investments; 1948—1949

美帝美国商业银行(上海)业务一般业务往来及更改印鉴等; 1948—1950

伪北美洲保险公司 业务信件; 1948—1949

American asiatic underwriters; 1949

American asiatic underwriters; 1949

American asiatic underwriters; 1949

American international underwriters corporation; 1949

American international underwriters marine letter file New York; Marine Dept; 1949

C.f.a 电报信件; 1949

Chartered bank; 1949

Chartered bank, Tientsin; 1949

E.a. pierce & co.; 1949

Eduard meyer & co.; P.C. Read; 1949

Marine loss no.10062; 1949

Marine loss no.481233; 1949

Metropolitan land company, ltd.; 1949

Metropolitan land company, limited; 1949

Midland bank, limited; James M. Faulkner, II; 1949

North America company; 1949

The chase bank; 1949

The chase national bank; 1949

The oriental book store; 1949

The underwriters bank, inc.; 1949

大通银行; 1949

美帝美亚保险公司海龙火险公司业务往来; 1949

香港分公司给上海分公司的内部信件; 1949

中央信托局产物保险处; 1949

China national aviation corporation; 1949.1

美帝美国商业银行总分行有关旅行支票业务联系; 1949.1—12

American asiatic underwriters main office, Hongkong; 1949.2.3

Andersen, meyer & co., ltd.; 1949.2.17

Dr. Robert Briggs Watson; 1949.2.18

Firemen's insurance company; American Asiatic Underwriters; 1949.2—5

Foreign correspondents' club of China; 1949.2

Java-China japan lijn, agents holland east asia line; 1949.2.17

Mr. Max Knopp; 1949.2.23

North America companies; 1949.2.22

Shanghai American school；1949.2.16

The chartered bank of India，Australia & China；1949.2.14

The Tientsin land investment co.，ltd.；1949.2.18

Union insurance society of canton，ltd.；1949.2.23

Universal leaf tobacco co.；1949.2.22

美帝美国商业银行业务(上海)与各洋行等企业业务往来；1949.2—1950.7

其他——寄出信件；美帝美国商业银行；1949.2—4

Lloyd's policy f.119；1949.3

National commercial bank；1949.3.7

Rosenstock's directory of China and manila；American Asiatic Underwriters；1949.3

Standard-vacuum oil co.；1949.3.2

The friends' service unit；1949.3.2

The international general electric co.；James M. Faulkner；1949.3

The underwriters bank，inc.，Hongkong；Charles S. Miner；1949.3.17

美帝美国商业银行；1949.3—1950.5

美帝美国商业银行；1949.3—1950.9

美帝美国商业银行(上海)业务 一般业务往来及各进口商行业务往来；1949.3—1950.12

美帝美国商业银行开立信用证等；1949.3—1950.1

美帝美国商业银行上海分行总分行业务函件往来；1949.3

美帝美国商业银行向旧金山总行上报业务员动态函件；1949.3

美亚保险公司业务文书；American Asiatic Underwriters；1949.3.18—4.26

All China navigation co.，ltd.；1949.4.14

Association of appointed banks；1949.4

The chase bank；1949.4.14

Thriftcor bank；1949.4.27

美帝美国商业银行与客户及银行往来函件；1949.4

Trade bank & trust co.；W.A. Hale；1949.5

海华电化工业公司；1949.5.17

开放后我方机耕致美国商业银行函件；上海市军事管制委员会财政经济接管委员会；1949.5—1953.8

美帝美国商业银行贷款业务函件往来；1949.5—1950.11

与中央银行和票据交换所的业务联系；1949.5

Hall & Holl，ltd.；华笔银行；1949.6.7

Seattle-first national bank；1949.6

美帝大通银行纽约总行与上海分行往来函件；1949.6.2

Cable department the chase bank Tentsin；The Chase Bank；1949.7.3

Schedule attaching to and forming part of open policy；American Asiatic Underwriters；1949.7.28

The central dispensary co.，ltd.；1949.7.13

The republic of China office of the president；1949.7.13

To the national city bank of n.y；Insurance Company Of North America；1949.7.29

美帝美国商业银行；1949.7

Chih tung trading company;1949.8.9

Duplicate;1949.8

Shanghai power company;1949.8.10

American asiatic underwriters;美亚摩托损托险;1949.9.11

American asiatic underwriters, limited Hongkong;1949.9.11

Messrs. American asiatic underwriters;American Asiatic Underwriters;1949.9.16

美帝美国商业银行该行总分行之间来往的信件;1949.9

美帝美国商业银行上海分行 客户(包括英国驻沪领事馆)函件往来;美帝美国商业银行;1949.9—1951.2

The underwriters bank, inc.;1949.10.10

美帝美国商业银行上海分行总分行电报往来;1949.10

The automobile insurance company;1949.11

The underwriter bank, inc.;1949.11

The underwriters bank, inc.17 chung-shan lu (eastern);The Underwriters Bank;1949.11.9

Unionbank;1949.11

Wells fargo bank & union trust co.;Jack Y H. Yuen;1949.11.31

法帝中法工商银行天津分行往来函件;1949.11.14

美帝美国商业银行业务(上海)与客户联系业务函件;1949.11—1951.2

Eddie steamship company;益利轮船公司;1949.12.2

The hanover fire insurance company of the city of New York;1949.12.30

美帝美国山歌银行与上海市银行商业同业公会函件;1949.12

美帝美国商业银行;1949.12—1950.2

Alfred mok 与朱孔昭之函件往来;1949—1950

American asiatic underwriters;1949—1950

American asiatic underwriters;1949—1951

American asiatic underwriters;1949—1951

E.m. negnewitsky & co.;1949—1950

Insurance company of north America;1949—1950

Marine loss no.s/500070;1949—1950

Marine loss no.s/500102;1949—1950

Rose & leaf club;1949—1950

美亚保险公司保险业务文件及其备忘录;1949—1950

American international underwriters;1950

Bank of China;1950

Bank of New York and fifth avenue bank;1950

Cabinet m. delon;1950

Corn exchange national bank and trust company;1950

Export import board;1950

Grace national bank;1950

Guaranty trust company of New York;1950

Li hua company;1950

Marine loss no.9982;1950

Marine loss no.am/174;1950

Marine loss no.o/732;1950

Marine loss no.o/734;1950

Marine loss no.s/500055;1950

Marine loss no.s/500071;1950

Marine loss no.s/500075;1950

Marine loss no.s/500076;1950

Marine loss no.s/500077;1950

Marine loss no.s/500078;1950

Marine loss no.s/500080;1950

Marine loss no.s/500093;1950

Marine loss no.s/500098;1950

Marine loss no.s/500135;1950

The automobile insurance company;1950

The China & south sea bank, ltd.;1950

The east asiatic company, ltd.;1950

The public national bank and trust company;1950

The south british insurance co., ltd.;London Office;1950

Verder & company;1950

大通银行;1950

美帝美国商业银行;1950

美帝美国商业银行寄出信件记录;1950

美亚朱孔嘉(香港)来信;1950

伪北美洲保险公司上海分公司来往信件;1950

中法工商银行;1950

中国银行上海分行函件;1950

America asiatic underwriters;1950.1.28

Attention to mr. Altsdoukoff;Mr. C.S. Miner;1950.1.26

铝业有限公司往来函电;1950.1.19

美帝美国商业银行客户电报;1950.1

美国商业银行总行给分行通函;1950.1—1954.7

上海市金融商业同业公会筹备会;1950.1—6

L. hammond & company, limited;L. T. Chen;1950.2.19

The mercantile bank of India, ltd.;1950.2

美帝美国商业银行上海分行与东方进口公司等信件往来;1950.2

美帝美国商业银行上海分行与纽约分行业务联系函件;1950.2

伪北美洲保险公司上海分公司发出的业务函件;1950.2

China development finance corporation;1950.3

Paulsen & bayes-davy;1950.3.22

美帝美国商业银行与法国有余洋行联系业务函件;1950.3

美帝美国商业银行总行、上海分行一般业务联系;1950.3

美国商业银行寄出信件;1950.3—11

中法工商银行关于法商华兴燃业公司分函;1950.3—6

中法工商银行关于中法工商银行与汉堡北德银行往来函件;1950.3—1952.12

Office copy;W.F.S. Fang Office;1950.4.25

Marine loss no.s/500121;Hacconei;1950.5.31

The oriental book store;1950.5.27

美帝美国商业银行总分行业务往来函;1950.5

Messrs. e.a. pierce & co. San Francisco;1950.6.30

The underwriters bank, inc.;1950.6.7

Underwriters bank Hongkong letters from (numbered);The Underwriters bank;1950.6.22

United states lines company;1950.6

宝锠汽车材料制造厂;1950.6.6

美帝美国商业银行关于汇兑业务信件往来;1950.6

美帝美国商业银行纽约分行与上海分行之间业务函件;1950.6

美帝美国商业银行有关信用证函电往来;1950.6—8

美帝美国商业银行总行业务通函 **NO.C1001 - C1050**;1950.6

American asiatic underwriters;1950.7

Bank of the Manhattan company;1950.7.26

Copy of letter to mr ching-tao peh.;1950.7

The first national bank of Chicago;1950.7.19

The public national bank and trust company;1950.7.20

Underwriters banks, inc. draft for translation;The Underwriters Banks (Bank);1950.7.11

美帝美国商业银行一般业务往来及修改信用证;1950.7

美帝美国商业银行有关信用证来往函件;1950.7

Manufacturers trust co., New York;1950.8.3

The first national bank of Chicago;1950.8.2

美帝美国商业银行其他(上海)有关总行给各分行经理通函;1950.8—9

美帝美国商业银行业务(上海)清理客户存款来往函件;1950.8—1951.6

正谊汽车有限公司;1950.8—1959.11

Airmail sedgwick, collins & co., limited;Kiu Lien Underwriting Office;1950.9.24

Messrs, American asiatic underwriters;Banque De L'indochine;1950.9.4

The chartered bank of India, Australia & China;1950.9.18

美帝美国商业银行墨西哥蒙德雷商业银行函件业务(上海)通知委住各分行负责人并有关其签字印鉴职权事由;1950.9—1951.3

美国商业银行与电话电灯及煤气公司往来函件;1950.9—1953.9

K.c. boyd & co., ltd.;1950.10.9

Marine loss no.s/500120;Charles S. Miner;1950.10

Miss yiang tsai tsung, house 18, lame 227, taihing road, local;T.M. Hoar;1950.12.7

The China soap company, limited;1950.12.18

美帝美国商业银行同 **Alexander F. branning** 等客户信用状函电往来;1950.12

美帝美国商业银行与浙江兴业银行业务往来函件;1950.12

American asiatic underwriters;1950—1951

Chartered bank of India, Australia and China;1950—1951

New hull treaties-marine & war;S.J. Jackson, Jr;1950—1951

The ming an insurance company, limited; B. Fostrr Hall; 1950—1951

Wecten 给阎家帧的信;中法工商银行; 1950—1951

美帝大通银行与其他公司等业务往来函件;1950—1951

阎家帧给魏克的信件抄本;中法工商银行;1950—1951

Loss receipt; The American Asiatic Underwriters; 1951

Marine loss no.480790; 1951

Marine loss no.480839; 1951

The central bank of China; 1951

美帝美国商业银行汇款联系信件;1951

美亚保险公司业务文书;1951

伪北美洲保险公司有关保险业务方面的来往信件;1951

中法工商银行;1951

中国人民银行上海分行;1951

解放后我方机构致美国商业银行函件;中国银行上海分行;1951.1—5

美帝美国商业银行与美商吉时洋行等业务往来函件;1951.1

美帝美国商业银行总分行业务往来函;1951.1

Marine loss no.s/490085; 1951.2.20

Marine loss no.s/490087; 1951.2.21

Marine loss no.s/490194; 1951.2.16

美帝美国商业银行与达昌洋行业务联系函件;1951.2

美帝美国商业银行与经纬行、顺和贸易行、华贸公司等业务往来函电;1951.2

American asiatic underwriters federal inc., U.S.A.; Claima Department; 1951.5.4

寄给 Wecter(魏克德)的信;1951.6

美国商业银行上海分行航空邮件寄回信;1951.9—1954.1

Legation of the czechoslovak republic in China; 1952

中法工商银行巴黎总行和分行的往来函件;1952

Bank of New Zealand; 1953

国际电报;上海电信局;1954.1—12

美帝美国商业银行总分行业务往来和通函;1955.8

Cappiway hwa hong; 1958.3.7

Ewo laboratory; The underwriters bank, inc.; 1958.3.6

Mr. Geroge w. Chan; 1958.3.7

Swiss bank corporation; 1958.3

伪美东银公司内部业务信件;1968

Usinor; 1968.10

美丰银行;1968.11

1925 年雷文有关购买土地信件; Wang Qi Chun; 1969

法帝中法工商银行天津分行业务函件;1969

法帝中法工商银行天津分行业务函件 NO.24;1969

法帝中法工商银行天津分行一般信件;1969

美帝美国商业银行;1969

伪美丰银行 1935 年贷款业务信件; Zheng Naiquan; 1969

伪美丰银行和伪麦加利银行、伪花旗银行等来往信件;1969

伪美丰银行收集有关伪美华地产公司的往来业务信件;1969.5

1929 年 **12** 月伪美丰银行业务信件;1969.6

1933 年至 **1934** 年伪美东银公司与伪普益银公司之间来往业务信件;Chen Meijun;1969.6

美帝美国商业银行与客户华孚行、程文记商行等一般业务函电往来;1969.6

美帝美国商业银行业务(上海)总行业务通函 **No.c1051 - 1100**;1969.6

伪美丰银行 **1933** 年业务信件(贷款);1969.6

伪美丰银行 **1934** 年至 **1935** 年贷款业务信件;1969.6

伪美丰银行 **1934** 年贷款业务信件(申请贷款者 **R. Feilei**);1969.6

伪美丰银行 **1935** 年贷款业务信件;1969.6

伪美丰银行 **1935** 年业务信件(贷款);1969.6

伪美丰银行 **1935** 年业务信件(贷款);1969.6

伪美丰银行业务方面来往信件;1969.6

伪美丰银行与纽约花旗银行来往的业务信件;1969.6

一份阐述 **Straddles** 一手买进以售卖出的买卖的材料;1969.6

美帝美国商业银行签字样张;1969.7

美帝美国商业银行总分行汇款等往来业务函;1969.7

1926 年前有关伪美丰银行与大通银行来往业务函件;1969.8

美帝美国商业银行一般函件;1969.8

致美国商业银行函件;1969.8

中国银行上海分行函件;1969.8

1931 年至 **1932** 年与法商中央汽车公司来往普通函;中法工商银行;1969.11.14

法帝中法工商银行天津分行双籍函件;1969.11.18

法帝中法工商银行天津分行与中国农工银行天津分行来往函件;1969.11.20

法帝中法工商银行天津分行与其他单位往来函件;1969.11.13

法帝中法工商银行业务函件;1969.11.14

法帝中法工商银行与中央公司来往信件;1969.11.14

中法工商银行天津分行北京分行来信;1969.11.17

法帝中法工商银行天津分行;1969.12

中法工商银行 上海北京天津间分行来往信件;1969.12.5

American asiatic underwriter

American asiatic underwriter

American asiatic underwriter

American asiatic underwriters

American asiatic underwriters

American asiatic underwriters

American asiatic underwriters

American consular service

American oriental banking corp

American oriental finance corporation

Asia banking corporation

Asia banking corporation

Asia banking corporation

Asia banking corporation

Asia realty company

B.e.s sent to London office

Bank of communications

Blend-levey, inc.

Certificate of acknowledgment of execution of document; Per Pro

Chihli press

Coast service company

Commercial union of America

Company franco-Americaine d'assurances

Confidential

Fernand leconte

Fighting tradition of the united states army

Garage central

General fire insurance company of paris, ltd.; Banque Franco-Chinoise

General letter of hypothecation to the national city bank of New York

International savings society

International securities company

Jardine maareson & co, ltd.; New York Office

Mackenzie & co., ltd.

Manufacturers trust corporation

Memorandum

Mr. david p. gill

Mr. John h. Chang

North America companies

North America companies Shanghai branch

North American company

Office furniture

Pemberton & penn, inc.

Private and confidential

Raven trust company

Raven trust company

Raven trust company

Siernssen & co., Tientsin

Sun life assurance company of Canada

Telegram

Telegram received

The American oriental banking corporation

The American-oriental banking corporation

The association of appointed banks

The atlantic charter

The cathay metal pressworks, ltd.

The chartered bank of India, Australia & China

The chartered bank of India, Australia & China

The chartered bank of India, Australia & China

The chase bank

The chase bank

The chase bank

The great northern telegraph company (limited)

The joint savings society; Buchheister & Co.

The office appliance

The Tientsin land investment co., ltd.

Tientsin electric manufacturers

Travelers'cheques and travelers' letters of credit

东华技术公司

交通部上海电信局电报

美帝美国商业银行函件

美帝美国商业银行华比银行函件往来

上海美亚保险公司纽约往来信件;中国人民银行上海市分行

天津义商立多利

中法工商银行

中国人民银行上海市分行

中国人民银行上海市分行

中国人民银行上海市分行太平保险公司与美亚之函件

2. 报告

题名;责任者;出版时间

The chartered bank of India, Australia & China;1891

Robert smith company, ltd.;A.C.A;1911—1921

Copy power of attorney;1916.7

Original via siberia duplicate via America;1917.3—5

Hongkong accident insurance association;1917.7.26

Hopkins, dunn & co., ltd., agents;The Tientsin native city water works co., ltd.;1918.2.23

Nisshin Kisen Kaisha;G.C. Walker-Master;1920

Franklin & bryan;1920.9.10

In the united states court for China;1921.6

Agency agreement;1921.9—1926.3

Bankers' co-operative credit service;上海普益地产公司;1922

1923 年有关银行对江南造船厂的了解情况;1923

The U.S. goverment at work;1923

In the American consular court for the district of Shanghai China;1923.2

North China company federal inc.;1923.10

Imporial hotel, ltd.;1923—1927

The bank of the philippine islands;1924

This is America;1924

中央汽车公司;1924

Some information re: sugar received by us from batavia;1924.1—2

A.O.B.C, Tientsin;The American oriental banking corp;1924.9

The American oriental banking corp;1924.9

Midland bank, limited;1924.12.31

Nee tai shing tung-ka-doo south wharf berthing report;1925

Schedule of charges made in Australia in connection with letter of credit, bill and other transact ...;1925

Manufacturers trust company New York;1925.1

Chartered bank of India, Australia & China;The American oriental banking corp;1925.4

伪刘鸿记;柳江煤矿铁路公司;1925.6

法帝中法工商银行关于安装自动电话业务的详细报告;1925.10

Premium register; The American Exchange-Pacific National Bank New York;1925.11.1

The hotung land company, ltd.; 1925.12.31

伪刘鸿记; 柳江煤矿铁路公司;1925—1930

American asiatic underwriters; 1926

American asiatic underwriters; 1926

American asiatic underwriters fed., inc., U.S.A.; 1926

Memo for exective committee; 1926

Credit report- e.s. crawley (velvet ice cream co.); 1926.4.23

Monthly letter the American exchange-pacific national bank New York; The American Exchange-Pacific National Bank;1926.6.1

The American exchange-pacific national bank New York; 1926.7.1

Colonel herman beukema; 1926.9.23

American asiatic underwriters, inc., Hongkong branch; 1926.11.20

Rubber; 1926.12

Tientsin race club; 1926.12.31

B.C.I. travellers' cheques reported lost or stolen; 1927.1.10

关于 Stacy A. ransom 的遗产执行文件; 1927.3.12

中国人民银行上海市分行; 1927.6—7

Announcement uniform customs and practice for commercial documentary credits; American Exchange Irving Trust Company;1927.8.11

The secretary the chartered bank of India, Australia & China; 1927.9.4

Tientsin novelty co., importers & exporters; Banque Franco-Chinoise;1927.9.5

Certificate of survey; 1927.12.31

British chamber of commerce; 1928

Economic insurance company; 1928

The insurance company of the state of pennsylvania; 1928

Third report and balance sheet; 1928

伪刘鸿记; 柳江煤矿铁路公司;1928

American reserve insurance company; 1928.1

Marine insurance for the philippine refining corporation; 1928.1.25

Marine rates oil in bulk; 1928.2

Transfer of shares; 1928.2.4

George posner; 1928.6.30

National bank of commerce in New York; 1928.7.19

Introductory note on China's unsecured or insufficiently secured external dest; 1928.10.2

List of schedule II importers approved; Imporial Hotel;1928—1933

Hongkong cashable; 1929

Surplus reserves and undivided profits; 1929

The historic fall of Singapore; General Insurance;1929

Tsi tung industrial bank, limited; 1929

伪美丰银行有关纽约美孚石油公司

1929 年的年终报告;1929

Pacific marine insurance agency, inc.;1929.4

Explanation of divisions;1929.6.11

Harkson motors;1929.11.5

The American oriental banking corp;1929.11

American oriental finance corporation;1929—1931

Chili — continued;1930.3

Agency agreement;John Mcneill;1930.12.28

Herbert & gallop;The American-oriental finance corporation;1930.12

Misc. p/a eastern agencies, inc., w.t. sullivan;1930.12

The nineteenth annual report;The Chee Hsin Cement Company, Limited;1930.12.31

芝加哥 The first national bank 第十六、十七年度报告;伪美丰银行;1930—1934

Sixth report and balance sheet;1931

伪浙江兴业银行 1928 年、1930 年、1931 年年度报告;1931

The office appliance co., limited;1931.5.31

Report from chase national bank, London;Dobbertin & Co.;1931.9.10

Atlantic charter one of world's great documents;1931.10

Bank of China;1931.11

Shanghai hydraulic press packing tariff;1931.11.18

Requisition aluminium union, limited;1931.12.10

The twentieth annual report;The Chee Hsin Cement Company, Limited;1931.12.31

American asiatic underwriters;1931—1941

天津银行公会章程;1932

有关伪美丰银行交易委员会商讨记录;1932

Received from the American oriental banking corporation;The American oriental banking corporation;1932.4—5

Asia realty company;1932.8

伪国际油墨公司经济情况、1932 年的年度报告等;伪美丰银行;1932.10—1934.12

Texas gult sulptur co.会计部门给该公司股东的文件,将业务开支及股票利息通知股东;伪美丰银行;1932—1935

伪美丰银行公司分给国际镖币情况及加拿大国际镖币公司营业情况和收入的资金优放;伪美丰银行公司;1932—1935

List of schedule II importers approved;法商中央汽车公司;1933.2.20

Tientsin foreign exchange bankers' association;1933.2—5

The American-oriental banking corporation;1933.3

Owens-illinois glass co.的利润情况;1933.4—1935.2

伪上海商务证收的业务情况;伪美丰银行;1933.5.13

Chassis industriels renault;1933.8.18

Cornabe, eckford & winning;Messrs E.A. Pierce & Co., San Francisco;1933.8.14

Foreign office woolworth building; 1933.9.7

关于在香港开设银行提出的一些有关问题和对这些问题研究的文件;1933.10

Northern motors corporation;1933.12.6

Report of the directors and statement of accounts;1933.12.31

Tientsin club;1933.12

Mc intyre porcupine mines, ltd.的业务情况;1933—1934

1934 年 yangtze finance company, ltd., the international investment trust co. of China 存项对照表;伪美丰银行;1934

有关"War debts"情况收集;1934

National dairy products corporation;1934

法国银行和纽约牛奶公司等的股东年会报告书;1934

伪菲列宾银行规章制度;1934

伪美丰银行 1925 年、1929 年、1931 年至 1934 年伪花旗银行的报告;1934

Report of the stockholders investigating committee;1934.1.25

In His Britannic Majesty's supreme court for China at Shanghai;1934.2

Otis elevator company;1934.5.15

1934 年关于市场粮食股票情况部分剪报;1934.8.22

Inter-office communication;The chase bank;1934.8

Harriss & vose cotton exchange building New York;1934.11.10

The national city bank of New York; 1934.11.27

1934 年普益银公司资产估价;1934.12.31

Cable department;1934—1935

1934 年至 1935 年关于美国经济情况剪报;1935

1935 年伪美丰东银公司关于经济情况及外债的分析;1935

Received;1935

把 E.A. Pierce & co.捧为华尔街最大的纽约人的宣传资料;1935

美帝花旗银行新加坡分行周报;1935

伪美东银公司 1930 年至 1935 年理事会议、议事提纲等;1935

中国保险股份有限公司第四届营业报告;1935

Bank of America;1935.1.25

美东银公司;1935.1.9

Certificate of survey from eisler, reeves & murphy;1935.6.18

Certificate of survey (damage report); 1935.6.11

Declaration of trust;M. Pertzel;1935.6

Provident insurance company;Fire, Marine & Auto;1935.8.23

Underwriters adjustment company assessors & surveyors 17 the bund, Shanghai;1935.10.7

天津中法工商银行月计表;天津中法工商银行;1935.12.31—1937.8.31

伪刘鸿记大中华火柴公司 查账报告书和结算报告;1935—1937

American international underwriters;1936

Report on audit for the year ended; United Property investments, ltd.; 1936.12.31

The annual general meeting;1937

Articles of incorporation;I.A.C. Ltd.;1937.1.1

A study of creosote treatment of douglas fir ties covering;Secretary's Office;1937.10.5

美帝花旗银行货币兑换及限制的简报;1937.12.28

American bureau of shipping;1938

Memorandum on the application of philippine tax laws to marine insurance;1938

Survey report s.s. "tangshan maru" v12 (g.a) cargo damaged by fire and or water ex above vessel, on f ...;1938

业务 pacific publishing company;美帝花旗银行;1938

有关法帝保险信用的议事章程...;1938.1

Benjamin & dotts Shanghai and Hongkong weekly share circular;The Chartered Bank Of India, Australia & China;1938.2.14

有关生活捐数报道;美帝花旗银行;1938.2—12

The hanover fire insurance company;1938.4.30

Agency agreement — automobile from national union fire insurance co. to messrs. clouth & co. insurance ...;A.A.U;1938.6

Economic insurance company;1938.6

For the American asiatic underwriters, inc., Hongkong branch. No.398;1938.6

Extra copy;1938.7.1

American asiatic underwriters, inc., Hongkong branch;1938.8.25

Messrs. the hanover fire insurance company of New York;王文卿;1938.11.22

7% first mortgage real estate bonds;1938.12.21

The national city bank of New York;1938.12

The national city bank of New York;1938.12

泰山保险有限公司;1939

American asiatic underwriters, inc., Hongkong branch;1939.1.9

外滩十七号保险审估公司;1939.1.27

Libration daily news;1939.2

Agency agreement (marine);American Asiatic Underwriters;1939.3

Proforma account sales for general average of goods;1939.5.3

Hanover fire insurance company of the city of New York;1939.6.19

Work sheet for reimbursements of marine losses;1939.12.12

Report (the sub-agent, Peking.);1940

Memorandom and articles of association of John Manners and company (Shanghai), limited;Deacons, South China morning post, limited, hong kong;1940.1

Report;1940.1.2

The chase bank (往来文件);1940.2

Advances against property;1940.6.30

8 member banks, provisional regime subscribe equally;Joseph hadley & son;1940.7.11

Hai ho improvement scheme;Banque

Franco-Chinoise;1940.9.1

Report on examination of accounts; 1940.9.30

Report on examination of accounts; 1940.9.30

The bank of adelaide; 1940.9

业务 estate mr.f. staley-deceased; 美帝花旗银行;1940.9

Report (the sub-agent, Peking.); 1940.10.14

Survey report; Underwriters adjustment co.;1940.10-11

Minutes report; 1940.12.20

Saigon office; 1940—1947

American asiatic underwriters federal inc., U.S.A. marine loss report; 1941

Survey report; 1941

The auto-palace co., ltd.; 1941

Underwriters adjustment co.; 1941

外滩十七号保险审估公司; 1941

Survey report no.d/54. on general cargo; 1941.4.20

Survey report on 19 iron drums acetone and 10 bags british gum; 1941.4.15

Manufacturers trust company; 1941.5

The chartered bank of India, Australia & China; 1941.6.19

Survey report; Messrs. Yue Kee & Co.; 1941.9.30

The Yokohama specie bank; 1941.9

On 15702 bags various brands flour; 1941.10

Special supplement; 1941.10.14

Survey report; Yu Kee & Co.;1941.10.3

Survey report no.d/80/41. on 15702 bags various brands flour; 1941.10.23

华商永平公证行 Fire loss report; 1941.10.28

Report of inspection the far fast superintendence company, ltd.; 1941.11.3

Survey report (fu chung trading co., ltd., Tientsin.); 1941.11.13

China corporation digest; 1941—1942

Marine loss no.120068; 1941—1942

Work sheet reimbursements of marine losses; E & O.E;1942

The central adjusters & surveyors; 1942.3.5

华商永平公证行 Fire loss report; 1942.5.16

Despatched; 1943

Marine loss no.846/240; 1943.5.31

William hunt and company, federal inc., U.S.A.; 1944

The standard bank of south africa ltd.; 1944.4.14

The American oriental banking corp; 1944.9

Hai-ho improvement common; 1944.10

American shipping operators; 1945

Swizerland general insurance co., ltd.; 1945.11.16

India and/or Burma to australasia tariff; American Asiatic Underwriters; 1945—1948

Insurance company of north America; 1946

Import & export of currency notes united kingdom; 1946.2.4

X-cel shoe & clothing company; 1946.2.7

The chase bank 报告; 1946.3

The automobile insurance company; 1946.5—9

The chase bank; 1946.5

The chase bank 与大通银行往来报告; 1946.5—6

Claims etc. as per schedule attached; Banque Franco-Chinoise; 1946.6.12

American asiatic underwriters; 1946.7

Private and confidential; 1946.7—1947.4

Grace import & export company; 1946.9

The chase bank; 1946.9.27

Wells fargo bank & union trust co.; The chase bank; 1946.10

Trust receipt; 1946.11.11

Messrs atlantic mutual insurance company; 1946.12.18

Personal accident loss; 1946.12.17

The chase bank 与 the chase national bank 来往报告; 1946.12—1947.3

Amount of cheque or compradore order; 1946—1948

Daily report of foreign exchange position; 1947

Elliot saville & company; 1947

Rules of the Shanghai foreign exchange bankers' association; 1947

输入临时管理委员会 输入许可申请书/许可证; 1947

New hampshire fire insurance company; 1947.1.1—4.25

Morocco-continued; 1947.2—9

National government of the republic of China; 1947.2

The atlantic mutual insurance company; 1947.3

The automobile insurance company; 1947.3

The chase bank; 1947.3

输入临时管理委员会 输入许可申请书; 1947.3.1

The banking law; 1947.4

外币钞票买卖周报; 1947.4

中国植物油料厂; 1947.4

Harriss & vose cotton exchange building New York; 1947.5

Atlantic mutual insurance company; 1947.6

Board for the temporary regulation of imports; The underwriters bank; 1947.6

Conditions in brazil with supplementary background material; 1947.7

Application for authority to purchase; The chase bank; 1947.8

Daily report of foreign exchange position; The Foreign Equalization Fund Committee; 1947.9.6

Irving trust company; 1947.9

Worker's compansation insurance; 1947.10.21

National union fire insurance company; 1948

The joint savings society of the yienyieh kincheng, continental & China & south sea banks; The Chase Bank; 1948

Corn exchange national bank and trust

company;1948.1.29

Report of survey;1948.1.13

The chase bank Shanghai branch monthly report of January 1948;1948.1

The chase bank Shanghai branch monthly report of February 1948;1948.2

大通银行;1948.2

The chase bank Shanghai branch monthly report of March 1948;1948.3.31

The chase bank;1948.4

The chase bank Shanghai branch monthly report of May 1948;1948.5

The chase bank Shanghai branch monthly report of June 1948;1948.6

Monthly letter;1948.7.21

National union fire insurance company;1948.7.21

National union fire insurance company;1948.7.23

Lloyd's standard form of survey report (goods);1948.8.19

The chase bank Shanghai branch monthly report of August 1948;1948.8

Report of directors and statement of accounts;Metropolitan land company, limited;1948.9.30

The british bankers'association;1948.9.17

Foreign department north America companies;1948.10.31

Inventory of house furniture;1948.10.21

Certificate of marine cargo loss;American international underwriters, limited;1948.11

Hanover fire insurance;The China Mutual Assessing;1948.12.5

Marine insurance of cargo-war risks;1948.12.22—1949.1.20

Report of survey from paulsen & bayes-davy;1948.12.11

The chase bank Shanghai branch monthly report of December 1948;1948.12

Hanover fire insurance company;1948—1949

Shanghai power company;1948—1949

The chase bank;1949

美亚营业报告;1949

The chase bank Shanghai branch monthly report of February 1949;1949.1

The chase bank Shanghai branch monthly report of January 1949;1949.1

美帝美国商业银行业务(上海)外汇购入证书情况说明;1949.1—9

Notes of a verbal communication made by dr hoselitz;1949.2.23

The chase bank;1949.3—8

伪制定经营银行联合会的通报;1949.3

A.A.U. claim advice;The united corporation of China;1949.4

Forama-Shanghai;1949.4.28

美帝美国商业银行(上海分行)关于上海分行营业状况摘要报导;1949.5—1951.2

美帝美国商业银行对伪中央银行的日报、月报等;1949.5

American asiatic underwriters;1949.6

American international insurance company, s.a.;American International Insurance Company;1949.6.17

Norddeutsche bank in hamburg;H.O. Circular;1949.7.16

American asiatic underwriters;1949.9

The chase bank Shanghai branch monthly report of September 1949;1949.9

American asiatic underwriters;1949.10

Chartered bank of India, Australia & China 报告集;1949.10.5

The chase bank Shanghai branch monthly report;1949.10

Issued by China people's bank, Tientsin branch;1949.12

The chase bank;1949.12

American international underwriters corporation;1949—1950

Despatched;1950

美帝美国商业银行业务(上海)年度业务活动报告;1950

美帝美国商业银行有关客户资信报告;1950

Daily, ten-days & monthly report of foreign exchange transferred to bank of China, contral section ....;1950.1

Report of survey;American asiatic underwriters Shanghai;1950.1

报告美帝大通银行纽约总行有关放款;1950.2

The chase bank Shanghai branch monthly report;1950.3—4

The chase bank Shanghai branch monthly report of May 1950;1950.5

美帝花旗银行进口许可申请 开证申请;1950.5

美帝美国商业银行其他(上海)各种报表;美帝美国商业银行;1950.6—8

The north China star, inc.;1950.7.13

Council chamber administration building;1950.9—1951.1

美帝花旗银行进口许可申请 信用证申请;1950.10

美帝美国商业银行缴存保证在备金报表;1950.12

美帝美国商业银行该行向中国银行上海行上报的报表;1951.1

American asiatic underwriters;1951.2—5

Conditions in chile with supplementary background material;1951.2.9

上海市保险公司业务旬报表;1951.3.31

华兴懋叶公司北京代表处收支报告表;1951—1953

美帝美国商业银行向中国银行上报的日计表;1952.12

美帝美国商业银行每月情况报表及其他报表;1954.1

美国商业银行营业状况简要报告表;1969

1934 年伪美丰银行在股东会上的年度报告;1969.6

伪 borg warner corporation 1935 年收购计划;1969.6

伪普益银公司 1935 年 12 月 31 日前现有股票记录;1969.6

最高指示千万不要忘记阶级斗争;伪美丰银行;1969.6

Adjustment of general average and particular average on ship;Heinlein

Admiral ernest j. king

Amended statements to replace

Anglo-java estates, limited

Argentina, paraguay, and uruguay-continued;Gildemeister & Co.

Art and archaeology newsletter

Articles of incorporation of international securities company

Banking hours

Cairo conference agrees to strip Japan of looted pacific empire

Circular Tientsin general chamber of commerce

Claim note

Copy of telegrams despatched

Deed of pledge

Demand deposit cnc dollars at closed of business; Murray Yanowe

Draft proposals of canadian experts for an international exchange union

Education in America

Facilities for profitable investment

First aid

Hon. secretary & treasurer's report

Indian government's silver sales

List of the damaged goods

Milling, limited

Post mercury co. fed., inc., U.S.A.; Tjiong Lie Pien Merk Lie Hien

Power of attorney; Le Chancelier

Power of attorney company; Power Of Attorney

Rosenstock? director of China publication office for China; The Shanghai Mutual Telephone Company, Limited

Selective military service in the united states

The American-oriental corporation

The bank act

The central bank of China; Joseph G. harrison

The central bank of China 000114

The China trading corporation

The national city bank of new-york; The National City Bank

The neuchateloise insurance company, ltd.

The U.S. governmenrt at work

The Yokohama specie bank; 有宁产业保险公司

The Yokohama specie bank, limited

Tientsin investment corportion incorporated

To the central bank of China

Underwriters adjustment co.

Underwriters adjustment co.

Workmen's compensation (including voluntary benefits and occupational disease) endorsement

房屋调查报告

关于死者遗产的处理方面说明的一些有关问题

指定银行移存外汇日报表

3. 账册

题名;责任者;出版时间

K.d. reconstruction works; 1908—1936

Hongkong and Shanghai banking corporation; 1909

Report on material testing laboratory; 1917

Guaranty trust company of New York; 1918.1

津海关二五附税国库券基金保管委员会; 1919.11.1—29

Medhurst apartments; 1920

津海关二五附税国库券基金保管委员会; 1920.2.2—28

North China mission m.e. church; 1920.3.4

International banking corporation; 1920.12.31

Asia banking corporation; 1921

The American exchange national bank; 1921

通易信托股份有限公司; 1921

来票簿刘鸿记; 1921.1—9

Irving national bank; 1921.6.30

National mercantile corporation; 1921.8.17

Duplicate; 1922

Irving national bank; 1922

Ledger balances; 1922

The commercial savings bank and trust company; 1922.10

American drug company; 1922.12.31

Application for telegraphic transfer; 1923

Liabilites; 1923

Mah-jong company of China; 1923

Port of longview; 1923

The chinese engineering & mining company, limited; 1923

Asia life insurance co.; 1923.10

Premium register sheet no.93/no.94; 1923.11.8—10

Oriental book store; 1923.12.30

Telephone; 1923.12.10

American oriental banking corporation; 1923—1931

Custom house; 1924

Mercantile bank of India, ltd.; 1924

The chartered bank of India, Australia & China; 1924

The national city company; 1924

The jadrine engineering corporation; 1924.1.26

Liddell bros. & co., ltd.; 1924.2.14

International banking corporation; 1924.4.3

Metro goldwyn distrduting corp; 1924.8.25

The American-oriental banking corporation; 1924.8.8

The continental insurance company of New York; 1924.8.25

Union trust company Chicago foreign department; 1924.9.19

Chartered bank of India, Australia and China; 1924.10.7

Equitable eastern banking corporation; 1924.11.29

Midland bank, limited; 1924.12

Summary of balance taken out on; 1924.12.31

The north China star, inc. balance sheet at December 31st, 1924. board of directors; 1924.12.31

Living allowance; The American-oriental

banking corporation;1924—1931

Song fleet;1924—1936

伪美丰银行收集有关伪汇丰银行、伪花旗银行、伪齐美银行的经济情况、财政信用结算情况;伪美丰银行;1924—1933

The American-oriental banking corporation;1925

The American-oriental banking corporation;1925.6.16

The first national bank of Seattle;1925.6

Union trust company;1925.7.20

The chartered bank of India;1925.10.5

Shanghai stock exchange;1925.11.5

Month of (Shanghai office);1925—1927

Union trust company;1925—1927

American asiatic underwriters;1926

American asiatic underwriters;1926

American asiatic underwriters, inc., Hongkong branch;1926

Brookmire economic service;1926

Deutsch-asiatische bank;1926

Motors federal, inc.;1926

Seaboard branch anglo-california trust company;1926

The central bank of China;1926

Thomson & company;1926

Union trust company;1926

Union trust company;1926

Cash statement;1926.3.19

A public savings company;1926.4.27

Chartered bank;1926.5.5

Mr. a.e. Schumacher, second vice president;1926.5.5

Chartered bank of India, Australia and China;1926.7.8

J. gully & co.;1926.7.26

Messrs. f.n. gabbott & co., ltd.;1926.7

Fernand leconte;1926.8.10

E.w. frazar & company;1926.10

American-oriental banking corporation;1926.11.15

Thriftcor bank;1926.11.24

American asiatic underwriters;1926—1941

Hsin ho hong Tientsin;1926—1929

Union trust company;1926—1928

American asiatic underwriters;1927

Shanghai American school;1927

The national city bank of New York;1927

The national city bank of New York;1927

Union trust company;1927

Union trust company;1927

Wei ching kee;1927

学费收据、存根;1927

银行储蓄会第九期决算帐略;1927

友邦人寿保险公司;1927

自用、家用、杂用支条;1927

American exchange irving trust company;1927.1—8

China branch;1927.3

Union trust company;1927.4.22

Asia realty company;1927.5.13

Lien chang & co., ltd.;1927.5.23

The American express company, inc.; 1927.5—1928.2

Tientsin realty company, inc.; 1927.7.4

Chiu an trust co., ltd.; 1927.11.25

General advice no.82 use of western union telegraph and cable service; 1927.11

American oriental banking corp; 1927.12.16

Garage central; 1927.12.16

H.m. hansen; 1927.12.16

T.j. mcnally; 1927.12.16

Thomas j. mcnally; 1927.12.16

American oriental banking corporation; 1927—1934

The American-oriental banking corporation; 1927—1933

American asiatic underwriters; 1928

American oriental banking corporation; 1928

Borrows & co., ltd.; 1928

Equitable eastern banking corporation; 1928

Pacific national bank; 1928

The American-oriental banking corporation; 1928

The American-oriental banking corporation; 1928

The American-oriental banking corporation; 1928

The national city bank of New York; 1928

Union trust company of rochester; 1928

大通银行; 1928

花旗银公司; 1928

兴中银行年结报告表; 1928

American asiatic underwriters federal inc., U.S.A. 17 the bund Shanghai; 1928.1.23

American-oriental banking corporation, 61 rue de france, Tientsin; 1928.1.10

Cable address amor bank co.; 1928.1

The American oriental banking corporation; 1928.1.21

International savings society; 1928.2.5

Union trust company; 1928.2.20

Garage central; 1928.3.28

The American-oriental banking corporation; 1928.5.29

The united export company, inc. aktieselskab;懋昌有限公司; 1928.5.16

The American-oriental banking corporation; 1928.6.2

Messrs. central trust of China; 1928.7.25

Pacific national bank; 1928.7

The American-oriental banking corporation; 1928.7.6

The postal remittances & savings bank; 1928.7.3

Thriftcor bank; 1928.7.19

华义银行; 1928.7.2

The national city bank; 1928.10.6

外洋进口邮报附税单; The American-oriental banking corporation; 1928.10.19

A.a.u. clam advice; The American-oriental banking corporation; 1928.11.23

The American oriental banking corp; 1928.11

Fire and marine insurance companies

deposit; Insurance company of the state of pennsylvania; 1928.12.31

American oriental banking corporation; 1928—1931

American oriental banking corporation; 1928—1935

American oriental finance corporation; 1928—1929

American trust company; 1929

American-oriental banking corporation; 1929

American-oriental banking corporation; 1929

Asia banking corporation Tientsin branch; Asia Banking Corporation; 1929

H.o. advance bills; 1929

Irving trust company; 1929

Manufacturers trust company; 1929

Pacific national bank; 1929

Peking branch; 1929

Rapid binder; 1929

The American-oriental banking corporation; 1929

The American-oriental banking corporation; 1929

The central bank of China; 1929

The first national bank of Chicago; 1929

The first national bank of Chicago; 1929

The instructions referred to on the reverse side hereof; 1929

The New York trust company; 1929

The New York trust company; 1929

大通银行; 1929

花旗银公司; 1929

苏州鸿生火柴公司购买白药粉等原料和机器; 1929

伪美东银公司的资产决算表等; 1929

银行储蓄会第十二期决算帐略; 1929

银行储蓄会第十三期决算帐略; 1929

Union trust company; 1929.1.22

The firs national bank of Chicago; 1929.2.14

American trust company; 1929.3.14

American trust company; 1929.3.2

American-oriental banking corporation Shanghai; 1929.3.8

Bank of China; 1929.3.10

The first national bank of Chicago; 1929.3.29

American asiatic underwriters; 1929.4—1951.1

American trust company; 1929.4.5

Mrs. Marie Askje; 1929.4.10

American trust company; 1929.5.8

Continental illinois bank and trust company; 1929.5.18—1930.6.13

Equitable eastern banking corporation; 1929.6

The American-oriental banking corporation; 1929.6.18

The first national bank of Chicago foreign banking department; 1929.6.4

Manufacturers trust company; 1929.7.10

International savings society; 1929.8.24

American oriental banking corporation; 1929.10.19

Credit memorandum; 美东银公司;
1929.11.29

Duplicate-continuation no.45/49 of the London exchange account; 1929.11.23

Manufacturers trust company; 1929.12.16

Manufacturers trust company; 1929.12.13

Receipts for payment; 1929.12.31

Trial balance; 1929.12.31

Chartered bank of India, Australia & China; 1929—1930

Equitable eastern banking corporation; 1929—1931

Statement of old accounts unpaid covering school year 1929—1930; 1929—1930

The first national bank of Chicago; 1929—1930

伪天津华北明星公司资金平衡表、流水账单等; 1929—1930

1930 年伪美昌洋行向伪美丰银行申请贷款单; 1930

1930 年伪美昌洋行要求伪美丰银行申请贷款单; 1930

American oriental bank; 1930

American oriental banking corporation; 1930

American-oriental banking corporation; 1930

Application for telegraphic transfer; 1930

Asia banking corporation; 1930

Bank of America; 1930

Equitable eastern banking corporation; 1930

Hull; 1930

In duplicate; 1930

Manufacturers trust company; 1930

Manufacturers trust company; 1930

Pacific national bank; 1930

Rev percy b tripp Tientsin; 1930

Robert Smith company; 1930

Shanghai branch general ledger balances; 1930

The American-oriental banking corporation; 1930

The chartered bank of India, Australia & China; 1930

The commercial national bank and trust company; 1930

The first national bank of Chicago; 1930

Thriftcor bank; 1930

Tientsin to the American-oriental banking corporation dr; Mr. San Yi Kung; 1930

伪美丰银行; 1930

银行储蓄会第十五期决算帐略; 1930

American-oriental banking corporation; 1930.1.28

Foh & co.; 1930.1.31

The American-oriental banking corporation; 1930.1.7

华北电影公司职员工资单; 伪美丰银行; 1930.1—12

Manufacturers trust company; 1930.2.11—12

American oriental banking corporation; 1930.3.10

Manufacturers trust company; 1930.3.20

The American-oriental banking corporation. Shanghai cable address amor bank co.; 1930.3.31

C.v. starr & co., federal inc., U.S.A. Hongkong office trial balance; 1930.4.30

Mr. david p. gill, acting manager, American oriental banking corp; 1930.4.25

Pacific national bank; 1930.4.21

American trust company; 1930.5.2

Dodge & seymour (China), ltd.; 1930.5.23

The American-oriental banking corporation; 1930.7.9

American asiatic underwriters Shanghai-China; 1930.9.1

The first national bank of Chicago; 1930.9.25

Equitable eastern banking corporation; 1930.11.4

North China motors corporation; 1930.11.8

Pacific national bank; 1930.11.13

Pacific national bank; 1930.11.14

Raven trust company fed., inc., U.S.A.; 1930.11

Henry hamelle; 1930.12.23

中兴银行; 1930.12.31

美亚保险公司临时佣金账单; 1930—1937

伪美丰银行售账单等; 1930—1947

Asia realty company, federal inc. U.S.A.; 1931

American oriental banking corp; 1931

Confirmation of telegraphic transfer; 1931

Dr. to bryner & co., ltd., l.c.; 1931

Fire and marine insurance companies deposit; 1931

Fire department; 1931

First Seattle dexter horton national bank; 1931

Hai-ho; 1931

Hugo dau & company; 1931

Messageries maritimes service importation; 1931

Midland bank, limited; 1931

Monthly report of customer's liabilities; 1931

Receipt law offices kwei & yuen; 1931

Shanghai general ledger balances; 1931

The American-oriental banking corporation; 1931

The chase bank; 1931

The national city bank of New York; 1931

The national city bank of New York; 1931

The sumitomo bank, ltd.; 1931

Ventes & Achats; 1931

大英工部局; 1931

天津崇德堂; 1931

伪普益信托公司委员会及账单; 伪美丰银行; 1931

银行储蓄会第十七期决算帐略; 1931

中法工商银行; 1931

American asiatic underwriters; 1931.1—12

South China products company; 1931.1

The American-oriental banking corporation; Mr. A.G. Bowman; 1931.1

The national city bank of New York; 1931.2.25

Thriftcor bank;1931.2.23

Lee hing planting co., sample;1931.3

At request of the cleveland trust company, Cleveland Ohio;1931.4.15

S.e. levy & co.;1931.4.15

Husi country club;1931.5,5

Juvet & co.;1931.5.15

The central printing co.;1931.5

The national city company;1931.5.2

Carl b. nauman;1931.6

Kindly note that the following items have been passed to your account;Liddell Bors & Co., Ltd.;1931.6.7

The oriental book store;1931.6.24

Shewan, Tomes & co.;1931.7.10

1931年向伪美丰银行申请贷款单;伪美丰银行;1931.8.8

First Seattle dexter horton national bank;1931.8—10

Ningpo commercial bank;1931.8.20

R.t. co. trustee;1931.8

The chartered bank of India, Australia & China;1931.8

Thriftcor bank;1931.8.20

First Seattle dexter horton national bank;1931.9.22

Monthly report of customer's liabilities;1931.9.30

The American-oriental banking corporation;1931.9.30

The asia realty company;1931.9.10

The American-oriental banking corporation balance sheet;1931.10

American-oriental banking corporation;1931—1934

Balance;1931—1932

Current account balances;1931—1939

The national city bank of New York;1931—1948

伪美丰银行买股份单据;1931—1932

1932年向伪美丰银行申请贷款单;伪美丰银行;1932

1932年向伪美丰银行申请贷款单;1932

1932年向伪美丰银行申请贷款单;1932

Adjustment of claims on risk notes on rice maize beans and bran;C.A. Martinho marques;1932

American asiatic underwriters;1932

American-oriental banking corporation;1932

District bank;1932

Fire loss no.;1932

Manufacturers trust company;1932

Marginal deposits on letters of credit established;1932

Metro pictures corporation;1932

Profit & loss-foreign accounts and metals;Banque Franco-Chinoise;1932

Proof;1932

Provisional certificates issued;1932

Reconcilement of gold yuan;1932

The chartered bank of India, Australia & China;1932

国民政府交通部上海电报局(中英文对应);1932

向伪美丰银行申请贷款单;1932

银行储蓄会第十八期决算帐略;1932
银行储蓄会第十九期决算帐略;1932
永和营造管理公司(无页码);1932
中法工商银行;1932
Lowe. bingham & matthews;1932.2.23
National commercial & savings bank of Hongkong;1932.2.23
The italian bank for China;1932.2.12
Thriftcor bank;1932.3.29
First national bank of Seattle;1932.4.2
The American oriental banking corp;1932.4
伪美丰银行;1932.4—1969.7
Filing debt;天津亨茂汽车公司;1932.5
Mr. b. Mousasticoff;1932.5.18
Nanchang women & children's hospital;1932.5.11
The texas company;1932.5.30
American-oriental finance corporation;1932.6.7
Crocker first national bank;1932.6.2
The million trading co.;1932.6.30
American oriental finance corporation;1932.7.11
E.a. pierce & company;1932.7.21
Garage central;1932.7.14
Shong auto supply works;1932.7.27
The national tariff commission, customs building, the bund, Shanghai;1932.7.12
The Shanghai transportation company;1932.7.19
To American-oriental banking corporation;1932.7—8
Crocker first national bank of San Francisco;1932.8.5
First national bank of Seattle;1932.8.22
Exchange account with the chartered bank of India, Australia & China, London;1932.9.12
Olivier-chine;1932.10.7
The American-oriental banking corporation;1932.10.25
Mr. koo chee ven;1932.12.31
Nankai university;1932.12.24
Entries to expense accounts for the month of July 1949;Thriftcor Bank;1932—1933
1933 年向伪美丰银行申请贷款单;1933
American-oriental banking corporation;1933
Despatched;1933
Irving trust company collection tariff;1933
Raven trust company, fed., inc., U.S. A.;1933
The American-oriental banking corporation 7m-4;1933
The chartered bank of India, Australia & China;1933
Tsingtao sub-agency;1933
法商中央汽车公司;1933
伪美丰银行伪普益银公司账单;1933
伪普益信托公司账单;1933
伪普益信托公司每月情况统计和账单;1933
银行储蓄会第二十期决算帐略;1933
银行储蓄会第二十一期决算帐略;1933

有关 First national bank 等资产、负债情况;1933

Chartered bank of India, Australia & China;1933.1.9

Chartered bank of India, Australia & China;1933.1.9

The national city bank of New York;1933.3.25

Fairchild & co., ltd.;1933.5.29

Hankow sub-agency;1933.5.18

Lloyd's;1933.6.15

The American-oriental banking corporation 7-m4 Shanghal cable address amor bank co.;1933.6—7

The italian bank for China;1933.6.20

E.a. pierce & company;1933.7.19

Kroewoek java plantation, limited;1933.7.17

Crocker first national bank;1933.8.31

The chartered bank of India, Australia & China;The American-oriental finance corporation;1933.8

The national city bank of New York;1933.8.13

The chartered bank of India, Australia & China;1933.9—12

Standard photo supply co.;1933.10.31

Custom house;1933.11.2

First national bank of Seattle;1933.11.13

The manufacturers national bank of detroit;1933.12.30

The equitable adjusters;1933—1934

The insurance company of the state of Pennsylvania;1933—1935

利孚洋行与中法工商银行往来业务账单;1934—1936

1934 年向伪美丰银行申请贷款单;1934

American express company;1934

Crocker first national bank;1934

Lee-fu trading company;1934

Shanghai gas company;1934

Shanghai stock exchange;1934

The national city bank. New York. Yokohama;1934

The American-oriental banking corporation;1934

The Shanghai commercial & savings bank;1934

Thriftcor bank;1934

Union mobiliere;1934

利孚洋行;1934

伪普益银公司总账册(1934 年);1934

伪上海商业储蓄银行 1932 年、1933 年、1934 年度报告;1934

章华毛绒纺织公司;1934

Anglo-java estates, limited;1934.1—3

Irving trust company one wall street New York;1934.2

The China export produce company;1934.2

Occidental life insurance company;1934.3

The chartered bank of India, Australia and China;1934.3.21

The national city bank of New York 55 wall street;1934.3

The American-oriental banking corporation;1934.7.9

The American pharmacy cash account; 1934.9.31

American oriental banking corp; 1934.10.16

The American-oriental banking corporation; 1934.11.1

The American asiatic underwriters; 1934.12.31

The national city bank of New York peiping; 1934.12.28

First national bank of Seattle, Seattle. washington; 1934—1935

Starr park & freeman, inc.; 1934—1935

利孚洋行; 1934—1935

A. lemoine garage magasins godown; 1935

American asiatic underwriters; 1935

American oriental banking corporation; 1935

Banks clearing checks & transfer; 1935

Debits; 1935

Hongkong & Shanghai banking corporation; 1935

Itels payable in the united states; 1935

The American-oriental banking corporation; 1935

The national city bank of New York; 1935

上海商业储蓄银行; 1935

伪美丰银行; 1935

伪美丰银行 1934 年至 1935 年有关改造 The united theatres 计划的部分剪报; 1935

China electric company; 1935.1.10

有关 kunst & albers 公司; 1935.1—1937.7

Private & confidential; 1935.2.1

To liddell bros. & co., ltd.; 1935.3.13

The American-oriental banking corporation; 1935.4.5

Lee-fu trading company; 1935.5.15

The American-oriental banking corporation; 1935.5

The mercantile bank of India; 1935.5.18

Yung hsing trading corporation; The American-oriental banking corporation; 1935.5

Hackmack & co.; 1935.6.19

上海商业储蓄银行汇款解调; 上海商业储蓄银行; 1935.6.13

Lee-fu trading company; 1935.7.24

C.b.i.a & c. tsingtao office on Shanghai exchange a/c inward account; 1935.8

The national city bank of New York; 1935.8.27

汇款收据; 法帝中法工商银行; 1935.10—1946.10

计欠中兴煤矿公司轮舶股; 1935.10.1

Ledger balance; 1935—1941

The thrift & investment, finance & trust corporation; 1935—1948

American oriental finance corporation; 1936

Despatched; 1936

E.a. pierce & co.; 1936

The American oriental bank of szechuen; 1936

The chase bank; 1936

Imperial hotel, ltd.; 1936.1.1

J. twyford & balance sheet as at;1936.1.29

The italian bank for China;1936.1.14

Fah hoh lumber company;Fah Hoh Lumber Company;1936.2.14

The national city bank of New York;1936.2.10

The italian bank for China;1936.3.4

The national city bank of New York;1936.3.30

Lee-fu trading company;1936.4.18

No.1933 o.s. lieu;1936.5.18

North America companies;1936.5.26

Twyford engineer balance sheet as at;1936.5.27

Mr. Kao Ping-ching;1936.6.30

Fairchild & co., ltd.账单;1936.7.31

The united states life insurance co.;1936.7.15

The chartered bank of India, Australia & China;1936.8.25

The chase bank;1936.10.13

Asia banking corporation;1936.11.19

Memorandum cc mr. r.g. fairfield, mgr. Tientsin branch;1936.12

Otis elevator company;1936.12.31

The british egg packing & cold storage co., ltd.;1936.12.28

The chartered bank of India, Australia & China;1936.12.25

The chase bank;1936.12.5

汇款收据;交通银行;1936.12—1947.12

Foreign department earnings;1936—1938

North river insurance company;1936—1937

General ledger;American Asiatic Underwriters;1937

L'enbrgie electrique;1937

Thriftcor bank;1937

Thriftcor bank;1937

Wells fargo bank & union trust co.;1937

Sedgwick collins & co., ltd.;1937.1.11

American asiatic underwriters;1937.1.22

Woodcraft works, limited;1937.1.21

Bank of italy;1937.4.22

Hong kong advice co. New York;W.R. M. Stevens average adjuster Shanghai;1937.4.12

The continental bank;1937.4.17—1938.12.24

Foreign correspondents' club of China;1937.5.27

中央信托局保险部;1937.5.20

Peninsula hotel;1937.7

Northern motors corporation;1937.9.30

Thriftcor bank;1937.9.3

Ming sung industrial co., ltd.;1937.11.24

Shipment exbond for abroad;1937.11.29

Thomson & co.;1937.11.3

N.h. collaco;1937.12.10

A & b. only;1937—1948

American asiatic underwriters;1937—1947

Crocker first national bank;1937—1939

Jedgwick. collins & co., ltd.的账务来往;1937—1938

American asiatic underwriters; 1938

Analyses of balance sheets; 1938

Cash in vault; 1938

Chartered bank of India, Australia & China; 1938

Deutsch-asiatische bank; 1938

Hongkong & Shanghai banking corporation; 1938

Irving trust company; 1938

Mr. c.v. starr; 1938

Notes to yangtze line tariff table; 1938

The American-oriental corporation; 1938

The central bank of China; 1938

Underwriters savings bank; 1938

Underwriters savings bank; 1938

上海毛绒纺织公司; 1938

慎昌洋行; 1938

中法工商银行; 1938

Incorporated under the companies ordinances, Hongkong; 1938.1.13

法帝中法工商银行——巴黎来函; 法帝中法工商银行;1938.1—10

American asiatic underwriters; 1938.2.7

Seattle first national bank; 1938.2.18

Thriftcor bank; 1938.2.26

Irving trust company; 1938.3.17

Irving trust company; 1938.3.17

Manufacturers trust company statement of condition; 1938.3.31

Ledger sheet no.2. section no.3 p.z 4. 100.158; 1938.5—12

Cash disbursement voucher; American Security Bank;1938.6.30

E. gipperich & co.; 1938.6.23

The national city bank of New York credit information; 1938.6.25

Thriftcor bank; 1938.6.14

指定银行移存外汇日报; 大通国际商业银行;1938.6.24

American asiatic underwriters; 1938.7.12

American asiatic underwriters; 1938.7—12

Hanover fire insurance company; 1938.7

The national city bank of New York; 1938.7.28

The united states life insurance co.; 1938.7.23

Underwriters savings bank; 1938.7.20

The national city bank of New York; 1938.8.26

The central bank of China; 1938.9—12

The chartered bank of India, Australia & China; 1938.9.21

美帝花旗银行业务 Chin yu sheng 专卷; 1938.9

Alexander gutbezahl trading corporation, fed., inc., U.S.A.; 1938.10.18

The chartered bank of India, Australia & China; 1938.10.31

The chase national bank; 1938.10.28

American asiatic underwriters; 1938.11

The national city bank of New York; 1938.11

The national city bank of New York; 1938.11.23

American asiatic underwriters; 1938.12.12

Shanghai yah chen safe & lock co., ltd.; 1938.12.22

Underwriters savings bank; 1938.12.31

Midland bank, limited, overseas branch.; 1938—1939

The underwriter bank; 1938—1940

Underwriters adjustment company; 1938—1940

Yangtsze finance co., ltd.; 1938—1940

鲁意师摩有限公司; 1938—1939

American asiatic underwriters; 1939

American asiatic underwriters; 1939

American-oriental finance corporation; 1939

District bank, limited; 1939

Foreign department wells fargo bank & union trust co.; 1939

Individual ledgers; 1939

Irving trust company; 1939

Marine loss no.39 - 439; 1939

Marine loss no.39 - 727; 1939

Shanghai office; 1939

The chartered bank of India, Australia & China; 1939

The national city bank of New York; 1939

The national city bank of New York; 1939

The national city bank of New York; 1939

Underwriters adjustment company; 1939

Underwriters savings bank; 1939

Via air mail via steamer; 1939

保险审估公司; 1939

中法工商银行; 1939

J. henry schroder banking corporation; 1939.1.6

United property investments, limited; 1939.1.11

American asiatic underwriters; 1939.2

Hanover fire insurance company; 1939.2.3

The traders & manufacturers assurance corporation; 1939.2.2

The victory printing co.; 1939.2.21

George mcbain office; 1939.3.6

Memorandum; 1939.3.7

Brace s. Jenkins fed; 1939.5.25

The chartered bank of India, Australia & China; Tai Tung Fur Company; 1939.5.1

Cargo losses paid from jan. to mar., 1949; 1939.8

Mr.i. Altadukoff; 1939.8

Swiss bank corporation; 1939.8.1

The chartered bank of India, Australia & China; 1939.8.9

The national city bank of New York (statement of cable transfer sold); 1939.8.9

Tientsin trust co., inc.; 1939.8

Irving trust company; 1939.9—10

Underwriters savings bank; 1939.9

The texas co., ltd.; 1939.10.21

The national city bank of New York; The national city bank of Shanghai; 1939.11—1940.11

Bank of communications.; 1939.12.20

Irving trust company; 1939.12.6

Mr. Milton Jabush; 1939.12.16

Orient/latin America rate list no.1; Banque Franco-Chinoise;1939.12.14

The national city bank of New York; 1939.12.30

Cash receipt voucher No.2530 - No.2539; Acting Manager;1939—1940

General ledger;1939—1941

Premium register;1939—1941

The chartered bank of India, Australia & China;1939—1940

比尔兄弟公司往来;中法工商银行;1939—1947

美亚保险公司致四海保险公司借记通知书及有关业务文书/大华保险公司致美亚保险公司账目单(英...;1939—1941

American asiatic underwriters;1940

Cash disbursement voucher;The Chartered Bank Of India, Australia And China;1940

Cash with bankers;1940

Insurance company of north America Manila branch;1940

Irving trust company;1940

Irving trust company;1940

Irving trust company;1940

Irving trust company;1940

Irving trust company;1940

Irving trust company;1940

Irving trust company;1940

Irving trust company;1940

New York trust co., New York;1940

Shanghai office of overdrawn;1940

Super rugs;1940

The bank of communications;1940

The chase bank;1940

The chase bank;1940

The chase bank Tientsin;1940

The chinese-American publishing company;1940

The national city bank of New York;1940

The national city bank of New York;1940

The national city bank of New York;1940

The national city bank of New York;1940

The underwriters bank;1940

The underwriters bank;1940

The underwriters bank;1940

The underwriters bank;1940

The underwriters bank provident fund;1940

Thomson & co.;1940

Withdrawal from the underwriters bank;1940

大通银行;The chase bank;1940

美帝大通银行细账 总行月账;1940

伪北美洲保险公司;1940

伪北美洲保险公司上海分公司 1940 年 6 月份会计账目报表;1940

中法工商银行;1940

Advice of fresh purchase and sales; 1940.1.24

伪北美洲保险公司上海分公司 1940 年 1 月份会计账目报表;1940.1

Deutsch-asiatische bank;1940.2.17

Internatioanl assurance company;1940.2

Irving trust company one wall street New

York; 1940.2.1

Work sheet for reimbursements of marine losses; American Asiatic Underwriters; 1940.3.4

伪北美洲保险公司上海分公司会计账目报表; 1940.3

Irving trust company; 1940.4—5

Irving trust company on wall street New York; 1940.4.8

欧文信托公司; Irving trust company; 1940.4

New chewang; 1940.5.31

Premium register; 1940.5.11

The chase bank; 1940.5

The national city bank of New York; 1940.5.6

Yokohama specie bank; 1940.5.24

Packing credit outstanding; 1940.6—1941.1

The chase bank; 1940.6

伪北美洲美洲保险公司上海分公司 1940 年 7 月份会计账目报表; 1940.7

Chartered bank of India, Australia & China; 1940.8.12

Fire business introduced by mr. j.s. deatsch; 1940.8

Marginal deposits on letters of credit established; 1940.8

伪北美洲保险公司上海分公司会计账目报表; 1940.8

Insurance co. of north America; 1940.9

Irving trust company; 1940.10.19

Irving trust company; 1940.10.29

The chase bank; 1940.10.14

The chase bank Tientsin; The Chase bank; 1940.10—12

中法工商银行与中南银行往来账单; 1940.1

Irving trust company; 1940.11.19

Occidental life insurance company; 1940.11

American oriental finance corporation; 1940.12.27

Bank balances at close of business; Banque Franco-Chinoise; 1940.12.19

Monthly return of charges; Banque Franco-Chinoise; 1940.12.18

North China balance sheet as; 1940.12

The central bank of China; 1940.12.12

American asiatic underwriters; 1940—1951

General ledger; Geking Sue Agency; 1940—1941

Memorandum of insurance; Sedwick, Collins & Co., Limited; 1940—1941

Starr & company, federal inc., U.S.A.账本; 1940—1947

Terling purchase on head office; 1940—1941

The chase bank; 1940—1941

The chase bank Tientsin; 1940—1941

The underwriters bank; 1940—1941

The Yokohama specie bank, limited; New York City; 1940—1941

美帝美亚保险公司损失账单; 1940—1941

商务意外保险公司; 1940—1941

Dodwell & co., ltd.; 1941.4

38 Bishopsgate;1941

American asiatic underwriters;1941

American asiatic underwriters;1941

American asiatic underwriters;1941

American asiatic underwriters;1941

Balance transferred from old ledoer folio;1941

Chartered bank of India, Australia & China;1941

Collection not confirmed;1941

Deutsch-asiatische bank;1941

Economic insurance company;1941

Garage central bilan;1941

Marine loss no.410698;1941

Marine loss no.410699;1941

Marine loss no.410700;1941

Marine loss no.410701;1941

Marine loss no.410702;1941

Marine loss no.410707;1941

Marine loss no.410893;1941

Marine loss no.420018;1941

Marine loss no.420030;1941

Marine loss no.420031;1941

Mitsui bussan kaisha, limited;1941

Muller & phipps (China), limited;1941

Premium register;1941

Schelule — rates for foreign accident policy;American Asiatic Underwriters;1941

Shui hing co.;1941

Starr, park & Freeman., inc.;1941

The chartered bank of India, Australia & China;1941

The chase bank;1941

The national city bank of New York;1941

The national city bank of New York (exchange memo) (1057);1941

The national city bank of New York (1057);1941

The Shanghai commercial & savings bank, ltd.;1941

The underwriters bank;1941

The underwriters bank;1941

The underwriters bank for the far east., inc.;1941

会计账目报表;北美洲保险公司上海分公司;1941

伪北美洲保险公司上海分公司1941年3月份会计账目报表;1941

伪北美洲保险公司上海分公司1941年7月份会计账目报表;1941

英商先农有限公司;1941

中法工商银行;1941

K.a. zilkha;1941.1.14

Eduard meyer & co.;1941.2.21

Irving trust company;1941.2

The national city bank of New York (statement of remittance sold);1941.2—3

American asiatic underwriters;1941.3.30

Insurance company of north America;1941.4.30

Irving trust company;1941.4.16

Irving trust company one wall street New York;1941.4.16

The chase bank Tientsin;1941.4.7

The national city bank of New York; 1941.6.30

The underwriters bank for the far east, inc. Shanghai; 1941.6—8

American oriental finance corporation; 1941.7.7

Audited statement of accounts; 1941.8

Hull premium register 账本; The Chartered Bank of India, Australia & China; 1941.8

K.m. cumming member Shanghai stock exchange; 1941.8

Section no.2 账本; The Chartered Bank of India, Australia & China; 1941.8

The chase bank; 1941.8.25

American overseas warehouse co.; 1941.9.24

Lloyd's poliy s/s "eddie"; 1941.9.24

Messers. far east fur co.; 1941.9.18

Reconciliation of agents outstanding balance as of September 30th 1947; 1941.9.30

Swiss bank corporation; 1941.9

The bank of adelborst; 1941.9.24

The central bank of China; 1941.9.10

The chase bank; 1941.9.30

The chase bank; 1941.9.5

The chase bank Tientsin; 1941.9.29

The hanover fire insurance co.; American Asiatic Underwriters; 1941.9—10

The kiangnan dock and engineering works; 1941.9.11

American asiatic underwriters federal inc., U.S.A. Shanghai office; American Asiatic Underwriters; 1941.10.14

Ming sung industrial co., ltd.; 1941.10.15

The chase bank Shanghai monthly report; 1941.10.25

The underwriters bank; 1941.10.15

The underwriters bank for the far east, inc.; 1941.10

伪北美洲保险公司上海分公司 1941 年 10 月份会计账目报表; 1941.10

Original document corner forwarder; 1941.11.12

The chartered bank of India, Australia & China; 1941.11.22

Thriftcor bank; 1941.11.5

Thriftcor bank the thrift & investment, finance & trust corporation; 1941.11.29

美亚保险公司业务有关清单函件; 1941.11.6

Marine loss no.410912; 1941.12

Month of may-Shanghai office; American Asiatic Underwriers; 1941.12.17

New York coffee and sugar exchange, inc.; 1941.12.31

中法工商银行与中南银行往来账单; 1941.12.6

A.a.u. clam advice; 1941—1942

American asiatic underwriters; 1941—1942

American asiatic underwriters (general agents at Shanghai, China.); 1941—1942

In account with American asiatic underwriters general agents at Shanghai, China.; 1941—1942

Ledger section no.3 账本; 1941—1946

Marine loss no.410894;1941—1942

Marine loss no.410908;1941—1942

Marine loss no.420029;1941—1942

Marine loss no.420033;1941—1942

Marine loss no.420063;1941—1942

Seattle first national bank;1941—1949

Swiss general ins., co., ltd.;1941—1949

The chase bank;1941—1947

The mercury press;1941—1947

Weekly balances & current a/cs.;1941—1949

美亚保险公司关于保费佣金等账目清单;1941—1942

American asiatic underwriters;1942

Estimate;1942

Federal insurance company;1942

Post mercury company;1942

Return of letters of credit outstanding between agencies, branches and correspondents;1942

The canadian bank of commerce;1942

账本;1942

中法工商银行;1942

American asiatic underwriters (general insurance);1942.1

Lee-fu trading co.;1942.3.31

L'union fire, accident and general insurance company, limited;1942.6.20

North China motors corporation Tientsin;1942.9

J. henry schroder banking corporation;1942—1948

The chartered bank of India, Australia & China;1942—1945

Carpet stocks;1943

Chijli press s.a.i.;1943

Current account 账本;1943

Shanghai exchange position and ledger balance foreign currency;1943

Various steamers;1943

American asiatic underwriters debit note;Kincheng Banking Corporation;1943.2.11

Profit & loss-foreign accounts and metals;1943.8.2

S. & P.账本;American Asiatic Underwriters;1943.9.30

The central bank of China;1943.10.15

Customers liability;1943.12.31

Sedgwick, collins & co., limited;1944

The mercantile bank of India, limited 账单;1944

The union fire, accident and general insurance co., ltd.;1944

法帝中法工商银行天津分行对账;1944

Paying-in book;中国人民银行上海市分行;1944.1.31

Prime fur corporation;1944.8.31

Individual income tax return;1945

Kinchang banking corporation;1945

Lutheran missions home & agency;1945

Medicug hospital supply house;1945

Mr. a.l. Kopeliovitch;1945

Mr. a.m. Kiehn;1945

Mr. Boris n. Kapelman;1945

Mr. Da Lin liu;1945

Mr. Lo. kan;1945

Mr. m.m. Kohli;1945

Mr. madan Mohan;1945

R.s. kermani & co.;1945

伪大通银行发文登记簿;1945

中国企业银行;1945

American asiatic underwriters federal inc., U.S.A.;American Asiatic Underwriters;1945.1.28

The London exchange account at the duplicate Tientsin office;Civil Engineers & Contractors;1945.7.14

房租收据;1945.8

Chase national bank;1945.12

American asiatic underwriters;1945—1951

The chase bank;1945—1949

伪北美洲保险公司上海分公司;1945—1951

A.c. monk & co., inc.;1946

Acounts renewable;1946

American asiatic underwriters;1946

American asiatic underwriters;1946

American asistic underwriters;1946

American international underwriters;1946

American-oriental finance corporation federal inc., U.S.A.;1946

Balance sheet & account;1946

Bank of China;1946

Chartered bank of India, Australia and China;1946

Confirmation of telegraphic transfer (the chase bank);1946

Dr. Juan Marin;1946

Dr. m.e. Martin;1946

F.c. monroe & co.;1946

Financial statements;C.V. Starr & co.;1946

Hai-ho;1946

James keh & company;1946

Java China trading co., ltd.;1946

Jing hong trading corporation;1946

Johnson bros;1946

Juchow lutheran hospital;1946

Ledger;American Asiatic Underwriters;1946

Loh a. loong & sons;1946

Loo brothers;1946

Loyang station account;1946

Madier ribet & cie;1946

Mark l. moody fed., inc., U.S.A.;1946

Mclane & Milford;1946

Miss Ethel k. Marsh;1946

Miss Helen l. McCulllough;1946

Miss Rose Marlowe;1946

Mr. Alex v. Karpov;1946

Mr. Alexander Klushkin;1946

Mr. Alfonso Marinaro;1946

Mr. Arnold Kaspar;1946

Mr. carlos c. Knox;1946

Mr. Charles Edwin Miller;1946

Mr. Cyrus f. Jenkins;1946

Mr. e.a. Lvoff;1946

Mr. e.g.f. McCann;1946

Mr. e. Maharam; 1946
Mr. Edward c. Morris; 1946
Mr. Eugene h. Leo; 1946
Mr. Gacin Kliene; 1946
Mr. h.a. Jhaveri; 1946
Mr. h.c. Meyer; 1946
Mr. h.e. Mussen; 1946
Mr. h.g. McNeary; 1946
Mr. Hawthorn Kiang; 1946
Mr. Henry Joseph kaman; 1946
Mr. j.a. Leverton; 1946
Mr. James Sterling Love; 1946
Mr. Jean Morit; 1946
Mr. Jimmie i. Marcus; 1946
Mr. John m. Lilley; 1946
Mr. k.c. Miller; 1946
Mr. Lee Tsoo-yong; 1946
Mr. Lee. Tai. yih; 1946
Mr. m.e. Manning; 1946
Mr. n.l Johnson; 1946
Mr. nicholas Jaffer; 1946
Mr. p.n. KoozmenKo; 1946
Mr. Pao vung Jui; 1946
Mr. Peter h. Kipp; 1946
Mr. pin-chin voong-zan Loch; 1946
Mr. Ram Rachhpal Kapahi; 1946
Mr. Reggie Klingenbergs; 1946
Mr. richard s. Manes; 1946
Mr. robert c. McFadden; 1946
Mr. Robert h. Mason; 1946
Mr. t.p. King; 1946
Mr. William Katz; 1946
Mr. William Margules; 1946
Mrs Frances Lees; 1946
Mrs. a. morosoff; 1946
Mrs. lotus ho hing ma; 1946
Mrs. m.n. Law; 1946
Mrs. Sarette Marechek; 1946
Partial loss receipt; 1946
Shanghai office marine department; 1946
Ta hwa trading company; 1946
Tai shan insurance co., ltd.; 1946
The chase bank; 1946
The chase bank; 1946
The chase bank; 1946
The chase bank; 1946
The chase bank; 1946
The chase bank; 1946
The chase national bank; 1946
The China cork factory; 1946
The lutch quality printers; 1946
The lutheran world convention; 1946
The underwriters bank; 1946
Thriftcor bank; 1946
Weekly report of purchase and sales of foreign currency notes; 1946
北平电车股份有限公司; 1946
大通银行; 1946
大通银行; 1946
大通银行通过 Postal remittances & savings bank (邮政储金汇业局)汇

款;1946

当座勘定元账;1946

法帝中法工商银行黄金债券;1946

金银出纳内译手许有高账;1946

中法工商银行给交通银行的汇款收据;中法工商银行;1946

中法工商银行给交通银行汇款收据等;1946

中法工商银行给交通银行汇款收据等;1946

A. corrit;1946.1.10

Mailing list underwriter lower company New York;1946.1

The underwriters bank;1946.1

The chase bank;1946.3.9

American international underwriters corporation of New York managers for American international g...;1946.5.10

National fire insurance company of Hartford;1946.5

The chase bank;1946.5.13

The chase national bank;1946.5

天津德胜洋行;1946.5.9

Certificate of survey;1946.6.11

Dr. to the chase bank (s.t. hou & co., Tientsin);1946.6—1947.1

The chase bank;1946.6.19

The chase bank;1946.6.27

The chase bank;1946.6.4

The chase bank;1946.6.5

"Compco" desk diary;1946.7.3

Employ's payroll ledger sheet;1946.7.25

North China trading company;1946.7.3

The automobile insurance company of Hartford;1946.7—1947.2

The chase bank;1946.7.12

Abstract from original;1946.8

Loss receipt from the American international insurance company, s.a.;1946.8.10

Song fleet;The chase bank;1946.8

The chase bank;1946.8

The chase bank;1946.8.22

Dayton, price and company, ltd.;1946.9.9

Outstanding accounts 账本;American Asiatic Underwriters;1946.9.30

The chase bank;1946.9

The chase bank;1946.9.16

The chase bank;1946.9.21

The underwriters bank, inc.;1946.9.2

金银出纳内译手许有高账;1946.9.13

American-oriental finance corporation;The Underwriters Bank;1946.10.26

Quadruplicate;The chase bank;1946.10

Statement of claim;The Chase Bank, Shanghai;1946.10.25

The chase bank;1946.10.9

The chase bank Tientsin;1946.10.18

长丰洋行;1946.10.24

B.m.c general hospital;1946.11.11

China branch trial balance for August 1947;The Chase National Bank;1946.11.28

The chase bank;1946.11.16

The chase bank;1946.11.21

The chase bank;1946.11.9

The chase bank Tientsin, China;1946.11.23

Custom house;1946.12.27

The chase bank;1946.12.13

中英商贸商行决算表;1946.12.31

American asiatic underwriters;1946—1948

American international underwriters corporation;1946—1947

Insurance co. of north American;1946—1949

Lloyd's policy manila hulls;1946—1948

Memorandum the chase bank;1946—1948

The chase bank;1946—1947

The chase bank (office copy);1946—1948

The chase national bank;1946—1948

The underwriters bank;1946—1949

法帝中法工商银行作废的存款收据;法帝中法工商银行;1946—1947

中国人民银行上海市分行;1946—1948

中国人民银行上海市分行;1946—1954

Adjustment of general average;1947

American asiatic underwriters marine dept (ship voyage card);1947

American steamship agencies fed., inc., U.S.A.;1947

Anvers;1947

Atlantic mutual insurance company;1947

Atlantic mutual insurance company;1947

Automobile insurance company of Hartford;1947

Automobile insurance company of Hartford;1947

Automobile insurance company of Hartford;1947

Bank of America;1947

Bank of communications check book;1947

Banks clearing checks & transfer;1947

Cash statement;1947

Charted bank of India, Australia & China;1947

Chez Louis;1947

China branch;1947

Citizens national bank;1947

Comparative analysis of expenses;1947

Counterfeit;1947

Daily report of foreign exchange position;1947

Decimal interest tables fom 1/4% to 9%;1947

Despatched;1947

Dr. to the chase bank;1947

Dr. Charles r. Milford m.d;1947

Duplicate;China Banch;1947

E.a. pierce & co.;1947

Facultative reinsurance;1947

General ledger;1947

Geo. h. McFadden & bro;1947

Great northern telegraph co.;1947

Insurance co. of north America;1947

Insurance co. of north America;1947

International ins. office fire;1947

Irving trust company; 1947

Jas. a. gray & co.; 1947

Jean Lindsay; 1947

Jebsen & co.; 1947

King-degaw international; 1947

Knipschlidt & eskelund, ltd.; 1947

Loss receipt from the automobile insurance company of Hartford; 1947

M.s. Miller & co.; 1947

Manufacturers trust co., New York; 1947

Marine loss no.480857; 1947

Marine loss no.a.m.129; 1947

Maryknoll fathers; 1947

Messre. China overseas trading co.; 1947

Metropolitan commercial co., ltd.; 1947

Metropolitan land company, limited; 1947

Milk products-China-ltd.; 1947

Mr. a.a. Motiwala; 1947

Mr. a. Jacobsen; 1947

Mr. a. Liven; 1947

Mr. a. Lohmus; 1947

Mr. abraham Ladar; 1947

Mr. Andrew Murphy; 1947

Mr. b.h. Kizer; 1947

Mr. c.f. & or mrs. e.s Johannaber; 1947

Mr. c.r. Jones; 1947

Mr. Charles v. Morton; 1947

Mr. e.j. Mahon; 1947

Mr. Edward l. Matthews; 1947

Mr. Ernst Meinstorp; 1947

Mr. f.g. Munsey; 1947

Mr. fay h. Lawler; 1947

Mr. Floyd r. James jr; 1947

Mr. Fred p. Manget; 1947

Mr. george y. Lee; 1947

Mr. h.a. Lahgensiepen; 1947

Mr. h.e. Morriss; 1947

Mr. Harold g. King; 1947

Mr. Henri i. Leleu; 1947

Mr. Hugh Maitland; 1947

Mr. James Stewart Marshall; 1947

Mr. l.e. Langdon. regional; 1947

Mr. Ling Tack-kwong; 1947

Mr. Ma. an Ting; 1947

Mr. Margaret a. Lowrie; 1947

Mr. Neil Mackenzie Malloy; 1947

Mr. o.l. Lias; 1947

Mr. p.a. Moe; 1947

Mr. Paul f; 1947

Mr. Raymond s. King; 1947

Mr. Robert Jose; 1947

Mr. robert w. McMullen; 1947

Mr. Russell a. Lovell. jr; 1947

Mr. sidney w. McIntyre; 1947

Mr. Thomas i. Morse; 1947

Mr. William r. Lynch; 1947

Mr. y.c. Ling; 1947

Mrs. Anna Levitin; 1947

Mrs. Laura Mccarthy; 1947

Mrs. m.j. Mitchell; 1947

Muller & phipps (China), ltd.; 1947

S.e. levy & co.;1947

Shanghai branch general ledger balances at close of business;1947

Shanghai diary;1947

Shanghai power co.;1947

Standard-vacuum oil co.;1947

The automobile insurance company of Hartford;1947

The chartered bank of India, Australia and China;1947

The chartered bank of India, Australia & China;1947

The chase bank;1947

The chase bank;1947

The chase bank;1947

The chase bank;1947

The chase bank;1947

The chase bank;1947

The chase bank;1947

The chase bank;1947

The chase bank;1947

The chase bank;1947

The chase bank;1947

The chase bank;1947

The chase bank;1947

The chase bank;1947

The chase bank;1947

The chase bank;1947

The chase bank cable department;1947

The chase national bank;1947

The chee hsin cement co., ltd. address;1947

The China industrial union fire & marine insurance co., ltd.;1947

The underwriters bank;1947

The united states far eastern co.;1947

Tientsin, China;1947

Ting mau tutorial association accounts book;1947

大通银行;1947

大通银行;1947

大通银行;1947

仕向电信送金记入账;1947

中法工商银行;1947

中法工商银行;1947

中法工商银行;1947

中法工商银行给上海交通银行汇款的收据等;中法工商银行;1947

中央保险有限公司;1947

A.v. zankin;1947.1.10

Clarence c. pinkston;1947.1.28

Cornhill insurance company, limited;1947.1.8

Hanover fire insurance company;1947.1.11

Husi country club;1947.1.1

Insurance company of north America;1947.1.1

Irving bank;1947.1.6

Northern marrtime insurance co., ltd.;1947.1.23

Orion insurance company, limited;1947.1.23

The automobile insurance company of Hartford;1947.1.17

The italian bank for China;1947.1.7

American asiatic underwriters statement;American Asiatic Underwriters;1947.2.15

Insurance co. of north America;1947.2

The board for the temporary regulation of imports;1947.2.5

The underwriters bank, inc.;1947.2.3

输入临时管理委员会;1947.2.10

Dr. to watts, quarez & yui;1947.3.15

Insurance co. of north America;1947.3

List of numbers of coupons-the haiho conversion loan;1947.3.31

The institute of London underwriters;1947.3.26

China insurance company, ltd.;1947.4.20

美亚保险公司致客户账目清单;1947.4—7

Hanover fire co.;1947.5.20

Sedgwick, collins & co., ltd.;1947.5.8

The chase bank;1947.5.2

Trial balance for March 1947;1947.5

American asiatic underwriters;1947.6.11

American asiatic underwriters marine dept.;1947.6.27—7.25

Rko radio pictures of China;1947.6.20

The chase bank;1947.6

The chase bank;1947.6

The chase bank;1947.6.6

The chase bank;1947.6.6

American asiatic underwriters;1947.7

American asiatic underwriters;1947.7.19

American asiatic underwriters federal inc., U.S.A.;Daily Bank Balances;1947.7.7

Motor car loss receipt;1947.7

Mr. r. marynski Tientsin dr. to the chase bank;E. & O.E.;1947.7.16

Time life international co.;1947.7.12

United states eastern daylight saving time;1947.7.17

威尔逊干洗精染公司;1947.7.20

Application for telegraphic transfer;Insurance Company Of North America;1947.8

Direction general;葩渥洋行;1947.8.15

Shelley s. swigart;1947.8.26

Starr park & freeman, inc. New York city;1947.8—9

The chartered bank of India, Australia & China;1947.8—9

The chase bank;1947.8.6

The chase bank;1947.8.8

The institute of London underwriters;1947.8.1

The texas company (China), ltd.;1947.8.16

The texas company (China), ltd.;1947.8.25

B.f.c;1947.9.9

Cable department the chase bank Tientsin;The Chase National Bank;1947.9.26

Suspense account;1947.9.39

The chartered bank of India, Australia & China;1947.9.19

The chartered bank of India, Australia & China;1947.9

The chase bank;1947.9.8

The chase bank Tientsin;The Chase Bank;1947.9.12

The chase national bank;1947.9

To account dept please issue a.a.u. check draft;EN C.N.C;1947.9.15

中法工商银行给交通银行汇款的收据等;中法工商银行;1947.9—1951.1

Confirmation of telegraphic transfer;The underwriters bank;1947.10

The chase bank;1947.10.8

The chase bank;1947.10.10

The chase national bank;1947.10.22

法帝中法银行工商银行客户汇款通知单 交通银行汇款通知单;法帝中法银行工商银行;1947.10

Messrs. alton co., ltd., Tientsin dr. to the chase bank;E. & O.E.;1947.11.12

The chase bank;1947.11.1

The chase bank;1947.11.17

The chase bank;1947.11.5

The underwriters bank, inc.;1947.11.10

法帝中法工商银行客户汇款通知单;法帝中法工商银行;1947.11—12

美帝美国商业银行上海分行账本;1947.11—1949.2

American asiatic underwriters;1947.12.24

Midland bank, limited;1947.12.31

The chase bank;1947.12.24

The underwriters bank;1947.12.31

The underwriters bank, inc.;1947.12.1

The underwriters bank, inc.;1947.12.30

The underwriters bank, inc.;1947.12.31

Thomson & co.;1947.12.15

中央银行 请开汇票单;1947.12.10

中央银行 请开汇票单;1947.12.10

中央银行 请开汇票单;1947.12.18

中央银行 请开汇票单;1947.12.22

中央银行 请开汇票单;1947.12.22

中央银行 请开汇票单;1947.12.26

Commission due;1947—1949

Grading list;Hsin Ho Hong;1947—1948

Messrs nichols super yarn and carpets fed., inc., U.S.A. Tientsin statement of accounts;Tsingtao Office;1947—1948

S/s "hsin fooshing";1947—1948

The chase bank;1947—1949

The chase bank 账单;1947—1949

The chi chang bank, Shanghai.;1947—1948

The underwriters bank;1947—1948

To the manager, chartered bank of India, Australia & China;Chartered bank of India, Australia & China;1947—1948

伪北美洲保险公司贷借对照表;1947—1951

中国人民银行上海分行;1947—1948

〈Anderson, clayton & co's agency〉〈Geo. h. me. fadden & bzo agency〉进口业务、注册业务单据;1948

A.i.i insurance company (hull bordereaux No.147);1948

American asiatic underwriters;1948

American asiatic underwriters;1948

American asiatic underwriters;1948

American asiatic underwriters;1948

American asiatic underwriters;1948

American asiatic underwriters;1948

American asiatic underwriters;1948

American asiatic underwriters;1948

American asiatic underwriters;1948

American asiatic underwriters;1948

American asiatic underwriters;1948

American asiatic underwriters;1948

American asiatic underwriters;1948

American international assurance company;1948

American international insurance company, s.a.;1948

American international insurance corporation;1948

Bank of America;1948

Branch financial statement local resources;1948

Company insurance co. of north America journal;1948

Credit file;1948

Endorsement;1948

Firemen's insurance company;1948

Hai-ho;The Chase Bank;1948

Hongkong;1948

Insurance co. of north America;1948

Insurance co. of north America;1948

Insurance company of north America;1948

J. henry schroder banking corporation;1948

J. henry schroder banking corporation;1948

J.p. morgan & co.;1948

Liddell bros, & co., ltd.;1948

Lloyd's policy s/s "yung fei";1948

Motor car loss Shanghai no.;1948

Mrs. f.c. Mitchell;1948

National union fire;1948

Post mercury company federal inc., U.S.A. budget for 1948;1948

Sedgwick, collins & co., limited;1948

The American express co, inc. Shanghai;1948

The American oriental bank of szechuen;1948

The central printing company;1948

The chartered bank of India, Australia & China;1948

The chase national bank;1948

The chase bank;1948

The chase bank;1948

The chase bank;1948

The chase bank;1948

The chase bank;1948

The chase bank;1948

The chase bank;1948

The chase bank;1948

The chase bank;1948

The chase bank;1948

The chase bank;1948

The chase bank;1948

The chase bank;1948

The chase bank;1948

The chase bank;1948

The chase bank;1948

The chase bank;1948

The chase bank;1948

The chase national bank;1948

The chase national bank;1948

The chase national bank, New York;1948

The first bank of Chicago;1948

The neuchateloise swiss general insurance company, ltd., neucbatel;1948

北平电车公司会计处计算书;1948

大通银行;1948

大通银行;1948

大通银行;1948

大通银行;1948

大通银行;1948

大通银行;1948

大通银行;1948

法帝中法工商银行天津分行转账汇款等函;1948

联宁保险公司业务报表摘要;1948

茂华商业银行;1948

美亚保险公司;1948

美洲保险公司上海分公司资金报表账目;1948

兴业保险公司 1948 年第三季度印花税别营业税清单;1948

有关美帝出口商情况;1948

中法工商银行;1948

中法工商银行;1948

中法工商银行;1948

中法工商银行与利孚银行往来文件;1948

中国人民银行上海市分行;1948

中国人民银行上海市分行有关账单;1948

American asiatic underwriters;1948.1.22

Chartered bank of India, Australia & China;1948.1—12

Insurance co. of north America;1948.1

Insurance co. of north America;1948.1

Messrs. razon's;1948.1.4

The chase bank;1948.1

The chase bank Shanghai;1948.1

The chase national bank;1948.1

Union trust co.;1948.1

瑞士联合银行业务单据;1948.1.2—12.16

中央银行 请开汇票单;1948.1.8

Please issue following companies check to the order of a.a.u.;1948.2.23

The chase bank;1948.2.11

The chase bank;1948.2.7

购入外汇日报表;Kro,外汇平衡基金委员会;1948.2

G.e. marden;1948.3.5

Motor car insurance;James. M. Faulkner, ll;1948.3.15

The chase bank;1948.3

The chase bank;1948.3.1

The chase bank;1948.3.5

The institute of London underwriters;1948.3.2

C.h. getchell & isthmian steamship co.; 1948.4.9

Chartered bank of India, Australia & China; 1948.4—1951.10

Kunst & albers; 1948.4.12

North China produce corporation; 1948.4.6

The chase bank; 1948.4.27

The chase national bank; 1948.4.22

Tsun yuan & company; 1948.4

美亚保险公司理赔账单; R.A. Kreulen; 1948.4.29

Irving trust company foreign division; 1948.5—10

Irving trust company New York; 1948.5.31

Midland bank, limited; 1948.5

Report on and assessment of fire losses; 1948.5.11

Sam Bliwass; 1948.5.10

The automobile insurance company of Hartford (statement of claim); R.A. Kreulen; 1948.5.22

The chase bank; 1948.5.29

American asiatic underwriters; 1948.6.26

American international insurance co., s.a.; 1948.6.19

Demand deposit cnc dollars pre-war account closed of business of July 25th., 1946; 1948.6.29

Estate of robert hall maglay; 1948.6—7

G. Colinet; 1948.6

Loss receipt from the atlantic mutual insurance company; 1948.6—1949.2

Midland bank, limited; 1948.6.29

Motor car loss receipt; 1948.6.30

The chartered bank of India, Australia & China; 1948.6.29

The chase bank; 1948.6

The chase bank; 1948.7.20

Fu sze company; 1948.7.23

Accounting record; 1948.7

Duplicate (drafts drawn); American Asiatic Underwriters; 1948.7

Foong chen; 1948.7

Insurance co. of north America; 1948.7

Insurance company of north America; 1948.7

The American-oriental finance corporation; 1948.7

The chase bank; 1948.7

中国人民银行上海市分行包装商品信用单据; 1948.7

American asiatic underwriters; 1948.7

American asiatic underwriters cash disbursement voucher; American Asiatic Underwriters; 1948.8.11

American asiatic underwriters, federal inc., U.S.A.; 1948.8.16

Balance sheet; 1948.8.13

Chartered bank; American Asiatic Underwriters; 1948.8.9

Ming sung industrial co., ltd.; 1948.8

Mrs. max feingold; 1948.8

The central printing company (teh kee); 1948.8.10

The neuchateloise swiss general insurance

company ltd. deuchatel; 1948.8.12

美亚保险公司理赔账单;1948.8.10

文汇纸号;1948.8.10

新顺昌铜铁工厂;1948.8

C.v. starr & co., inc.; 1948.9.30

Customers liability; 1948.9—1954.2

E.w. langdon & co.; 1948.9.15

The chase bank; 1948.9.1

The chase bank; 1948.9.30

The Shanghai commercial & savings bank, ltd. saving department; 1948.9.3

购入外汇日报表;外汇平衡基金委员会;1948.9.18

American asiatic underwriters; 1948.10—12

Monthly expenditure account-July/August/Sept.14, 1931.; 1948.10.8

Reconciliation of agents outstanding balance; 1948.10.31

J. henry schroder banking corporation; 1948.11.26

Eduard meyer & co.; 1948.12.16

J. henry schroder banking corporation; 1948.12.1

Messrs. wheelock & co., ltd.; 1948.12.30

The chase bank; 1948.12

The chase bank Shanghai living alliance; 1948.12

The chase national bank, new bank; 1948.12.28

The Tientsin land investment., ltd.; 1948.12.27

Toeajan coal concession; 1948.12

美帝美国商业银行杂件;1948.12

泰安产物保险股份有限公司;1948.12

Comparative condensed statement; 1948—1950

Federal insurance company, limited; 1948—1949

Invoice the hap kee educational supply; 1948—1949

J. Henry Schroder banking corporation; 1948—1949

New hampshire fire insurance company; 1948—1949

Purchases; The Chartered Bank Of India, Australia & China;1948—1949

The chase bank; 1948—1949

The chase bank; 1948—1949

美商上海电话公司;1948—1949

中合产物保险股份有限公司;1948—1949

American asiatic underwriters; 1949

American asiatic underwriters; 1949

American asiatic underwriters; 1949

American asiatic underwriters; 1949

American asiatic underwriters; 1949

American asiatic underwriters; 1949

American asiatic underwriters federal inc., U.S.A.; 1949

American international company, inc. (foreign managers); 1949

American international company, inc. foreign managers; 1949

American international company, inc.; 1949

Arco loan certificates;1949

Capital-Shanghai Office Account JMP;1949

Central bank of China;1949

China branch;1949

Company insurance co. of north America;1949

Comple bloquis in crb;1949

Deliveries on contract;1949

Dodge & seymour, ltd.;1949

Federal insurance company, limited;1949

Firemen's & commercial casualty insurance companies;1949

Gold dollar account no.291;1949

Hannover fire insurance company;1949

Hanover;1949

Hung sung company;1949

Insurance co. of north America;1949

Insurance company of north America;1949

J. henry schroder banking corporation;1949

Ledger sheet;1949

Loss receipt;1949

Marine loss no.s/490110;1949

Metropolitan land company;1949

Metropolitan land company, limited;1949

Metropolitan land company, limited, Shanghai;1949

National general trading co.;1949

National union fire insurance company;1949

Numbers of cancelled notes;1949

Post mercury company;1949

Premium registration abstract 账本;1949

Reconcilement of account;1949

The canadian bank of commerce;1949

The central bank of China;1949

The central bank of China;1949

The chartered bank of India, Australia & China;1949

The chase bank;1949

The chase bank;1949

The chase bank;1949

The chase bank Shanghai branch profit & loss;1949

The chase bank Shanghai statement;1949

The national city bank of New York;1949

The national city bank of New York;1949

The underwriters bank;1949

The underwriters bank, inc.;1949

United property investments, ltd.;1949

案卷号 6603;1949

大通银行;1949

大通银行;1949

法帝中法工商银行、华兴懋业公司发票和收据;法帝中法工商银行、华兴懋业公司;1949

伪北美洲保险公司;1949

指定银行提取外汇日报;1949

中央银行外汇审核处;1949

Firemen's & commercial casualty insurance companies;1949.1.10

Foreign exchange reports (weekly) to

former central bank of China;1949.1.28—5.21

Hanover marine policy;1949.1.30

Marine loss no.s/490039;1949.1.21

Marine loss no.s/490041;1949.1.15

Marine loss no.s/490042;1949.1.15

Marine loss no.s/490044;1949.1.15

Purchased from chihli commercial co. as per their pecking memo;1949.1—3

The texas co.;1949.1.10—7.19

American asiatic underwriters;1949.2.10

American asiatic underwriters;1949.2.11

American consulate general;1949.2.22

American international assurance company, limited;1949.2.8—1950.2.8

Bank of new fouth wales;1949.2.12

Captain arthur n.s. westrheim;1949.2.19

Chinese aluminium rolling mills;1949.2.19

Firemen's insurance company 账单;Commercial casualty insurance co.;1949.2

Metropolitan land company;1949.2.11

Mr. b. Mousasticoff;1949.2.19

Mr. l.j. Kleijn;1949.2.18

North American companies;1949.2.16

The national city bank of New York;1949.2.17

The Shanghai insurance office agents, the century insurance co., ltd.;1949.2.21

美帝花旗银行与马尼拉分行账目;1949.2

A.i.u. clamp advice;1949.3

China agricultural insurance company, limited;1949.3

Chinese aluminium rolling mills, ltd.;1949.3.1

Chnug foo union bank;1949.3.2

Civilization trading co.;1949.3.2

H.l. gison & co., ltd.;1949.3.2

Mr. b.a. Glebow;1949.3.2

American asiatic underwriters;1949.4.1—5.31

American international group-China;1949.4.30

Exchange account with the chartered bank of India, Australia and China, London;1949.4.30

Federal insurance company;1949.4.4

North China import co. Shanghai;1949.4.30

Royal bank of scotland;1949.4

Starr international company fire department 账本;1949.4.30

Starr international, inc. manager for American international group-China;1949.4.30

The chase bank;1949.4

The chase bank;1949.4.18

保险费月计表;1949.4—1950.12

麦加利银行天津分行周末日记表;1949.4

"Project what you have" international insurance office;B.A. Glebow;1949.5.6

America asiatic underwriters;1949.5.31

E.g. petersen living expenses;1949.5.6

Firemen's & commercial casualty

insurance companies;1949.5.17

Kaykavtse Hongkong;1949.5.6

Loss receipt;美商信通汽车公司;1949.5.22

Metropolitan land company, limited;1949.5

Received from the chase bank;The China Christian Educational Association;1949.5.23

The chase bank;1949.5

美帝美国商业银行总行给分行业务电报;1949.5

American asiatic underwriters, federal inc., U.S.A. Shanghai office statement of expenses for the pe...;1949.6.1—1950.7.31

Entries to expense accounts for the month of August 1949;1949.6

Entries to expense accounts for the month of June 1949;1949.6

Metropolitan land company;1949.6.14

美帝美国商业银行各种报表;1949.6

美帝美国商业银行业务(上海)该行向中国银行上报日报表及月报表;1949.6—12

Application for telegraphic transfer;1949.7

Bryner 1 konnaya street harbin;1949.7.19

Metropolitan land company;1949.7.12

Metropolitan land company, limited;1949.7.6

船只保险结算单;美亚保险公司;1949.7—10

美帝美国商业银行业务(上海)提取外汇日报表;1949.7—1951.2

American presbyterian mission;1949.8.17

Continental oil mill & refinery;1949.8.17

Insurance co. of north America;1949.8

Messrs, national cash register co.;1949.8.13

Mr. g.j. Dissevelt;1949.8.15

Mr. Henry Masen;1949.8.15

Mr. j. Kleffel;1949.8.15

Mr. j.w. Stiphout;1949.8.15

Mrs. j.a. Sheveleff;1949.8

The chase bank;1949.8

Triangle motors;1949.8

The chase bank Tientsin;The Chase Bank;1949.9.30

中央信托局;1949.9.30

Midland bank, limited;1949.10

The chase bank Shanghai;1949.11.30

Weekly list of bills of exchange purchased;1949.112

Cash receipt voucher;1949.12

Foreign department earnings;1949.12

The Hannover fire insurance company;1949.12

The underwriters bank, inc. sundry accounts payable;1949.12.31

Tientsin office 账本;Shanghai Office;1949.12.31

资产负债表;1949.12.31

Chase n. bank month of July 1947 Shanghai office;1949—1950

Federal inc., U.S.A. steamer line memo;Shanghai Office;1949—1953

Insurance company of north American;

1949—1950

Saulolle 住宅的煤气、电话、电、房税收据；英商上海煤气股份有限公司；1949—1951

The instructions referred to on the reverse side hereof；1949—1950

美帝美国商业银行（中文版）；1949—1950

美亚保险公司保险费清单；1949—1950

A.i.u 保险公司经纪人（代理人）费用账；1950

American asiatic underwriters；1950

American asiatic underwriters；1950

American asiatic underwriters，federal，inc. U.S.A.；1950

American oriental banking corporation；1950

Certificate of condition；1950

Chartered bank of India，Australia & China；1950

Loss receipt；1950

Marine loss no.s/500099；1950

Metropolitan land company；1950

Mr. George st Louis；1950

Premium registration abstract business casualty；1950

School exercise book；1950

The chartered bank of India，Australia & China；1950

The chase bank；1950

The chase bank；1950

The chase bank；1950

The international insurance office；1950

The pavot engineering；1950

The underwriters bank，Shanghai 账本；1950

保险费用月计表；1950

保险费月计表；Hanover；1950

保险费月计表；1950

北美洲保险公司；1950

北美洲产物保险公司沪分公司；1950

贷记 借记与业务账册；The Chase National Bank；1950

华兴懋业公司捐缴款书；华兴懋业公司；1950

华兴懋业公司——清单和收据；法帝中法工商银行；1950

解放后上海主要外销货品出口最低限额表；1950

美帝花旗银行开支账户；中国人民银行上海市分行；1950

上海市保险公司业务报表；1950

友邦银行资产明细表；1950

指定银行移存外汇日报；1950

指定银行移存外汇日报；1950

American asiatic underwriters（to the hanover fire insurance company）；Foh An Company，Limited；1950.1.25

American asiatic underwriters（to messrs. a.p. pattison company）；Vice-President；1950.1.25

Henry schroder banking corp.；1950.1

美帝美国商业银行通知开证电报和信用证副本；1950.1—6

美帝美国商业银行业务（上海分行）外汇货币兑换率表；1950.1—1951.1

American asiatic underwriters；1950.2

指定银行移存外汇日报;1950.3.01

American asiatic underwriters;1950.4

American asiatic underwriters;1950.4

To liddell bors & co., ltd.;Insurance Company Of North America;1950.5.22

北美洲产物保险公司沪分公司总行暂记欠款明细表;1950.5

海林火险保险公司非危险货物...;1950.5

Hai ho conservancy board Tientsin conversion loan;1950.6

S.e. levy & co.;1950.6.28

北美洲产物保险公司沪分公司暂记欠款明细表;1950.6

American asiatic underwriters, federal inc., U.S.A. (statement of inward remittances received from ho ...;1950.7.31

North China amusements co.;1950.7.24

The public national bank and trust company;1950.7.21

指定银行移外汇日报;大通国际商业银行;1950.7

美帝美国商业银行向中国银行上报的外汇日记表;1950.8—12

美帝美国商业银行(上海)业务汇款事;1950.9—1951.1

美帝美国商业银行付款通知单及其附函;1950.9

上海市保险公司业务报表;1950.9.20

American asiatic underwriters;1950.10

Bills payable;1950.10.10

Marden development co., ltd.;1950.10.18

American asiatic underwriters, federal inc., U.S.A.;1950.11

华兴懋业公司 1950 年度职工工资收据;华兴懋业公司;1950.11.15

美帝美国商业银行业务(上海)该行上报给中国银行日计表;1950.11—1951.1

美帝美国商业银行与各商行业务往来函件;1950.11

美帝美国商业银行业务(上海)外汇日计报表(中英版);1950.12—1951.8

美商美亚代理保险股份有限公司;1950.12

American asiatic underwriters;1950—1951

Chase bank;1951

The Yokohama specie bank;1951

友邦银行;1951

American asiatic underwriters;1951.1

American asiatic underwriters;1951.1.31

美帝美国商业银行业务(上海)各种报表;1951.1—4

美帝美国商业银行业务(上海)日计表(中英版);1951.3—8

上海市保险公司业务报表;1951.8.10

Living expenses 账本;Shanghai Office;1951.9

"Enemy" banks liquidation pool settlement 账本;1951—1952

华兴懋业公司;1952

一九五二年度职工工资收据;Societe Financiere D'entreprises En China;1952

The Shanghai commercial & savings bank, limited savings department;1952.1.7—12.31

The chartered bank of India, Australia &

China;1953

The chartered bank of India, Australia & China;1953

华兴懋业公司;1953

华兴懋业公司;1953

华兴懋业公司;1953

美帝美国商业银行业务(上海)日报表;1953.1—1955.9

账簿启用及交接表;上海市税务局;1953.1.1

Statement showing differences in figures of specification;华兴懋业公司;1953.9.30

Current account Shanghai American school financial statement;1954—1955

法帝中法工商银行、华兴懋业公司会计清单副本;法帝中法工商银行;1954—1957

英商麦加利银行账册、记录等清单;1955.9.7

有关上海分行的租屋契约等收据;1955.9

美帝美国商业银行清理客户存款来往函件;1958.4

美丰银行中国职工一览表;美丰银行;1968.10

伪大通银行中国人民银行上海市分行革委会清档组;1969.2.4

1930 年向伪美丰银行申请贷款单;1969.6.25

1931 年至 1934 年伪美丰银行资产负债表;Chen meijun;1969.6

伪美丰银行公司股票资费每日记录单;1969.6

伪美丰银行;1969.6

伪美丰银行 1934 年至 1935 年有关香港股份业务情况的部分剪报;1969.6

伪美丰银行天津封航财产清单;1969.6

美帝美国商业银行(上海) 邮费;1969.7

Adjustment of general average;1969.8

法帝中法工商银行天津分行印箱函件;1969.11.13

法帝中法银行伪中法教育基金委员会票据;1969.11.13

中法工商银行给交通银行汇款的收据;中法工商银行;1969.11.13

与香港分行来往函件;Fei Bengen;1969.11.14

法帝中法银行、华兴樊业公司 1951 年度职工工资收据;法帝中法银行、华兴樊业公司;1969.11.15

账簿(Youinal oei opcialioni);1969.11.24

中法工商银行 巴黎荷兰银行日内瓦分行自由户头;1969.11.25

American security bank;The Chartered Bank Of India, Australia And China;1988

中央电器公司天津分公司

Premium register

Advances against shares

Advice of fresh purchases and sales

American International Underwriters, Ltd.

American asiatic underwriters

American asiatic underwriters

American asiatic underwriters

American asiatic underwriters

American asiatic underwriters

American asiatic underwriters check book

American asiatic underwriters federal inc., U.S.A. statistical premium record

American asiatic underwriters ship voyage card 账单

American asiatic underwriters, federal inc., U.S.A., Shanghai

American asiatic underwriters 账本

American asisatic underwriters

American express company

American international company, inc. (foreign managers)

American national bank

American-oriental finance corporation

Application by importers;输出入管理委员会

Arkell & douglas, inc.

Asia banking corporation

Asia realty company

Asia realty company

Associated importers

B.f.c.

Bakerite company, federal, inc., U.S.A.

Balance sheet 账本

Bank of America

Bank of China

Banks clearing checks & transfer

Cable department

China branch

China branch

Compco desk diary with monthly cash summary;华兴懋业公司

Current account-financial statement

District bank

Dollar account the chartered bank of India, Australia and China

Duplicate

Endorsement

Equitable eastern banking corporation

Financial statement 账本

First national bank of Seattle

General balance sheet

Guaranty trust company of New York

Hai-ho improvement loan

Hankow sub-agency

Hongkong & Shanghai banking corporation

Hongkong & Shanghai banking corporation

Hongkong & Shanghai banking corporation

Hsin-ho

International assurance company

J. henry schroder banking corporation

J.p. ferrer

K.k. tse expense account

Kom-les

List of elizalde and company fleet manila

Locality adjustment

Month of march

National commercial

National city bank of New York

O.s. lieu

On account of the asia banking corporation

Oriental book store

Outstanding premiums

Premium register

Premium register

Raven trust company

Received

Reliance bronze & steel corporation

S.e. levy & co.

S.e. levy & co.

Shanghai insurance association wharf godowns

Shanghai office

Shanghai stock exhange

Ship voyage card

Soochow university

Starr international, inc.

Statement of clam

Summary of balance sheet 账本

Telegrams despatched to Tientsin

The "tufplex" flat file. statements out

The American exchange national bank

The American oriental banking corporation

The American-oriental banking corporation

The American-oriental banking corporation

The central bank of China

The chartered bank of India, Australia and China

The chartered bank of India, Australia & China

The chartered bank of India, Australia & China

The chartered bank of India, Australia & China 账本

The chartered bank of India, Australia & China

The chekiang industrial bank, limited

The chi chang bank

The China agricultural insurance co., ltd.

The chung hwa wharf co., ltd.

The first national bank of San Francisco

The great northern telegraph company (limited)

The hanover fire insurance co.

The manufacturers trust cny.

The national city bank of New York

The national city bank of New York check book

The northwestern national bank

The Tientsin native city water works co., ltd.

The underwriter bank

The underwriter savings bank

The underwriters bank check book

Thriftcor bank

To calculate interest on sterling; The American-oriental banking corporation

Total accounts for, July

Underwriters adjustment company

Yee tsoong tobacco distributors, limited

北美洲保险公司家具清单

当座勘定元账

美亚保险公司业务账目

清算贷借对照表附表

上海三育公司发票

仕拂账

售出外汇日报表

台湾银行

伪美丰银行

邮便电信明细表

有利银行

账本

账单

浙江地方银行仓库

中法工商银行

中国宝业银行支票簿;The National Industrial Bank Of China

中央电器公司天津分公司

驻津财政部无线电报台

4. 表格

题名;责任者;出版时间

海河工程短期公债基金收支总报表(中英文对照);津海关二五附税国库券基金保管委员会;1918.6.17—1920.5.30

Premium register;1924

Premium register;1925

List of numbers of coupons of the haiho coservancy commission conversion loan of 1935 due;1925.11.5

The American-oriental banking corporation;上海美丰银行;1926.12.15

North China star, incorporated;1926—1936

American asiatic underwriters;1927

Union trust company Chicago foreign department;1927.1.5

American asiatic underwriters fed., inc., U.S.A.;1927.10.24

American asiatic underwriters;1927.11

Steamer card auxiliary sheet;1928.1.1

For the American asiatic underwriters, inc., Hongkong branch;1928.2.16

All particulars as to marks, nos., etc., must be inserted;1928.12.31

大通银行财产目录;1928.12

American asiatic underwriters;1929.4

Chase bank dr. to watts, quarez & yui;1929.12.31

Chartered bank of India, Australia & China;1930.10

From m 1603 (o.2600 4 - 38 4x50 c);1931

Chartered bank of India, Australia and China;1931.9.30

Monthly report of customer's liabilities;1931.9.30

Weekly balances & current a/cs.;1931.12.23

Cash position of weekly collections from the community church of Shanghai;1932

Premium register;1932

Summary of balance taken out on;1933.4.28

Duplicate. monthly return of charges. Tientsin.;1934

The American-oriental banking

corporation 7-m4 Shanghai cable address amor bank co.;1934.1

Fire loss no.;Chartered bank of India, Australia & China;1934.3

General ledger balances;1934.3

The American-oriental banking corporation;1934.8

Ascher trading corporation;1934.11

Tientsin country club, Tientsin. balanced sheet;1934.11.17

Selected bond;The American-oriental finance corporation;1935.11.30

Tientsin investment-corporation (U.S.A.), inc. Tientsin, China;1935—1939

美亚保险公司船舶保险登记;1936

Business conditions-U.S.A.;1936.10.1

List of Tientsin bills which we credited to their account at 3% discount, but were discounted at h ...;1936—1940

Premium register;1937.3

Starr, duff & smith, inc.;1937.5

Westminster foreign bank, ltd.;1937.5.31

Premium register;1937.6—1941.8

Shipping specification from henry hope & sons, ltd.;1937.8.23

List of chungking marine losses outstanding;1937.9

The yung trading company;1938.6

J. henry schroder banking corp New York from underwriters savings bank;1939.1.12

Work sheet for reimbursements of marine losses;1939.8.15

The underwriters bank for the far east, inc. Hongkong. in account with the underwriters bank;1939—1940

Insurance company of north America;1940.9

Insurance company of north America;1940.9—10

大通银行经常账户;1940.11

伪北美洲保险公司上海分公司 1940 年 11 月份会计账目报表;1940.11

American asiatic underwriters federal inc., U.S.A. marine department Shanghai, China;1941

International harvester company of Philippine;1941

Insurance company of north America;1941.3—4

The chase bank Tientsin;1941.3.13

Work sheet for reimbursements of marine loss;1941.3

American asiatic underwriters, federal inc., U.S.A. 8% preferred stockholders;1941.6.28, 1941.12.31

In account with American asiatic underwriters federal inc., U.S.A.;1941.6.30

Insurance company of north America enclosure no.98;1941.7

Statement of open contracts e.a. pierce & co.;1941.9.24

Premium registration abstract;The chartered bank of India, Australia & China;1941.9.27

American international underwriters corporation of New York;1942.8.31

The chase bank Shanghai balance sheet;1942—1946

Tientsin branch general ledger balances; 1943.9

Stocks on hand with e.a. pierce & co.; 1943.12

American asiatic underwriters; 1946

North China trading co.; 1946.2

The chase national bank; 1946.5—12

The chase bank; 1946.11

Dr. to the chase bank; 1947

Irving trust company; 1947

Powers of attorney; 1947

出售外汇日报表;外汇平衡基金委员会;1947

Insurance co. of north America; 1947.1

Irving trust company foreign division one wall street, New York 15. n.y.; 1947.1—4

Insurance co. of north America trial balance for February 1847; 1947.2

The chase bank Tientsin; 1947.7.28

American asiatic underwriters marine dept; 1947.8.2

Bruce s jenkins premium record; 1947.9

Insurance co. of north America trial balance for October 1947.; 1947.10

购入外汇头寸日报表;外汇平衡基金委员会;1947.10

售出外汇日报表;外汇平衡基金委员会;1947.10.1—12.16

Balance sheet as at December 31st 1927; 1947—1948

American asiatic underwriters; 1948

Global war; 1948

Condensed balance sheet; 1948.4

The American-oriental finance corporation; The chase bank;1948.5

The chase bank, Shanghai; 1948.5

Chartered bank of India, Australia & China; 1948.6

Premium register; 1948.6.10

Tientsin customs average values of exports; 1948.7.2

美帝美国商业银行外汇汇率表; 1948.7

Cash checks & deposits; 1948.8

江海关邮政包裹处 海关进口税缴纳证; 1948.8.7

Bank of America; 1948.11

American asiatic underwriters cash receipt voucher; 1948.12.2

American asiatic underwriters federal inc., U.S.A.; 1948.12.4—10

Premium registration abstract; 1948—1949

Film inventory December 31. 1929; 1948—1950

Global war; Federal Inc., U.S.A; 1948—1951

Insurance co. of north America trial balance for November 1949; 1949

Smethwick birmingham; 1949

金谈堤岸报表; 1949

中国人民银行上海市分行; The chase bank;1949.3.14—18

The chase bank, Tientsin; 1949.4.1—5

The chase bank, Tientsin, assets; 1949.4.6—26

Banks clearing checks & transfer; 1949.5

美帝美国商业银行;1949.6—1950.1

Insurance co. of north America balance sheet for July 1949;1949.7

The underwriters bank, inc. intercompany accounts & notes receivable & payable;1949.12.31

Chartered bank of India, Australia & China;1950

Reconciliation of balance as of December 31st 1947;1950

The chase bank accounts receivable-advance for cables despatched;1950

American asiatic underwriters;1950.1.24

The chartered bank of India, Australia & China;1950.2

美帝美国商业银行业务(上海)存放汇报告表;1950.2—1951.4

Agents daily report;American Asiatic Underwriters Shanghai;1950.5

美帝美国商业银行业务(上海)美帝美国商业银行周末营业状况简要报告表;1950.7—12

保险费月计表;1950.8

Metropolitan land company, ltd. income and expenditures for the month of October, 1950;1950.10

American asiatic underwriters. federal inc., U.S.A. Shanghai office daily bank balances;1951.3.26

A.o.b.c. request to order forms

Agency of the chartered bank of India, Australia and China New York

American asiatic federal

Clearings from banks;J. Kleffel

Foreign department earnings

Foreign department earnings

From underwriters savings bank

Imperial bank of India revision list no. 5

Messre. woodcraft works, ltd.

Post mercury company federal inc., U.S.A. payroll

Premium register

Ship voyage card

Silver business abroad

Telegram received

The chase bank Shanghai

The philadelphia national bank

输入临时管理委员会过去输入按品分类情况表

5. 合同

题名;责任者;出版时间

Raven trust company, limited;1914

Employee's living trust instrument;1914.4

The Chartered Bank of Australia & China;瑞和洋行;1921.7.1

Lential national bank cleveland;1922.11

The national city bank of New York;1923—1924

Nichols yarn account;上海友邦银行;1924

First national bank San Francisco;1924.12.15

Union gust company cincinnati;1924.12.3

Siam commercial bank, bankok;1925.1.13

Chung yin trading co., Tientsin;1926.11.17

Exchange east company;1928

法帝中法工商银行天津分行与其沈阳分行的来往函件;1928.9

关于"Yeh Tan"船只保险单;1928.9.5

Equitable eastern banking corporation;1928.10.25

S. pearson & son, limited;1928.10.23

Lessee's copy;1928—1929

China manual function;1929.1.8

Hwa foong rubber works, ltd.;1930

Reinsurance agreement;China General Insurance Company;1930

The first national bank of Chicago foreign banking department;The First National Bank Of Chicago;1930.2.18

天津航行公司检查证明书;1930.7.15

Guaranty;1930.10.3

美帝大通银行与 Arkell & douglas, inc.业务往来函;1930.12.1

1931 年向伪美丰银行申请贷款单;1931

伪美丰银行与 Li Ru han 的合同;1931

Cheng-yu railway agreement;American Asiatic Underwriters;1931.2.20

Old colony east company;1931.5.11

First Seattle dexter horton national bank;1931.10.1

1930 年向伪美丰银行申请贷款单;1932

1932 年伪茂孚洋行向伪美丰银行申请贷款单;伪美丰银行;1932

1932 年向伪美丰银行申请贷款单;1932

1932 年向伪美丰银行申请贷款单;伪美丰银行;1932

1932 年向伪美丰银行申请贷款单;1932

1932 年向伪美丰银行申请贷款单;伪美丰银行;1932

Baeff hanin trading co.;1932

伪美丰银行"职工生活保障"契约规定;1932

Agency agreement (marine);1932.2.22

伪普益地产公司职员陈高陛与伪普益收托公司签订有关人寿保险的合同证明;1932.4

A/a inward riunione (marine) dated 16th May, 1932;1932.5.16

China-America council of commerce and industry, inc.;1932.5.27

China investment corporation;1932.6.10

Shu tu ex hsinyun nac 保险有关文件;1932.10.22

1932 年向伪美丰银行申请贷款单;1932.11.16

1933 年向伪美丰银行申请贷款单;伪美丰银行;1933

1933 年向伪美丰银行申请贷款单;伪美丰银行;1933

The American-oriental banking corporation 7-m4 Shanghai;1933

伪美丰银行联合广告求职申请书;1933

关于 Willian hanoford penning ton 的遗产函件;1933.3.28

National union boyd & co. amoy;American Asiatic Underwriters;1933.4.15

Fire agency agreement from: tai shan insurance company to: American Asiatic Underwriters, federal i ...;1933.7.7

律师授权书；1933.12.1

Agency agreement（marine）；1933—1938

Description of property；1934

伪美丰银行1934年业务信件（贷款）申请书 申请贷款者：天津亨茂汽车公司 The Chung Yuen Co.；上海美丰银行；1934.3.14

法帝中法工商银行天津分行跑马厅租赁等项；1934.4

Agency agreement from metropolitan insurance company to American asiatic underwriters；1934.7.30

Metropolitan insurance company power of attorney；1934.7.30

1934年至1935年有关American locomotive co. 中国业务情况的部分剪报；伪美丰银行；1934—1935

Bank of the manhallan New York；1935.11

中法工商银行协作契约；1936

Noel，murray & co.，limited；1936.1.1

Lee-fu trading company；利孚洋行；1936.2.8

Lauw Han ble的预定保险；1936.5.16

The national city of New York；Banque Franco-Chinoise；1936.12.16

Midland bank，limited；1937

香港大通银行与上海大通银行就订单等业务往来；1937

Hanover fire company & rossia insurance company；American Asiatic Underwriters；1937.7.31

Partnership account；1937.7.16

Bryner & company agency agreement；American Asiatic Underwriters；1937.9.6

Xanovci jine dnsuianc company和jiemenis company of newark. n.j的海上再保险条约；1937.9.1

American international underwriters corpn；1937.11.9

法帝中法工商银行重建上海专档；1937.11

Agency agreement（fire）between the American asiatic underwriters，federal inc. U.S.A. and China s ...；1938

Consolidated edison company of New York，inc.；1938

Cr inf the imperial tire company brooklyn；1938

Hanover fire insurance company；1938

上海毛绒纺织公司；1938

Application for authority to purchase；1938.1.13

Information required by the chase bank，上海；唐君远；1938.9.27

天津英国工部局电务处合同；1939

C.F.A. auto casualty ins. and all risks ins.；1939.6.1

再保险协约；American Asiatic Underwriters；1939.8.30

Allied contraction co.合伙证书；1939.10.14

Adjmi importing company的授权书；1940.5.6

国民党反动政府向法帝购买飞机合同；1940.7

Peking & Tientsin times；The National City Bank Of New York；1940.8.7

American asiatic underwriters；1941

法帝中法工商银行天津分行各种函件合同;1941

Denis mcdermott 遗产证书;1941.3

美帝花旗银行往来户 **Cheng y c** 往来函件;1941.3

The capital national bank newyork; 1941.4.26

The symbol of safety; 1942.1

日帝三菱银行业务 外商及外国机构为解冻提款的申请书;1942.3.30

日敌占领期往来户与美帝大通银行特殊转让;1942.6.25

Elbrook inc., and American corporation; 1943.3.17

Agency agreement; Banque Franco-Chinoise;1945

P.T. wong 公司与大陆银行订立的租金合同及有关信件;1945

Agency agreement; 1945.11.1

Sundry information for New York; 1945.12.17

American asiatic underwriters; 1946

The chase bank; 1946

The chase bank office copy; 1946

The chase national bank; 1946

Cr inf humphreys & mcconnell San Francisco; 1946.5.21

Sondovitch bros, inc. 委任代理证书;1946.5.22

义康洋行的合股证书及有关签字权的函件;1946.5.25

Cr. inf. Joseph M. kolberg Shanghai; The Automobile Insurance Company;1946.7

Schillers-lighters motor boats; 1946.8.3

American international company, inc. to American international underwriters, ltd.; 1946.11.20

Application for the registration of importers; 1946.11.8

The chase bank — Shanghai; 大通银行;1946.11.29

Feng lung trading company 204 - 206 arnhold building Tientsin; Feng Lung Trading Company;1946.12.15

The chase national bank; 1947

The hanover fire insurance company; 1947

The board for the temporary regulation of imports import license; The Board For The Temporary Regulation;1947.1.11

输入临时管理委员会输入许可申请书;1947.1

Private & confidential; 输入临时管理委员会;1947.2.7

Airwave trading co., inc. 授权书及印;1947.5.19

Brilliant star tobacco co. ltd.; 1947.5.23

Union bank of Canada winnipeg; 1947.6.28

Agreement; 1947.11.12

美帝大通银行因雇工而私人财产损失的目录;1947.12.30

Hanover fire insurance co. agreement; 1947—1948

中国人民银行上海市分行退保协定(火险)中国保险公司;1947—1949

The chase bank Tientsin; 1948.2.19

Mei lung wool mill-Shanghai; 1948.4.28

Receipt for bonus export; 1948.5.28

进口许可申请、开证申请;美帝花旗银

行;1948.8—1950.9

Libermann waelchli & co.的信用抵押申请书;1948.9.8

上海民新轮船股份有限公司 **Hsin kong** 轮保险之电报函件;1948.9.30

China tea trading co.的信用抵押申请书;1948.12

The chase bank cable address-chasebank, Shanghai;大通国际商业银行;1948.12.4

Hanover fire insurance company;1948—1949

De schulyhess & co. — B/C 14785;1949

General development corp, ltd. sihai;1949

W.M. Waterman's tobacco corporation;1949

William hunt & co., fed., inc. U.S.A.;1949

L rondon & co., ltd.;1949.3.7

Agency agreement;1949.4

The chase bank cable address-chasebank, Shanghai;大通国际商业银行;1949.4.19

Louis henkel 的信用抵押申请书;1949.5.12

The chase bank;大通国际商业银行;1949.6.16

Republic chemcial corporation;1949.7.4

美帝美国商业银行通报 **NO.c758** 至 **c826**;1949.10

David brenner 的信用抵押申请书;1949.12.18

美帝美国商业银行学会文件;1949.12

中国银行上海分行外汇申请书等;1949—1950

China steam navigation co., ltd.;1950

挪威 **Den nanke** 银行致美帝花旗银行更改印鉴簿的文件;1950

友邦银行;1950

中国茶叶公司华东公司与法帝中法工商银行的往来函件;1950

信用抵押申请书;大通国际商业银行;1950.1.27

Oriental overocean corp 的信用抵押申请书;1950.3.13

美帝美国商业银行同业借款契约;1950.3

美帝花旗银行进口许可、开证申请;1950.4

美帝美国商业银行签字样本;1950.8

1930 年向伪美丰银行申请贷款单;1950.9.26

美帝美国商业银行有关出口开立信用证事;1950.10

美帝美国商业银行向有关银行咨询客户情况;1950.11

美帝美国商业银行借款契约;1950.12

美帝美国商业银行与客户联系汇款等业务函件;1950.12

美帝美国商业银行有关信用证开证、修改和撤销等情况…;1951.1

美帝美国商业银行指定银行专用外汇申请书;1951.1

法帝中法工商银行天津分行孙积岚与巴特盖公司商业纠纷判决书;1969.11.18

C.f. a-provident insurance company of manila & metropolitan insurance co. manila

Agreement made between: the bank of China, the national commercial bank, the

italian bank for China, ...

American international insurance company, s.a

Hongkong accident insurance association; Mator Tariff

Messrs. siemens China company, Shanghai; Hekking & Clouth

The white flower society fund for russian tuberculars 章程

关于 Charles L. coltman 遗产执行文件

伪美丰银公司的租地契约

在 Java 的人寿保险

指定银行申请书

6. 期刊

题名;责任者;出版时间

Fireman's fund record; 1917—1918

American national bank; 1921

The uniform trusts; Hotel Offices; 1921.2.2

The northwestern national bank; 1922

Consular Invoices; 1924

U.s. treasury department; 1925

北京商业财经学院; 1927—1928

The Shanghai evening post; 1929

American bankers association; 1930

Barclays bank, limited; 1930

Minutes; 1930

The head of wall street in 1930; 1930

Statutes; 1931

The japan advertiser; 1931

Insurance and re-insurance company; 1931—1932

American asiatic underwriters; 1932

The mitsubishi bank, ltd.; 1932

The Tientsin chronicle; 1934

1934 年至 1935 年法国经济情况简报; 伪美丰银行;1934—1935

Canadian pacific express company; 1935

Minutes of the eighteenth annual general meeting of shareholders of the imperial hotel, limited; 1935.1.10

大公报; 1936.2.20

Lloyd's shipping index No.10,777; 1936.7.17—30

A century and a quarter of banking service manufactures; 1937

Peking & Tientsin times; 1937.2.6

The national bank of australasia, ltd. (incorporated in victoria); 1938.3.10

The national bank of australasia, ltd.; 1938.5.10

Economic conditions government finance united states securities; The National City Bank of New York; 1938.9

The association of appointed banks; 1939

The municipal gazette; 1939

Immeubles bacine; 1939.2.17

Saturday evening post; 1943.9.12

Lloyd's shipping index; 1943.11.9

Private motor car policy; 1943—1944

Weekly statistical sugar trade journal; 1944.2.12

Unrra and its economic implications; 1944.4.24

Ziangbe rubber co., is;1946

New York times;1946.9.12

Britain's adverse balance;1947

Irving trust company;1947

Irving trust company;1947

A.b.a cheques;1947.3.20

American embassy guard news;American Asiatic Underwriters;1947.3.27

The New York times magazine;1947.3.26

Lloyd's shipping index March 1947;Subscription;1947.12.9

Mortgage;1948

Bank of America national trust and savings association;Bank Of America;1948.7

American internationnal assurance company, limited;Co., Ltd.;1949.5.5

Canadian pacific express company

Hanover fire insurance company

Irving trust company

Lloyd's shipping index;The National City Bank of New York

The Tientsin Chronictic;E.D. Alexander, The American-oriental banking corporation

The Yokohama specie bank, limited

Union club of China

7. 档案

题名;责任者;出版时间

Chinese government land tax alone excepted;1920

Sample no.523;1920

Vessel: ss "willis vickery";1920

中国人民银行上海市分行 美帝花旗银行业务(北京)本案卷是天津分行给其他分行的汇阅交易报告书付本及业...;1921.12.31—1925.1...

美帝花旗银行业务类(北京)与 guaranty trust company of New York 往来信件;中国人民银行上海市分行;1921—1926

中国人民银行上海市分行美帝花旗银行秘书类(北京)介绍及业务函件;1921—1938

Raven trust company, limited;1924

Terms of loan, as follows;1924

The ocean steam ship company, limited;Authority of Owners;1925.11

Separation of matrimonial property regime contract;1928—1929

1930 年上海股票交换以及伪普益地产公司成立组织情况;1930

Clanms agents europe;1930

The first national bank of Chicago;1930.4—1950.7

法帝中法工商银行天津分行收件(法文版、英文版);1930.5—1936.6

Last will and testament of p.j. todd;1931

Taylor memorial hospital;1933.6

Dell'ord & co.;P.H. Whang;1933.9

美帝花旗银行业务(北京)业务函件;中国人民银行上海市分行;1934

伪美丰银行私用电报密码 用于上海天津间的每天交易电报;1934

伪普益银公司与伪美丰银行之间关于利息业务文件 内附两份伪美丰银行的财政说明;1934

A. mclure 遗产证书;1934.11.13

Tientsin british chamber of commerce;1934—1940

Baker, irons & dockstader, inc.;1935

Savings scheme;1935—1938

Minutes of special meeting of board of directors;1936

Sample no.522;1936.3

中国人民银行上海市分行 保险公司业务函件(美亚);1936.3.19—1940.12.10

Union assurance society, ltd.;1936.7

Mrs. temperance thomas;1936.8

United nations activities of the war era — iv;1936.10

A.g. Ahmed;1937

R.d. murray;1937

Sample no.524;1937

Security-first national bank of los angeles;1937.3

Hull, etc.-war risk (including p. & i. war);1938

Map no.1.地图;1938.11.22

美帝花旗银行 秘书 1. 英联邦外汇与外贸管理规定(包括禁运货物和禁运"黑名单")〈1939—1940〉2. 1956....;中国人民银行上海市分行;1939.9.3—1956.3.15

案卷号 6119;1939.11.23

杂件(伪麦也洋行业务材料);1939.11—12

Marine loss no.nate 64;1940

Millington, limited;1940

N.c.b. Shanghai;The National City Bank of New York;1940

Power of attorney;1940

美帝花旗银行 texas 公司账户专卷;1940

Tientsin office reports. monthly analysis;1940.1.1—12.31

Your proforma draft no.42;1940.3

Miss. k. stewart;1940.4

Recommended;1941

The U.S. government at work the department of state;1942

Addendum no.1;1942.6.3—1947.7.11

The chase bank Shanghai;1946

大通银行与伯伦、太古公司等单位有关发送提货单、汇款、托收、申请输入许可证等业务往来函件及有关单据...;中国人民银行上海市分行;1946

Dr. to the chase bank;1946—1948

Dr. to the chase bank;1947

Statutory rules and orders;H.M. Chang;1947.9

National union fire insurance company;1947—1948

上海大通银行与美国大通银行有关支援医药费住院费、付医生费等事项的来往信件及有关单据;中国人民银行上海市分行;1947—1949

Marine loss no.470174;1948

中国人民银行上海市分行;1948

Fireman's insurance company of newark, new jersey;1948.1.26

Office copy;1948.3

美帝花旗银行;1948.8—1949.12

Central steel co. of China;1949

Corn exchange national bank and trust company;1950.5

美帝美国商业银行;1951.2—1955.9

伪北美洲保险公司;缪岑;1969.5

伪北美洲保险公司;凤学铭;1969.5

伪美丰银行;郑乃全;1969.6

伪美丰银行;郑乃全;1969.6

伪美丰银行;凤学铭;1969.6

伪美丰银行 伪太平银行洋行的(经理、股东名单)材料;郑乃全;1969.6

伪美丰银行与伪上海伦敦鑫康洋行往来之业务信件及伪美丰银行与字林西报和 American asiatic trading co ....; 1969.6

美帝美国商业银行客户行名录;1969.8

伪美丰银行;郑乃全;1969.9

伪越南银币;1969.9.19

American asiatic underwriters;1969.11.10

American asiatic underwriters (employees record)

Cancelled promissory note

Chartered bank, Tientsin

Commonwealth of massachusettes

Firemen's insurance company and commercial casualty insurance co.

Hai ho improvement scheme

Hanoi le i8 aout

Hua fung banking corporation (hong kong), limited

Investment bulletin

Isadore brimberg

Memorandum in re city bank farmers trust company uniform trust plan "b"

Mrs. a.m. mounsey

North China amusements co.

S.s. "tangshanmaru" v12 (g.a.) garco damaged by fire and/or water

Social security in the united states

The association of appointed banks

The U.S. government at work the treasury department

Tientsin

Tientsin general chamber of commerce

Translation

福申轮船股份有限公司与美商美亚代理保险公司电报函件业务来往

美帝花旗银行 业务 北京 1. 业务往来函电 2. 总公司议事通函 3. 损益报表、通知单等;中国人民银行上海市分行

中国人民银行上海市分行

中国人民银行上海市分行(Copy of the memorandum and articles of association. the China plywood corp ...

8. 手稿

题名;责任者;出版时间

普益公司私人往来信件;1919

Hsin hua trading co.;1923

To accouting dept;1925

British-American tobacco company (China), ltd.;1925.7.30

Arceo's laundry;1926

Union trust company Chicago;1927.7.21

Radiogram copy;1928.9.10

Pay rall;1929.1

Gobhai, karanjia, ltd.;1930.3.30

Memorandum garage general automobiles

renault;1931.8

Yee tsoong tobacco distributors, limited;1931.12.12

Belting & leather products association, inc.;1932.12.22

R.p cave-brown (b.a.t. co(c)., ltd.);1933

Collateral;1934

Received;1934

法商利源洋行;1934.7.23

Essex motors, ing;1935.4.1

Army & navy club;1936.10

美亚保险公司赵伯秀和永行保险公司许立甫的业务信件往来;1938

Memorandum from ho lu yang hang robertson & rosier;1940

Tientsin north China;R.H. Chandler;1940.5.21

Memorandum from transcontinental mercantile co. importers & exporters;1941

Letter of credit on J. Henry schroder banking corp. crocker first national bank;1946

Cable received;1946.9.9

The kailan mining administration;1946—1947

Memorandum from edward nissim & co., ltd.;1947.12.4

The jardine engineering corporation, limited;1948

账本;1948

精华眼镜公司;美亚保险公司;1948.9

The national city bank of New York Tientsin branch;1949

Cav. dr. v. fumagalli;1949.11.30

Chartered bank;1949—1951

Employees' suggestion systems;华兴懋业公司;1950.5.3

美帝美国商业银行缴存外滩调换存单申请书;1950.6

友邦银行 汇交印花税票月报表;1951.2

Standard oil company of New York;1980

Hongkong;19…

American oriental banking corporation

Asia banking corporation Tientsin branch routine letter

James king

L.t. chen marine department

Memorandum the national city bank of New York Tientsin (1057)

S.i.e.o. Tientsin

Shanghai office

The American-oriental banking corporation

The texas company (China), ltd.

To the national city bank of New-York;Dr. Zeo. Kandl

美帝美亚保险公司主要华籍负责人;美帝美亚保险公司

美帝运通银行上海分行组织索引汇总名册

手稿

9. 图书

题名;责任者;出版时间

Minutes of the thirty-seventh annual

meeting of shareholders; Import Hotel; 1921.5.29

Cost of government 1923—1934; 1923—1934

Sterling into local currency; 1926

List of correspondents united states and territories, Canada, Mexico and Cuba; National Bank Of Commerce In New York; 1928

Dangerous and hazardous cargo usually imported into China: its nature and treatment; 1930

The uniform trusts; Banque D'Athenes; 1930

Lloyd's shipping index; 1930.11

The national city bank of New York including domestic and foreign office; The National City Bank; 1931.9.29

Lloyds shipping index; 1932

Minutes of the thirty-third annual general meeting; 1932

Thirty-third annual report American car and foundry company; American Car And Foundry Company; 1932.9.30

The national city bank of New York head office: 55 wall street; The National City Bank; 1933.11.30

Institute time clauses. steamers-free of damage absolutely; Astor House Hotel, Ltd.; 1934.9.25

Barclays bank (dominion, colonial and overseas) collection tariff and general information; National industrial conference board, inc.; 1934.12

Report of the China agency for the year ending; North-China daily news and herald, limited; 1934.12.31

The asiatic petroleum co., ltd.; 1940

国民政府公布; 1946.2

Company law of China; Chao-yuen c. chang; 1946.4.12

Manufacturers trust company New York; 1946.4.1

Manufacturers trust company New York; 1946.4.1

The office appliance; The Central Bank Of China; 1946.12

Minutes of an extraordinary general meeting of shareholders; 1947.10.2

Foreige exchange examination department; 1949

Round table on insurable values, co. -insurance and depreciation

The anglo egyptian bank limited

The manufacturers life

What is the best investment; Asia Realty Company

10. 电报

题名;责任者;出版时间

上海荷兰安达银行给天津美丰银行的业务电报; 1929—1930

大北电报公司; 1930

大北电报公司; 1930

伪天津美丰银行与上海伪美东银公司之间有关银行业务往来电报; 1932

美帝花旗银行业务函件北京往来电报(有译文)1937年(共二卷)第一卷7至9月份通过美帝海军电台…; 1937.7—9

电报 交通部天津电信局;1946

Merchants national bank of mobile 等单位有关进口代收等业务来往信件电报及各种票据;1947

中国人民银行上海市分行与美亚电报往来;1948

美帝美国商业银行业务(上海分行)总分行间来往电报;1948.7—1949.1

美帝美国商业银行上海分行发电报留底及给电报局信副本;1949.1

美帝美国商业银行上海分行业务电报;1949.2—5

美帝美国商业银行业务(上海分行)电报;1949.5—8

美帝美国商业银行业务(上海分行)电报;1949.6—12

美帝美国商业银行上海分行总分行电报往来;1949.10

美帝美国商业银行业务(上海)发给美国等单位的电报留底;1949.12—1950.12

汉口 **chung yuen hong** 电报、函件;1949—1950

美帝美国商业银行客户汇款电报;1950.3—12

美帝美国商业银行业务(上海)一般业务电报;1950.3—12

美帝美国商业银行上海分行寄送总行函件及电报确认清单;1950.5—12

美帝美国商业银行业务(上海)电报;1950.5—12

美帝美国商业银行美国总行发来业务电报;1950.9

美帝美国商业银行业务(上海)一般业务电报;1950.9—10

汇款业务电报;1950.10—1951.11

美帝美国商业银行上海分行与总分行、国外其他银行、各出口行关于信用证的函电报表;1950.10

美帝美国商业银行一般电报往来、总行与分行之间的日常往来;1950.12

电报;华北电信电话股份有限公司

电报 天津电信局

交通部电报局

太平洋商务电报公司

太平洋商务电报公司

天津电报局

中国电报

11. 其他

题名;责任者;出版时间

School exercise book;1915

LLoyd's shipping index;1916

Raven company;1917

The chartered bank of India, Australia & China;1917

Bank of New Zealand;1917—1950

Barclays bank, limited;1917—1950

Fire loss no.318;1917—1950

Hanvor file no.96 open policy no.60012;1917—1950

Letters trade mark;1917—1950

Midland bank, limited;1917—1950

Motor car loss Shanghai no.46/11;1917—1950

Motor car loss Shanghai no.48/74;

1917—1950

Motor car loss (Shanghai no.47/34);1917—1950

North China star co. Tientsin, China;1917—1950

Personal accident;1917—1950

The chartered bank of India, Australia & China;1917—1950

The chartered bank of India, Australia & China, Tientsin;1917—1950

The chartered bank of India, Australia & China, Tientsin;1917—1950

The chartered bank of India, Australia & China, Tientsin;1917—1950

The chartered bank of India, Australia & China, Tientsin;1917—1950

The chartered bank of India, Australia & China, Tientsin;1917—1950

The chartered bank of India, Australia & China, Tientsin;1917—1950

The chartered bank of India, Australia & China, Tientsin;1917—1950

The chartered bank of India, Australia & China, Tientsin;1917—1950

The chartered bank of India, Australia & China, Tientsin;1917—1950

The mercantile bank of India, ltd. Shanghai;1917—1950

The Tientsin land investment co., ltd.;1917—1940

伪美丰银行;1917—1940

渣打银行;1917—1950

渣打银行;1917—1950

中法实业银行购买北京东郊民巷区 Kruger 房地产的文件等;1917—1950

伪刘鸿记;柳江煤矿铁路公司;1918

B.T.C;1919

The whole world must be free;1919.9.12

Thirty-first annual report to stockholders;1919.12.31

American mail;1919—1940

Karatzas bros & company;1919—1936

Barclays bank (dominion, colonial and overseas). list of branches, telegraphic addresses and code ...;1920

Wayon export & import co. Tientsin;1921

天津中西公司合伙契约及证件等;1921

有关 China export Co.产业情况;1921.10.17—1931.2.23

American-oriental banking corporation;1921—1946

International general electric company;1921—1922

Tientsin general chamber of commerce;1921—1925

伪刘鸿记;柳江煤矿铁路公司;1921—1925

伪美丰银行;1921—1935

中国人民银行上海市分行;1921—1940

Bank holidays in China;1922

伪美丰银行;1922

What is the best investment;Union Trust Company;1922.3.10

Alicia;1922—1925

American oriental banking corporation;1922—1935

Mitsubishi bank, limited;1922—1948

United states court for China;1922—1923

该公司与 **Liggett & myers tobaoco co., ltd.**的业务信件/有关银行业务的临时收据、汇票单及内部备忘录等;1922,1932—1934

伪科发栾房资产负债表及地皮界限文件;1922,1925

Commercial pacific cable in connection with postal telegram;1923

International banking corporation;1923

New lead in gold vein at comstock mine discovered;1923

O.S. Lieu;1923

O.S. Lieu;1923

American manufacturing company of China;Fire Insurance Co.;1923.1.26

Hartford fire insurance co.;1923.2

伪刘鸿记;柳江煤矿铁路公司;1923.3—1935.7

Harriss & vose;1923.5.23

Aeronautical department Peking China;Garage Central;1923—1924

American-oriental banking corporation;1923—1930

Commission olu hou-ho;1923—1933

Endorsement No.48/1946;1923—1935

The China fooh sing tobacco co. Shanghai;1923—1929

The general conference treas. s.f. pannabecker mennonite mission chairman h.j. brown k'ai chow, hopei ...;1923—1924

Union watch co.;1923—1950

Winding furrows promote farm progress;1923—1924

伪刘鸿记;柳江煤矿铁路公司;1923—1937

伪美丰银行与比利时驻沪领事馆、伪上海商业储蓄银行业务往来;1923—1935

永兴洋行;1923—1931

Asia banking corporation;1924

British-American tobacco company (China), limited;1924

Irving investors management company, inc.;1924

Irving trust company;1924

Letter of subrogation;1924

Oriental product trading co. Shanghai;1924

Racine & cie.;1924

The asia banking corporation;1924

伪刘鸿记;柳江煤矿铁路公司;1924

Van reekum paper;1924.1.29

有关客户遗产处理;1924.1.8—3.18

Globe and butgers fire insurance company New York Shanghai office;1924.2.9,1925.2.9

Lee hsin;1924.11.28

The first national bank of boston;1924.11.26

Private & confidental;Old Colony Trust Company Boston;1924.12.31

American oriental banking corporation;1924—1940

American-oriental banking corporation;1924—1948

American-oriental banking corporation;1924—1948

American-oriental banking corporation;

1924—1948

American-oriental banking corporation; 1924—1948

American-oriental banking corporation; 1924—1948

American-oriental banking corporation; 1924—1948

American-oriental banking corporation; 1924—1948

American-oriental banking corporation; 1924—1948

American-oriental banking corporation; 1924—1948

American-oriental banking corporation; 1924—1948

American-oriental banking corporation; 1924—1948

American-oriental banking corporation; 1924—1948

American-oriental banking corporation; 1924—1948

Foreign leases investigation; 1924—1926

Liddell bros & co., ltd. Shanghai, Tientsin and Hankow; 航空署；1924—1949

The American-oriental banking corporation; 1924—1926

The chase bank; 1924—1929

The kailan mining administration; 华业洋行；1924—1929

The north China daily mail; 1924—1926

法帝中法工商银行天津分行——来往业务函件; 法帝中法工商银行天津分行；1924—1935

伪美丰银行; 1924—1935

Etablissements brossard-mopin; 1925

Hopkins, dunn & co., ltd., nee tai shing, tung-ka-doo south wharf; 1925

List of colonial and foreign marine agents; 1925

The American-oriental banking corporation Tientsin; 1925

The association of appointed banks; 1925

The great northern telegraph company; 1925

The kailan mining administration; 1925

The sunlight trading co. Tientsin; 1925

The Dermata rubber estate, limited-directors report and statement of accounts; 1925.1.22

The far eastern insurance company, limited Shanghai; 1925.1.29—4.30

苏州鸿生火柴公司业务函件往来; 1925.1

The chemor united rubber company, limited director's report and accounts; 1925.3.17

Frazar, fed., inc., U.S.A., Tientsin; 1925.6

Received messrs. e.a. pierce & co., San Francisco; 1925.7

Schedule; 1925.7.8

Copy bryner & co. no.963; 1925.9—10

Union trust company; F.B. Tedford；1925.9.19

China commercial advertising agency, ltd.; 1925.10.21

Import-export; 1925.10—11

Hai ho improvement loan 1929; 1925.11

The American exchange-pacific national bank;1925.12.31

The American-oriental banking corporation;1925.12.28

American-oriental banking corporation;1925—1933

Balance sheet as at 31st December 1932;Banque Franco-Chinoise;1925—1941

Shanghai philatelic society;1925—1940

The American-oriental banking corporation;上海美丰银行;1925—1926

The chartered bank of India, Australia & China;1925—1928

伪刘鸿记;柳江煤矿铁路公司;1925—1937

伪美国驻华法院有关外侨财产问题信件和授权书等;1925—1933

杂项单据共 3 本;1925—1934

Advertising rates;1926

American-oriental banking corporation;1926

Bank of America;1926

Deutsche bank;1926

Memorandum H. wasser;1926

Nederlandsch indische handersbank, swatow;1926

The astor house, ltd.;1926

The China & south sea bank, limted;1926

The merchants national bank;1926

Union trust company;1926

Yu chung imp. exp. prod. co., Tientsin;1926

伪美丰银行收集情况;1926

中国第一毛绒厂;1926

Monthly letter the American exchange-pacific national bank New York;1926.1.1

The all-russia tea trust 授权书;Equitable eastern banking corporation;1926.1.11—12.28

美帝花旗银行秘书类孟买伦敦纽约天津汉口大阪马德里与北京通函信件内容有关印度金融币值情况天津存款透…;1926.1—12

American asiatic underwriters;Hongkong branch;1926.2.24

E.w. frazar & company;1926.4.19

The bank of American;1926.7.15

Loss receipt;费雨幕特大律师事务所;1926.12.26

American asiatic underwriters;1926—1950

American exchange irving trust company;1926 1928

American-oriental banking corporation;1926—1930

General miscellaneous instructions;1926—1928

The chartered bank of India, Australia & China;1926—1940

The chartered bank of India, Australia & China, Tientsin;1926—1928

The chase bank;1926—1949

The english, scottish & Australian bank, ltd.;天津中南银行;1926—1938

Union trust company;1926—1928

伪美丰银行;1926—1935

伪美丰银行 1926 年至 1931 年业务文件;1926—1931

Asia banking corporation; 1927

Asia banking corporation; 1927

Asia banking corporation Tientsin; 1927

Asia banking corporation Tientsin; 1927

Chartered bank of India, Australia & China; 1927

Hankow (u.s. radio); 1927

J. gully & co. export-import Tientsin; 1927

Savings societies under a ban; 1927

The chinese telegraph administration; 1927

Union trust company; 1927

Union trust company; 1927

苏州鸿生火柴公司扩建厂房; 1927

The capital national bank and trust company of New York; 1927.1.15

Bank of communications …; 1927.2.18—1928.12.26

United nations activities of the war era — IV; J.G. Thomson; 1927.2.15

Irving trust company; 1927.4.15

Invisible trade barriers; 1927.9.10

All union textile syndicate 授权书; 1927.10

Asia banking corporation Tientsin branch; Asia Banking Corporation; 1927.10.6

Mrs. e.g. hemmings; 1927.10.17

Received mail department; The nation city bank of New York; 1927.10.8

American exchange irving trust company; 1927.12.31

A.a.u. makine loss dept; 华比银行; 1927—1941

American asiatic underwriters; 1927—1950

American asiatic underwriters; 1927—1950

Bank of America; 1927—1928

Despatched messrs. e.a. pierce & co., San Francisco; 1927—1928

Equitable banking corporation; 1927—1946

Henri bee Tientsin; Banque France-Chinoise; 1927—1930

Remittance schedule; 1927—1947

The italian bank China; 1927—1929

The charter bank of India, Australia & China; 1927—1935

The national city bank of New York; 1927—1939

The national city bank of New York; 1927—1940

The national city bank of New York; 1927—1940

The national city bank of New York …; 1927—1933

To the American-oriental banking corporation dr.; 1927—1931

伪美丰银行; 1927—1928

伪美丰银行; 1927—1930

A/P No.470 ta hwa trading co., Tientsin; 1928

Asia banking corporation; 1928

Bank of Hawaii; 1928

Chartered bank, Tientsin; 1928

Export import board import quota allocation dept; 1928

Pacific national bank; 1928

The American-oriental banking corporation; 1928

The American-oriental banking corporation, Tientsin; 1928

The American-oriental banking corporation, Tientsin; 1928

The American-oriental finance corporation; American international underwriters; 1928

The financial news; 1928

The national city bank of New York; 1928

Union trust company; 1928

Union trust company of rochester; 1928

大通银行; 1928

法商汇源信托银行; 1928

上海美丰银行与天津中国银行往来文件; The American-oriental banking corporation; 1928

List of conditions of the bank of italy national trust & savings association; 1928.1.27

Pacific national bank; 1928.4—1931.5

Memorandum; 1928.5

Union trust company foreign department; Union Trust Company; 1928.6.26

Kaye mcdavitt scholar; 1928.8

American trust company; 1928.10

American oriental banking corporation; 1928—1935

Belgian brick factory; 1928—1929

Charles ley; 1928—1929

D. beraha & stetten; 生昌公司; 1928—1929

Eastham & dawid, Tientsin; 1928—1931

Equitable eastern banking; 大通银行; 1928—1947

Hansen & company, messrs ulf.; American Aisatic Underwriters; 1928—1933

Robertson & rosier exchange brokers; 1928—1931

The chartered bank of India, Australia & China; 1928—1929

The chartered bank of India, Australia & China, Tientsin; 1928—1931

The national city bank of New York; 1928—1939

The national city bank of New York; 1928—1939

Tsingtao 28 kungs & co.; 1928—1936

法帝中法工商银行天津分行; 1928—1953

伪大来银行、伪道一银行、伪德西银行、伪德冈银行等签字印鉴样本; 伪美丰银行; 1928—1931

伪刘鸿记毛纺杂件; 1928—1949

伪美丰银行业务文件及资产负债表; 伪美丰银行; 1928—1932

Affaires commerciales diverses; 1929

American asiatic underwriters; A.B. Park; 1929

American express company; 1929

American-oriental banking corporation; 1929

American-oriental banking corporation; 1929

American-oriental banking corporation; 1929

Asia banking corporation;1929

Chin chang native bank;1929

General instructions;1929

Irving trust company;1929

Midland bank, limited;1929

North China motors corporation;1929

Robert smith company (China), limited;1929

S.I.E.O.;1929

The office appliance co.;1929

美亚与天津分行业务函件;1929

伪美丰银行与伪花旗银行汉口分行往来文件;1929

有关 Necada consolidated copper 公司的公司简介;1929

章华毛绒纺织公司;1929

Central union trust company of New York;1929.2.15

Irving trust company;1929.6.29

Ta hwa trading companty;Asia Banking Corporation;1929.6.28

Central hanover bank and trust company;Office Signatures;1929.7.10

Progress trading co.;1929.7.1

Manufacturers trust company;1929.8.19

Equitable eastern banking corporation;1929.10.3—1931.3.25

Chartered bank of India, Australia & China;Consulat de reance a han-k'eou;1929.11

The American-oriental banking corporation;Banque Franco-Chinoise;1929.11.15

关于 L.R. ball 遗产执行文件;The Chase Bank;1929.11.8—1933.4.21

New York rates. nar risk;1929.12

伪刘鸿记;贾汪煤矿公司;1929.12—1930.3

伪刘鸿记;贾汪煤矿公司;1929.12—1930.3

1929 年至 1930 年上海 Maion Anica 的存款对照表 1930 年伪美丰银行的业务文件;伪美丰银行;1929—1930

American asiatic underwriters;1929—1951

American asiatic underwriters;1929—1951

American asiatic underwriters;1929—1951

American asiatic underwriters;1929—1951

American asiatic underwriters;1929—1951

American asiatic underwriters;1929—1951

American asiatic underwriters;1929—1951

American asiatic underwriters;1929—1951

American asiatic underwriters;1929—1951

American asiatic underwriters;1929—1951

American asiatic underwriters;1929—1951

American asiatic underwriters;1929—1951

American asiatic underwriters;

1929—1951

American asiatic underwriters; 1929—1951

American asiatic underwriters; 1929—1951

American asiatic underwriters; 1929—1951

American asiatic underwriters; 1929—1951

American asiatic underwriters; 1929—1951

American asiatic underwriters; 1929—1951

American asiatic underwriters; 1929—1951

American asiatic underwriters; 1929—1951

American oriental banking corporation; 1929—1931

Crocker first national bank of San Francisco; 1929—1930

International savings society; 1929—1931

International assurance company, limited; 1929—1938

Manufacturers trust company; 1929—1932

Marine correspondence file (eggs); 1929—1940

Oppenheimer casing co.; Banque Franco-Chinoise; 1929—1941

S.s. "tangshan maru" v12; 1929—1931

The American-oriental banking corporation; 1929—1933

The chartered bank of India, Australia & China, Tientsin; 1929—1946

The national city bank; 1929—1934

The national commercial bank, limited; 1929—1934

The patriotic assurance co., ltd.; 1929—1930

The underwriters bank, inc.; 1929—1951

美亚保险; 1929—1951

伪美丰银行; 1929—1932

伪美丰银行 3101876; 1929—1932

香港广东银行等资料文件; 1929—1934

The eastern extension Australasia & China telegraph company, limited; 1929.8, 1927—1929

American express company; 1930

American oriental finance corporation; 1930

American-oriental banking corporation; 1930

American-oriental banking corporation; 1930

Asia realty company; 1930

Hopkins, dunn & co., ltd. nee tai shing, tung-ka-doo south wharf; 1930

Insurance company of north America philippine branch; 1930

Pacific national bank; 1930

Religious influences everywhere evident in U.S. Armed forces; 1930

Report of the board of directors to the shareholders; 1930

Strictly privite and confidential; 1930

The American general conference mennonite mission of north America; 1930

Tientsin race club list of resident

members;1930

伪美丰银行;1930

西贡代理处船只保修条例;1930

Union insurance society of canton, ltd.;American Asiatic Underwriters;1930.12

American-oriental finance corporation;1930.1—2

Mid month review of business irving trust company;1930.2.18

Cancellation advice;1930.3.27

Yee tsoong tobacco distributors, limited;1930.3.3

1930年6月伪美丰银行与伪普益银公司(旧金山)之间关于利润、推荐职工的往来业务文件及简报等;1930.6

Please return to marine manager's office marine dept. manager's file;1930.6

向伪普益地产公司要求工作的申请书;伪美丰银行;1930.6—1931.9

Bitterness grows in soviet russia over cer notes;1930.7

The national commercial bank, ltd.;1930.7

Pacific national bank;1930.8.19—11.29

American trust company;American Trust Company;1930.9.9

Manufacturers trust co., New York;1930.9.10

U.A.C.;1930.9.17

Crooker first national bank;向伪美丰银行申请贷款单;1930.10—12

Municipal notification;Mr. J. Warner Brown;1930.10.8

Raven trust company, limited power of attorney;1930.11.8

The report and balance sheet;Frazar, Federal Incorporated, U.S.A.;1930.12.31

American asiatic underwriters;1930—1933

American asiatic underwriters;1930—1948

American asiatic underwriters;1930—1931

American oriental banking corporation;1930—1931

American oriental banking corporation;1930—1933

Felix j. simon;1930—1934

Manufacturers trust company;1930—1934

Manufacturers trust company;1930—1939

National city bank of New York;1930—1941

Power of attorney to whom it may concern;日耀洋行;1930—1948

The American-oriental banking corporation;上海美丰银行;1930—1931

The China state bank;1930—1948

The gold standard;1930—1931

The national city bank of New York;1930—1933

The national city bank of New York;1930—1941

The underwriters bank, inc.;Charles S. Miner;1930—1949

法帝中法工商银行天津分行业务函件;1930—1943

美亚马尼剌行与上海行业务函件;

1930—1933

伪福建美丰银行内部业务信件及空白表格;1930—1949

伪美丰银行;1930—1934

伪美丰银行;1930—1936

伪美丰银行(上海总行与天津支行之间的来往信件);1930—1933

业务综合清单;法帝中法工商银行天津分行;1930—1937

与各银行往来文件;American Asiatic Underwriters;1930—1932

1931年向伪美丰银行申请贷款单;向伪美丰银行;1931

Allman & co.;1931

American consular service;1931

American international underwriters;1931

American oriental banking corporation;1931

Far eastern sales corporation;The American-Oriental Banking Corporation;1931

Telegram (bank of America);1931

The central bank of China;1931

The chartered bank of China;1931

The national city bank of New York;1931

The national city bank of New York 55 wall street;1931

美亚与中国海关来往文件;1931

签订海河公债承销合同纪念;中法工商银行;1931

中法工商银行签订海河公债承销合同纪念;1931

上海美丰银行业务文件;1931.3—1933.11

伪美丰银行所传伪普益银公司等单位的头目所召开的关于研究雇佣职员、营业计划等问题的会议记录...;1931.4.15—10.7

Builders' Risk Clauses;1931.5.1

Pacific national bank;1931.5.2

Telegraphic confirmation pacific national bank;1931.5

伪纽约 Equitable eastern banking corporation 的签字样本;伪美丰银行;1931.5

邮政储金汇业局贷借对照表;1931.6.30

Private and confidential. bank of China;1931.7.28

有关 J. Gully(洋商)公司的情况;1931.8—1937.10

Budick, florck & company;1931.11.16

All particulars as to marks nos etc must be inserted;1931.12.23

Chung hsing commercial co., ltd.;1931.12.26

Asia realty company;1931—1932

Letters trade mark;1931—1932

Peiping foreign exchange bankers association;John I. Waldron;1931—1947

The central bank of China;1931—1932

The chase bank;1931—1950

The united export co.;1931—1932

伪美东银公司为证券问题给普益银公司的文件,美东银公司的股票、财政情况;伪美丰银行;1931—1934

伪美丰银行;1931—1933

伪美丰银行;1931—1935

伪美丰银行;1931—1935

伪上海大通银行业务文件;伪美丰银行;1931—1932

American-oriental banking corporation;1932

American-oriental banking corporation;1932

Letters trade mark;1932

Marine manager's office marine dept. manager's file;1932

North China export produce company;1932

Please return to marine manager's office marine dept. manager's file;American Asiatic Underwriters;1932

The American-oriental banking corporation;上海美丰银行;1932

关于上海美国学校会议记录;1932

万国储蓄会;1932

伪美丰银行;1932

伪美丰银行;1932

The Yokohama specie bank, ltd.;亨茂汽车公司;1932.1—1932.8

Marine manager's office marine dept. manager's file;1932.2.21—11.16

法帝中法工商银行天津分行;1932.2—1947.4

Lt smith banintamer San Francisco;K116;1932.3.14

遗产证书;1932.3.17

The national city bank of New York (france);1932.5

与 first national bank of Seattle 往来文件;The American-oriental banking corporation;1932.5

Cable instructions;共益公司;1932.7.21

A. pierce & co. San Francisco;1932.8

The American-oriental banking corporation;1932.8.11

Pine the tree that grows money;1932.9.20

Customs memorandum;1932.12.31

The union trust company of rochester;1932.12.31

中央公司工程部;1932.12

Manufactures trust company;1932—1933

Marine correspondence file (newchang rate);1932—1936

Please return to marine manager's office marine dept. manager's file;1932—1933

Shanghai financial guild;1932—1933

Shipping specification from henry hope & sons, ltd.;1932—1947

The bank of california;1932—1934

The chartered bank of India, Australia & China, Tientsin;1932—1936

The national city bank of New York;1932—1933

The Yokohama specie bank, ltd.;1932—1933

客户授权书;1932—1933

上海 Macksoud importing co.对照表及业务信件;伪美丰银行;1932—1934

伪美丰银行;1932—1933

伪美丰银行;1932—1934

伪美丰银行有关股票、证券、存款的方面的业务摘记;1932—1935

American asiatic underwriters;1933

American oriental banking corporation;1933

Chartered bank; R.W. Squires; 1933

Chinese government state lottery; 1933

Dr. to the north-China daily news & herald, ltd. (proprietors of the "north-China daily news"); 1933

Haskins & sells certified public accountants; American-oriental banking corporation; 1933

International assurance company; 1933

Strictly private and confidential; 1933

The American-oriental banking corporation; 1933

The American-oriental banking corporation; 1933

The national city bank of New York; 1933

白色兄弟洋行; 1933

美丰银行; 1933

普益信托公司在股票方面与股票持有者的往来业务文件; 1933

伪汇丰银行信件 伪上海服务公司资产负债表; 1933

伪美丰银行(1933 年伪美丰银行与伪鲁麟洋行有关业务的往来信件); 张根桥; 1933

向伪美丰银行申请贷款单; 1933

与普益地产公司资金运转报告; 美丰银行; 1933

Starr park & freeman, inc.; 1933.1.1—12.31

The American-oriental banking corporation; 1933.1

The fukien bank; 1933.1.1

First national bank of Seattle; W.C. Phillips; 1933.2.1

Lloyds & national provincial foreign bank, limited; 1933.2—1938.9

Mr. n. Yakoonnikoff; 1933.2.3—4.29

The chase bank affiliated with the chase national bank of the city of New York; 大通银行; 1933.2.12

Lloyd's shipping index voyage supplement; 1933.5.19

正昌烟公司; Karatzas bros. & co.; 1933.5.22

American chamber of commerce; 1933.7

American-oriental banking corporation 7-m4 Shanghai; 1933.7—10

The Hongkong and Shanghai banking corporation; Nation City Bank Of New York; 1933.7.16

Roosevelt warns labor, industry; 1933.8.17

The cathay kand co., ltd.; Banque Franco-Chinoise; 1933.9.30

Budget deficit confronts paris; 1933.10.9

Crowds see new plant of bakerite company, sample its dainties; 1933.10.1

Govt. ownership of u.s. railways favoured; 1933.10.14

John h. mateumoto 遗产证书; 1933.11.25

John j. waldron; 1933.11.18

The union trust company of Rochester; 1933.12

American asiatic underwriters; 1933—1937

American asiatic underwriters; 1933—1939

American asiatic underwriters fed., inc., U.S.A.; 1933—1934

American asiatic underwriters federal inc., U.S.A.;1933—1934

Application for commercial letter of credit;1933—1934

Da lung trading corporation;1933—1934

Midland bank, limited;1933—1934

R.t. co. trustee no.112 - l - 11;1933—1934

The American-oriental banking corporation;1933—1934

The American-oriental banking corporation 7-m4;1933—1934

The chase bank;1933—1950

The chase bank;1933—1950

The chase bank;1933—1950

The chase bank;1933—1950

The chase bank;1933—1950

The chase bank;1933—1950

The chase bank;1933—1950

The chase bank;1933—1950

The chase bank;1933—1950

The chase bank;1933—1950

The chase bank;1933—1950

The chase bank;1933—1950

The chase bank;1933—1950

The chase bank;1933—1950

The chase bank;1933—1950

The chase bank;1933—1950

The chase bank;1933—1950

The chase bank;1933—1950

The chase bank;1933—1950

The thriftcor bank statement of condition;1933—1935

The underwriters bank for the far east, inc.;1933—1941

案卷号 1638;1933—1935

上海商业储蓄银行;1933—1935

天津总商会通画;1933—1941

伪美丰银行;1933—1934

伪美丰银行;1933—1934

伪美丰银行;1933—1935

伪美丰银行;1933—1935

伪美丰银行;1933—1935

1933 年至 1935 年有关 Allis Chalmer 公司业务情况部分剪报;1934

Adjustment of particular average on ship;1934

British chamber of commerce;1934

The association of appointed banks in Tientsin;1934

The chase bank;1934

The Shanghai chemical laboratory;1934

伪美丰银行;1934

伪美丰银行 1934 年贷款申请书和有关业务信件,申请贷款者:天津 Chen Chee & Co.;伪美丰银行;1934

伪美丰银行的业务文件;1934

中央信托公司退票理由单;1934.1.10

China-America council of commerce and industry, inc.;1934.2.11

Grand hotel;1934.7.3—9.27

Power of attorney;Banque Belge Pour L'gtranger, Limited;1934.7.1

The American-oriental banking corporation;上海美丰银行;1934.7.16

School composition book;1934.8.31

Memorandum garage central automobiles renault & peugeot;Bryner & Co.;1934.9.20

Memorandum;1934.11.20

Withdrawal of blocked funds;美商华美洋行;1934.11.17

1934 年至 1935 年关于 packzad moton can co.剪报;陈梅君;1934—1935

American asiatic underwriters;1934—1939

Globe and butgers;1934—1948

Brainard & black;倍来亨洋行;1934—1935

Foreign department wells fargo bank & union trust co.;The Chase National Bank;1934—1947

Irving trust company;士潘三和土制造有限公司;1934—1941

Manufacturers trust company;John L. O'Halloran;1934—1940

Reliable furrier, peiping;1934—1935

The chase bank;1934—1949

The chase bank;1934—1949

The chase bank;1934—1949

The chase bank;1934—1949

The chase bank;1934—1949

The chase bank;1934—1949

利孚洋行;1934—1935

利孚洋行;1934—1935

中法工商银行;1934—1938

American oriental banking corp.;1935

American-oriental banking corporation;1935

Closed yishinh pao;1935

The kailan mining administration;1935

The office appliance;1935

伪美丰银行;1935

伪美丰银行;1935

伪美丰银行 1935 年贷款申请书和有关业务信件,申请贷款者:天津亨茂汽车公司;伪美丰银行;1935

伪美丰银行关于内部业务往来便笺;1935

Inventory of house furniture;1935.1.21

China national insurance co., ltd.;中国天一保险股份有限公司;1935.2.28

A.o.f.c. scrip;1935.3.1

Chartered bank, Tientsin 往来文件;1935.4—12

For each soldier the right job;1935.4.8

The Shanghai commercial & savings bank, ltd.;1935.4.1

伪美丰银行;1935.4

Humphreys estate and finance;1935.5.16

The chase bank;1935.8—1947.8

American asiatic underwriters federal inc., U.S.A.;1935.9—10

Telegrams received from Tientsin;1935.9.30

Wells fargo bank and union trust company;Bank of China Tientsin;1935.11—1936.2

American asiatic underwriters;1935—1937

American asiatic underwriters;1935—1938

American express company；1935—1937

Everett steamship corporation；City National Bank and Trust Company；1935—1946

Sondovitch bros.，inc.，Tientsin；1935—1942

Statement of claim；正昌烟公司；1935—1936

The chartered bank of India，Australia & China，Tientsin；1935—1947

The chase bank；1935—1936

The continental bank；1935—1936

The national city bank of New York；1935—1936

The national city bank of New York；1935—1941

Tientsin club；1935—1940

To h.e. the mayor of Tientsin，Tientsin；1935—1947

备忘便条；1935—1950

签字图章样本；中孚银行；1935—1945

天津英商和记洋行；1935—1940

中法工商银行；1935—1948

A.a.u. marine department；1936

American international underwriters；1936

American radiator & standard corp.；1936

Corporate resolutions；1936

Foreign trade（2）；1936

The chartered bank of India，Australia & China，Tientsin；1936

The national city bank of New York；1936

Tientsin municipal electric enterprises new company；1936

Tientsin municipal electric enterprises new company；1936

火险，保险部备忘录（国际四海保险公司保险业务）；1936

刘鸿记支出传票；1936

上海毛绒纺织公司；1936

杂件；1936

Bank premises file；1936.2.20

Chartered bank of India，Australia & China；Societe generale；1936.2—1946.10.12

Telegrams despatched to Tientsin per mail of 12th Feb.1936；1936.2.19

Telegrams received from Tientsin for mail of 20th February 1936；1936.2.12

Wilbur-ellis company，San Francisco，calif；1936.5.20—1946.10.11

The association of appointed banks rules and by-laws；1936.7.5

E. birdsall & co.；1936.9.16

No.134 marine department hull；1936.9—1937.9

Private & confidential；Banque Franco-Chinoise；1936.9.10

S.i.e.o peiping immeuble shao chiu hutung；1936.11.17

American asiatic underwriters；1936—1947

American express company，inc.；1936—1941

Bryner & co. China；Banque Franco-Chinoise；1936—1938

Chartered bank of India，Australia & China；1936—1940

Financial statement；1936—1937

Fook tai & co.预定保险单;1936—1940

International savings society;1936—1943

Irving trust company;1936—1937

National bank of commerce in New York;1936—1941

Protector co., inc.;1936—1940

The American international underwriters;1936—1940

The chase bank;1936—1949

The joint savings society;Nederlandsch Indische Handelsbank;1936—1941

The national city bank of New York;1936—1946

Thos cook;1936—1937

各银行与美亚保险公司业务函件往来查阅;1936—1940

美亚保险公司电文及轮船有限公司船只保险;1936—1949

天津敦华银行;1936—1941

与烟草和纺织等公司往来文件;Chartered bank of India, Australia & China;1936—1942

中法工商银行;1936—1946

American asiatic underwriters;1937

American international underwriters corporation;1937

Commodities handled;1937

Compex corporation. New York;1937

Copy of clipping from the local newspaper-central China post;1937

Gendai & sons, Shanghai;1937

Irving trust company;Irving Trust Company;1937

Midland bank, limited overseas branch;M. Chardy;1937

New York claim no.aa01291/3;1937

The central bank of China;1937

The central bank of China;1937

The chartered bank of India, Australia & China;1937

The chartered bank of India, Australia & China;1937

The chase bank;1937

Underwriters savings bank;1937

外港条约(**outport treat**)(**matthews, wrightson & co., ltd.**);1937

香港大通银行与上海大通银行业务函件往来;1937

中法工商银行;1937

资源委员会保险事务所;1937

Marcus silverberg;1937.1.5—1939.10.29

Underwriters savings bank;1937.1.12—1941.7.15

香港大通银行与上海大通银行业务往来;1937.1—3

Chase national bank;1937.2.25

The underwriters bank for the far east, incorporated;1937.2.27

中央信托局保险部;1937.4.26

American asiatic underwriters;1937.5

The chartered bank of India, Australia & China;1937.5.19

The national city bank of New York (往来文件);The chase bank & Chartered bank of India, Australia & China;1937.5—6

NO.153 marine department;1937.7.9—

1938.7.10

Underwriters savings bank for the far east, inc.;1937.7.10

北京包东公司与中国实业银行来往信件;1937.7—1947.6

超过赔偿范围之外的公司担保;美国国际保险公司;1937.7

浙江实业银行中文印鉴样本 补充第二号;1937.7.15

同上;Paul Muller;1937.7.25

The chase bank;1937.8—1947.5

Assurance franco-asiatique;1937.11

The russian view of the post-war world;1937.11.27

Underwriters savings bank for the far east, inc.;Underwriters Savings Bank;1937.12.4

A.I.U. corporation swiss reinsurance co.;1937—1938

American asiatic underwriters;1937—1942

American asiatic underwriters;1937—1948

American oriental finance corporation;1937—1950

Lloyd's shipping index;1937—1938

Marine loss no.8914;1937—1939

Marine loss no.39 - 431;1937—1940

Motor car loss;1937—1939

No.155 marine department hull;1937—1938

Poling & co. of China, swatow;1937—1947

Swan, cnlbertson & fritz;渣打银行;1937—1941

Tai shan insurance co., ltd.;1937—1938

Tai shan insurance co., ltd.;1937—1940

The chartered bank of India, Australia & China, Tientsin;1937—1946

The national city bank of New York peiping;1937—1941

The Shanghai development co., ltd.;1937—1941

法帝中法工商银行;1937—1938

美亚天津办事处函件;1937—1938

通甲汽车公司业务函件、预定保险单;1937—1941

中法工商银行;1937—1939

A/P J lerman & co. tentsin;1938

American asiatic underwriters;1938

American asiatic underwriters;1938

American asiatic underwriters;1938

American asiatic underwriters;1938

Asia banking corporation Shanghai;1938

Circular No.566;1938

Copy of telegram received by American asiatic underwriters;1938

Marine loss no.9116;1938

Marine loss no.9911;1938

National city bank of New York;1938

National commercial bank specimens of Authorized signatures;1938

New home of california bank los angeles;1938

No.154 marine department hull;1938

Shanghai fire insurance association;1938

The chase bank;1938

The national city bank of New York;1938

Underwriters adjustment company;保险审估公司;1938

大通银行;1938

美亚关于水、火、汽车等预算、律师费、香港处赔偿与调整;1938

有关 Eleanor meadegibson 遗产执行文件;1938

American asiatic underwriters;1938.1.17

Hai ho conservancy board Tientsin conversion loan;1938.1

香港、上海大通银行之间业务往来;1938.1

H.a. hansen China co., ltd. Peking;1938.3

The national city bank of New York;1938.3—5

American asiatic underwriters;1938.4—1942.6

Memorandum of insurance effected by sedgwick, collins & co., limited;Sedgwick, Collins & Co., Limited;1938.5.31

American union bank;1938.7

J. gully & co.;Banque Franco-Chinoise;1938.7.10

Notification no.mou 1;1938.7.22

Tai shan insurance co., ltd.;1938.8.26

Manufacturers Trust Company Statement Of Condition;1938.9.30

The chase bank Hong Kong;The Chase Bank;1938.9.22

Please return to marine managers office marine dept. manager's file;1938—1050

The chartered bank of India, Australia & China;1938.10.22

The Italian bank of China;1938.10.22

The "neuchateloise" swiss general insurance company ltd. deuchatel;1938.11—12

Work sheet for reimbursements of marine losses;1938.12.8

American asiatic underwriters;1938—1941

American asiatic underwriters;1938—1941

American asiatic underwriters;1938—1949

American international underwriters;1938—1947

Eduard meyer & co.;1938—1940

Hu ning king hsin perak;1938—1940

J. henry schroder banking corporatiion;1938—1939

Louis dreyfus & co., (overseas) ltd.;1938—1946

Motor car loss receipt;1938—1939

Pacific lighting corporation;1938—1939

Tentacle Tientsin;1938—1939

The bank of America;1938—1939

The chartered bank of India, Australia & China;1938—1947

The chartered bank of India, Australia & China, Tientsin;1938—1953

The chase bank;1938—1947

The chase bank;1938—1948

The mercury press federal inc., U.S.A.;Banque Franco-Chinoise;1938—1940

The underwriters bank; 1938—1947

美帝花旗银行德帝鲍赓才公司专案; 1938—1940

有关花旗银行的业务; 1938—1939

Acco bindor folder; 1939

American asiatic underwriters; 1939

American asiatic underwriters; 1939

American asiatic underwriters; 1939

American asiatic underwriters; 1939

American international underwriters; 1939

Economic insurance company; 1939

International assurance company, limited; 1939

J. henry schroder banking corporation; 1939

K.k. tse 12 - 14 queen's road central Hongkong; 1939

Kying tsang press; 1939

Marine loss no.39 - 712; 1939

Marine loss no.39 - 720; 1939

Marine loss no.39 - 721; 1939

Marine loss no.39 - 728; 1939

Memorandum; 1939

Messers. union fire & marine ins., co.; 1939

Nichils Chinese rugs; 1939

Please return to a.a.u. marine department Hongkong branch policies; 1939

The chartered bank of India, Australia & China, Tientsin; 1939

The farmers and merchants national bank; 1939

The federal insurance company; 1939

The irving trust company; Banque Franco-Chinoise; 1939

Work sheet for reimbursements of marine loss; 1939

水险遇险报告书; 1939

四海产物保险公司预定保险单等; American Asiatic Underwriters; 1939

中法工商银行; 1939

中法工商银行; 1939

Etablissements brossard mopin; 1939.1

Fire 1st surplus treaty taishan insurance company firemen's insurance company; 1939.1.1—1942.1.19

Karatzas bros & co.; 1939.3.30

中法工商银行和中南银行往来文件; 1939.5—1942.9

American asiatic underwriters; 1939.6

Manufacturers trust company; 1939.6.21—1940.7.5

托收票据; The Chase Bank; 1939.6

The central bank of China; 1939.7.26

American asiatic underwriters federal inc., U.S.A.; American Asiatic Underwriters; 1939.10.26

American international underwriters; 1939.10.16—1940.6.15

Chartered bank of India, Australia & China; 1939.11—1940.1

V. bazarsky & co. Tientsin; The Chase National Bank; 1939.12.7—1946.5.31

American asiatic underwriters; 1939—1940

American asiatic underwriters; 1939—1941

American asiatic underwriters; 1939—1948

American asiatic underwriters; 1939—1948

American asiatic underwriters; 1939—1951

Copy of b/c from 1938—1940; 1939—1941

Eastern engineering works; 1939—1941

File no.54 daily suppliers; B. Rocklin & Co.; 1939—1941

For chong company; 1939—1940

Marine loss no.39 - 438; 1939—1940

Marine loss no.39 - 697; 1939—1941

Minutes of the first meeting of the operating committee; 1939—1946

North America companies; 1939—1946

Shanghai and Hongkong banking corporation; 1939—1947

Statement of claim; 1939—1941

Tai shan insurance co., ltd.; 1939—1941

Tai shan insurance co., ltd.; 1939—1940

The national city bank of New York; 1939—1947

The national city bank of New York; 1939—1948

The national city bank of New York Tientsin; 1939—1947

The underwriters bank; 1939—1946

Tientsin navigation co., ltd. Tientsin; 1939—1940

Union insurance society of canton, ltd; 1939—1941

天津久安信托有限公司函; 1939—1941

A/P NO.382 bulling & co. Tientsin; 1940

American asiatic underwriters; 1940

Bihowsky bros. & shick; 1940

Copy of telegram received by American asiatic underwriters; 1940

Grossman & weissman cashier's file; 1940

Imperial bank of India specimen signatures of officers authorised to sign the bank's letters of c ...; Wendell Willkie; 1940

Insurance company of north America; 1940

Insurance company of north America; 1940

Insurance company of north America; 1940

International assurance company; 1940

Irving trust company; 1940

Irving trust company; 1940

Irving trust company one wall street New York; Irving Trust Company; 1940

Marine loss no.400823; 1940

No.189 marine department; 1940

Power of attorney; 1940

Private file NO.1034; 1940

Remarks or specimen; 1940

The American oriental banking corporation; 1940

The chase national bank New York; 1940

The hotung land co., ltd.; 1940

The national city bank of New York; 1940

百禄洋行; 1940

北平中孚银行; 1940

大通银行;1940

美帝花旗银行;1940

泰山保险股份有限公司;1940

中法工商银行与中南银行往来文件;1940

中法工商银行与中南银行往来文件;1940

Shanghai schedule no.3;1940.1.31

法帝中法工商银行天津、北京、上海各分行之间财务往来;法帝中法工商银行;1940.1—12

与大通银行关于贷证通知书、贷方信用证等业务信往来;Cathay mansions ltd., kowket timber co., ltd.北美洲保险公司、公信贸易公司、上海孔七洋行等单位;1940.1—12

The chartered bank of India, Australia & China;1940.3.19

Reuters commercial and financial services;振华贸易公司;1940.5.27

罗马巴克来银行、华盛顿西雅图银行、纽约大通银行、澳大利亚商业银行人员签字样本;1940.5

Radiogram world wide wireless;1940.6—9

Theiftcor bank;1940.7

Bryner & company;American Asiatic Underwriters;1940.8.30—1941.11.11

Insurance company of north America;1940.8—10

Marine loss no.400631;1940.8.12

S.I. alone 授权书;The Chase Bank;1940.8.26—9.17

American asiatic underwriters preliminary loss advice;1940.9.22

Distrbution of a.a.u.s. marine business;1940.9.1

Wills, faber & dumas, ltd. 给美联保险公司关于预定承保事的业务函件;1940.9.10—1941.7.7

中法工商银行与中南银行往来文件;1940.9—10

Telegram;American Asiatic Underwriters;1940.10.2

The nation city bank of New York far eastern division;大通银行;1940.11.23

Application for authority to purchase;The Underwriters Bank;1940.12.31

Cash cillateral-us;天津德华银行;1940.12.12

Ameican asiatic underwriters;1940—1948

Economic insurance co.;American Asiatic Underwriters;1940—1941

Insurance company of north America;1940—1941

Irving trust company air mail;1940—1947

Marine loss no.480784;1940—1944

Moyler, powell & co.;The Underwriters Bank;1940—1946

Please return to a.a.u. marine department marine correspondence file;1940—1941

The chartered bank of India, Australia & China;1940—1946

The chase bank;1940—1949

The chase bank;1940—1949

The italian bank for China;1940—1941

Yee tsoong tobacco distributors, limited;华比银行;1940—1941

美亚业务;1940—1941

A/P A & M karagheu sian;1941

American asiatic underwriters;1941

American asiatic underwriters;1941

American asiatic underwriters;1941

American asiatic underwriters;1941

American asiatic underwriters;1941

American asiatic underwriters;1941

American asiatic underwriters;1941

American international underwriters;1941

Certificate;1941

Hanover fire;1941

Havdrot;1941

Marine department;American Asiatic Underwriters;1941

Marine loss no.410720;1941

Marine loss no.410696;1941

Marine loss no.420064;1941

Marine loss no.420069;1941

Marine loss no.420071;1941

The association of appointed banks;1941

The chartered bank of India, Australia & China;1941

The chase bank;1941

The China printing & finishing co., ltd.;1941

The national city bank of New York, rangoon. bank holidays in burma for 1941;1941

Tientsin country club;1941

伪北美洲保险公司;1941

Marine loss no.420013;1941.1.30

客户授权书;1941.3.22

Insurance company of north America;1941.4—5

Shriro bros.(China) ltd., Shanghai;1941.4

Fairchild & co., ltd.;H.A. Hansen China Co., Ltd.;1941.5—9

Insurance company of north America;1941.5—6

Minutes of the annual general meeting of the members of the Tientsin race club;1941.5.17

Notice;1941.6.14

Yue kee & company Tientsin;天津王记公司;1941.6.10

美帝花旗银行;1941.6—1942.7

Arbitration award;1941.7.22

Certificate state of nevada department of state;1941.7.24—25

Copy of telegram received;American Asiatic Underwriters;1941.7.3

J. henry schroder banking corporation;1941.7—1941.12...

American asiatic underwriters;1941.9—10

North China telegraph and telephone company telegram;North China Telegraph And Telephone Company;1941.9.25

美帝花旗银行;1941.9

Insurance company of north America;1941.10

The national shawmut bank of boston;1941.10

U.s. sugar quotas changed;1941.10

International assurance company, limited;

1941.11—12

Lloyd's shipping index; Muriel Littlefield; 1941.11.26

中法工商银行与中南银行往来文件; 1941.11

Alexander shoe co.; 1941.12.9

Marine loss no.410895; 1941.12.5

American asiatic underwriters, Shanghai office cash disbursement voucher; James Magill & Co., ltd.; 1941.4.10

Alexander gutbezahl trading co.; 1941—1942

America hits dumping of light bulbs, rubber soled shoes by Japan; Banque Franco-Chinoise; 1941—1948

American asiatic underwriters; 1941—1946

American asiatic underwriters; 1941—1950

American asiatic underwriters; 1941—1950

Application for telegraphic transfer; George F. Richardson; 1941—1942

Asia life insurance company; 1941—1946

Bofa company, limited; 1941—1942

Chartered bank of India, Australia & China; 1941—1942

China electric company; 1941—1946

Comparative analysis expenses; 1941—1942

Descours & caboud; 1941—1947

Hanover fire insurance company; 1941—1950

International assurance company; 1941—1942

Marine loss no.410869; 1941—1942

Marine loss no.410904; 1941—1942

Marine loss no.410905; 1941—1942

Marine loss no.410907; 1941—1942

Marine loss no.410917; 1941—1942

Marine loss no.420006; 1941—1942

Marine loss no.420014; 1941—1942

Marine loss no.420015; 1941—1942

Marine loss no.420066; 1941—1942

Statement of outstranding accounts-mr. j.w. brown; Liddell Bros & Co., Ltd.; 1941—1947

T, n. yeh. wanhsien; 1941—1948

The chartered bank of India, Australia & China, Tientsin; 1941—1942

The chase bank; 1941—1949

The chase national bank; 1941—1949

The underwriters bank, inc.; 1941—1950

法帝中法工商银行天津分行函件; 1941—1943

美帝花旗银行往来户 美帝增益地产公司专卷; 1941—1950.7

中法工商银行往来文件; Banque Franco Chinoise; 1941—1948

International assurance company, limited; 1942

K.d. reconstruction works; 1942

Kincheng banking corporation; 1942

The yangtsze insurance association, ltd.; 1942

福中贸易股份有限公司; 1942

美最时洋行; 1942

上海金城银行; 1942

美帝花旗银行秘书(上海)Minutti et cie 章程;1942.1

Application for personal and other (non-import) requirements;1942.3.2

Vessel s.s. "sea hawk" case no auto;Bofa Co., Ltd.;1942.6.30

Trial balance manila office;1942.10.26—1942.1...

International assurance company, limited;1942.12.10

American asiatic underwriters;1942—1950

The east asiatic company, limited;1942—1948

天津工商学院;1942—1943

天津电信局;1943

法帝中法工商银行客户来往函件;1943.1—5

Blueprints of peace are not enough;Eric A. Johnston, The New York Times Magazine;1943.8

Navy is confident victory is in sight;1943.9

Only god knew the way;Herbert L. Matthews;1943.9.12

Hwa kwang development co., ltd.;金刚公司;1943.12.27

天津德华银行;Deutsch-asiatische bank;1943—1945

From m 1673 (O.679 11 - 36 8x25 ns);1944

Marine loss no.p46/239;1944

中法工商银行天津分行;Banque Franco Chinoise;1944

United nations stand pledged to punish the war criminals: symposium of views on subject;This week magazine;1944.1.30

List of our correspondents in sweden;C.J. Rosbert, Saturday evening post;1944.2.12

American exchange securities corporation New York;1944.3.29

和成银行;1944.3

What drives the American soldier forward;Sidney Shalett, New York times;1944.4.25

Midland bank, limited;1944—1945

每周财政报告及大美晚报主要之函件等;1944—1949

North America companies;1945

The American express company, inc.;1945

The underwriters bank;1945

Reuters economic service;1945.2

Bank of New Zealand specimen signatures of officers;1945.7

R a krenulen claims instructions;1945.7

The chase bank;1945.9—1947.7

China vegetable oil corporation;1945.10

综合(上海分行)内有印度国民银行;美帝美国商业银行;1945.10—1949.12

Amintersur newyork;1945.11

美帝大通银行户名录;美帝大通银行;1945.12.10—1950.5.9

中孚银行与美亚函件;中国人民银行上海市分行;1945.12—1948.4

A statement;1945, 1949

American asiatic underwriters;1945—1950

American international underwriters;1945—1946

Importers-exporters-commission agency;1945—1946

The association of appointed banks;1945—1948

The underwriters bank;1945—1946

美亚保险公司和泰山保险股份有限公司业务函件;1945—1946

中国人民银行上海市分行纽约与上海业务函件往来账目转交票据等;1945—1950

Agency agreement;1946

American asiatic underwriters;1946

American asiatic underwriters;1946

American asiatic underwriters;1946

Automobile insurance company of Hartford;1946

Chi yee company;1946

Dayton, price and company, ltd. export service corporation;1946

Eduard meyer & co.;1946

Marine loss no.am009;1946

Marine loss no.aulo 5037;1946

Marine loss no.boolon 01;1946

North American companies;1946

North China trading company;1946

Peiping electric tramway co., ltd.;The Underwriters Bank;1946

Proxy;1946

Squires, bingham, ltd.;American Asiatic Underwriters;1946

Swiss bank corporation;1946

Texas company;1946

The atlantic mutual insurance company;1946

The atlantic mutual insurance company;1946

The automobile insurance comany;1946

The automobile insurance comany;1946

The chase bank;1946

The chase bank;1946

The chase bank;1946

The chase bank Tientsin;1946

The chase national bank;1946

The chase national bank;1946

The far eastern bank (dalbank);1946

The national city bank;1946

The national commercial bank, ltd.;1946

The original book store;1946

The Tientsin land investment co., ltd;1946

The underwriters bank;1946

The underwriters bank, inc;The Underwriters Bank;1946

The underwriters bank, inc.;1946

The underwriters bank, inc.;1946

Weekly report of foreign exchange position;The Underwriters Bank, inc.;1946

大通银行;1946

大通银行;1946

大通银行;1946

大通银行;1946

大通与纽约总行有关汇款业务文书单

据往来;1946

福昌华行的输入许可证和大通银行、美商吉时洋行、立信华行业务往来;1946

美商同益洋行;1946

上海裕盈公司;1946

天津市保险商业同业公会火险费率通知单;1946

友邦银行;1946

中国进出口贸易公司;1946

中央银行天津分行用笺;1946

The central bank of China;American Asiatic Underwriters Shanghai;1946.1—1947.1

The underwriters bank;1946.1

Wan chong yuan trading corporation Tientsin;The Chase Bank;1946.1.17—1947.9.26

美帝美国商业银行印刷品文件;1946.1—1950.1

The chase bank;Chien hua commerce company, ltd.;1946.2—11

伪北美洲保险公司伦敦分公司与上海分公司业务信件及假日通知;1946.2—1951.3

American asiatic underwriters;1946.3—9

Copy of telegram despatched by American asiatic underwriters federal inc., U.S.A.;1946.3—12

Credit imformation, mitchel beck company, inc. New York;The Chase National Bank;1946.3.28—1949.7.5

Estate tax return;Banque Franco-Chinoise;1946.3.20

Miscellaneous;1946.3

The chase bank;1946.3

The chase bank;1946.3—1948.9

The chase bank;1946.3—1949.5

The companies' ordinances (Hongkong);American Asiatic Underwriters;1946.3

Wan lung trading co. Tientsin;The Chase Bank;1946.3.15—7.3

Mr. louis wulfsohn;1946.4.1—1947.1.7

The chase bank 与大通银行往来文件;1946.4—10

美帝花旗银行;1946.4—1947.9

上海电力公司;National fire insurance co. of Hartford;1946.4—8

太仓利泰纺织公司、复兴昌花号、荣昌花纱号、集大荣记号进口棉花业务往来及中国银行与大通关于代收等业务...;1946.4.26—6.19

Atlantic mutual insurance company;1946.5.29—9.27

Seattle-first national bank;The Chase Bank;1946.5.14—1948.7.16

American international insurance company;1946.6—7

Maurice isben Tientsin;The Chase national bank;1946.6.6—9.13

Shantung development co., Tientsin;1946.6.12

The chase national bank 往来文件;1946.6

The dentists' supply company of New York;1946.6.29

Usona trading company inc. New York;1946.6.20

Zung kee & company;1946.6.25—7.3

大通银行往来文件;1946.6—1947.11

Motor car loss Shanghai no.46/9;

1946.7.25

National fire insurance co. of Hartford; 1946.7—8

Telegram from the underwriters bank, inc.; 1946.7.10

Bank of America; 1946.8

Commercial casualty insurance company; 1946.8.22

Connell bros. co., ltd., Tientsin; 1946.8.13—10.30

J. henry schroder banking corp.; The Chase Bank; 1946.8.19—1949.4.16

Motor car loss Shanghai no.48/68; 1946.8

R.t. co. trustee no.115 - 113; Mr. Herbert; 1946.8.12

Royal bank of scotland; 1946.8

The automobile insurance company. statement of claim; 1946.8.9

American asiatic underwriters; 1946.9—12

Application for t/t; The Underwriters Bank; 1946.9.25

Bank of China (往来文件); The national city bank of New York & the united states national bank; 1946.9—10

Hanoi le; American Asiatic Underwriters; 1946.9.30

Muller & phipps (China), ltd.; 1946.9—12

The atlantic mutual insurance company of New York; 1946.9.24—1947.6.20

Wells fargo bank and union trust company 往来文件; 1946.9—1947.1

Coo remittance; 1946.10.19—1947.1.16

Irving trust company; 1946.10—1947.2

Manufacturers trust company; 1946.10.1

Private and confidential the national commercial bank, ltd.; 1946.10.24

Telegrams despatched/received; 1946.10.25

The chase bank; 1946.10—1947.6

输入临时管理委员会 输入许可申请书; 1946.10.25—1946.1...

1946年11月至1951年1月伪北美洲保险公司与伪华商太平洋保险公司之间有关业务的往来信件; 1946.11—1951.1

Amerassdge London 的关于船只保险电文; 1946.11—1947.2

American asiatic underwriters; 1946.11

Application for authority to purchase (the chase bank Tientsin); 1946.11.13

Java China trading company, ltd.; 1946.11—1948.10

Motor car loss Shanghai no.48/67; 1946.11

Shanghai foreign exchange bank; 1946.11.22

The hsinteh trading company; The Chase Bank; 1946.11.6—1947.3.5

Tientsin race club; 1946.11.21

华兴懋业公司注册登记章程; 中法工商银行; 1946.11—1948.2

输入临时管理委员会 民国三十五年十一月十七日以前业已订购货品输入许可申请书; 1946.11.25

American-oriental finance corporation; 1946.12

Copy of telegram despatched by American asiatic underwriters federal inc., U.S.A.;

1946.12.17—1946.1...

Copy of telegram received; 美亚保险公司;1946.12.3

Foo kee & co.; 1946.12.19

Motor car loss Shanghai no.48/75; 1946.12

Phila outgoing; 1946.12.30

Success trading company Tientsin; 1946.12.6

The Tientsin investment trust, limited; 1946.12.5

The underwriters bank; 1946.12.6

Tsingtao to bofa co, ltd; 大华贸易商行;1946.12.18

美帝美国商业银行; 1946.12—1950.12

"Hsin rocket"船只保险; 1946—1947

A.i.u., ltd. Hongkong; American Asiatic Underwriters;1946—1947

American asiatic underwriters; 1946—1947

American asiatic underwriters; 1946—1947

American asiatic underwriters; 1946—1947

American asiatic underwriters; 1946—1948

American asiatic underwriters; 1946—1949

American-oriental finance corporation; 1946—1949

Amsinck sonne & co. new-york; 1946—1947

Automobile insurance company of Hartford; 1946—1947

Automobile insurance company of Hartford; 1946—1947

Chartered bank of India, Australia & China; 大美晚报;1946—1949

Cr. inf. mohawk rubber co. New York; American Asiatic Underwriters;1946—1948

Cunard white star, limited; 1946—1948

Garage central; 1946—1949

Gellatly, hankey & co. m.b.h.; 1946—1948

Letters of credit issued by the chase national bank, London; 大通银行;1946—1947

Marine loss no.am030; 1946—1947

Marine loss no.auto 5048; 1946—1947

Marine loss no.a.m.098; 1946—1947

Marine loss no.b - 02; 1946—1947

Marine loss no.nate 50; 1946—1947

Messrs th hwa tradition company Tientsin; The Chase Bank;1946—1947

National fire insurance company; 1946—1947

National fire insurance company of Hartford; 1946—1947

Shanghai municipal police; 1946—1948

Standard-vacuum oil company; 1946—1950

Starr, duff & smith, inc.; 天津大龙洋行;1946—1948

The automobile insurance co. of Hartford; 1946—1947

The automobile insurance company of Hartford; 1946—1947

The automobile insurance company of Hartford; 1946—1948

The bank of taiwan, ltd. Shanghai; The Chase bank; 1946—1948

The cathay company; 1946—1947

The chase bank; 1946—1947

The chase bank; 1946—1947

The chase bank; 1946—1947

The chase bank; 1946—1948

The chase bank; 1946—1948

The chase bank; 1946—1949

The chase bank; 1946—1949

The chase bank Shanghai; 1946—1947

The export trading & finance corporation; K.K. Tse; 1946—1947

The institute of London underwriters; 1946—1951

The national city bank of New York; 1946—1950

The thai commercial bank, ltd.; Hip Yih Shanghai Office; 1946—1948

The underwriters bank; 1946—1947

The underwriters bank, inc.; 1946—1947

The underwriters bank, inc.; 1946—1950

Trust receipt; 中国人民银行上海市分行; 1946—1954

美亚保险公司贷记通知书; American Asiatic Underwriters; 1946—1949

美亚保险公司与英商纶昌纺织漂染印花有限公司来往函件; 1946—1950

美亚与 Henry steinberg company 来往业务信件; 1946—1950

四海保险公司理赔清单; 1946—1948

伪北美洲保险公司与费拉德尔费亚总公司之间来往业务信件、再保险契约章程等; 1946—1947

伪招商局与美亚有关船只保险业务来往; 1946—1950

与海龙福美业务往来保单及申请单; 美亚保险公司; 1946—1947

中国人民银行上海市分行; 1946—1947

中国人民银行上海市分行中央收托局、林丰棉花厂业务文书与票据; 1946—1947

A/p no.1342 malkassian carpet co. Tientsin; 1947

American asiatic underwriters; Banque Franco Chinoise; 1947

American asiatic underwriters; 1947

American asiatic underwriters; 1947

American asiatic underwriters; 1947

American asiatic underwriters; 1947

American asiatic underwriters; 1947

American asiatic underwriters; 1947

American asiatic underwriters please return to marine department; 1947

American chamber of commerce; 1947

American international underwriters; 1947

American international underwriters, ltd.; 1947

California country free libraries; 1947

China silk company importers and wholesalers; 1947

China textile industies, inc.业务信件及票据; 1947

Chungking Hip Yih Tse Hou; 1947

Corn exchange national bank and trust

company;1947

Dean & co.;Automobile Insurance Company Of Hartford;1947

Fire insurance association of Hongkong;1947

Hongkong & Shanghai banking corporation;1947

Incoming cables;1947

Insurance co. of north America;1947

Irving trust company air mail;1947

Lieutenant y. cluzei;1947

M. metairie;鼎益洋行;1947

Marine loss no.470218;1947

Marine loss no.470219;1947

Marine loss no.a.m.123;1947

Marine loss no.a.m.128;1947

Marine loss no.a.m.141;1947

Marine loss no.acelo 5107;1947

Marine loss no.a.m.090;1947

Marine loss no.nate 71;1947

Marine loss no.nate 56;1947

Memorandum;1947

Metropolitan land company;1947

Metropolitan motors, limited, 940 nanking road(w), Shanghai, China;1947

Metropolitan motors, limited;1947

Midland bank, limited;1947

Ming sung industrial corporation 海损索赔通知;1947

Motor car loss Shanghai no.46/19;1947

Motor car loss Shanghai no.49/93;1947

New name suggested for l.i.b.m.c.;1947

Pacific national bank;1947

Rosenberg China co.;1947

S.s. "tangshan maru" v12;1947

Subrogation receipt;1947

Switzerland general insurance company, limited;1947

The automobile insurance company of Hartford;1947

The chartered bank of India, Australia & China;The Chase Bank;1947

The chartered bank of India, Australia & China;1947

The chase bank;1947

The chase bank;1947

The chase bank;1947

The chase bank;1947

The chase bank;1947

The chase bank;1947

The chase bank;1947

The chase bank;1947

The chase bank;1947

The chase bank;1947

The chase bank;1947

The chase bank Shanghai;大通银行;1947

The hanover fire insurance company of the city of New York;1947

大通银行;1947

大通银行;1947

上海德发洋行;1947

上海维新油漆颜料厂、美亚保险公司、邮政储余江业局、花旗银行托收票据及业务信件;1947

输出入管理委员会天津办事处;1947

输入临时管理委员会执行委员会天津办事处;1947

Acme photocopy service 合伙证;The Chase Bank;1947.1.4—5.16

Atlantic mutual insurance company (往来文件);1947.1—1948.6

Cathay service fed., inc., U.S.A., Tientsin;The Chase Bank;1947.1.13—3.15

Community church;1947.1.7

Hsiang tai trading co. ltd., Tientsin;1947.1.30—7.5

Managerial office;1947.1.8

Nichols chinese rugs;1947.1.27—3.15

North China trading company;1947.1.25—6.23

Statement of claim;The Chase Bank;1947.1.28—3.17

The chartered bank of India, Australia & China, Tientsin;1947.1

The chase bank;1947.1.7—2.15

Wayon export & import co., Tientsin;The Chase Bank;1947.1.13—3.18

William hunt & co., fed., inc., U.S.A.;1947.1.18—4.29

与建新奥义公司来往业务函件及单据留底;1947.1—10

中国工业联合产物保险股份有限公司保险业务;1947.1—1948.12

Chung hsing commerical co., ltd., Tientsin;The Chase Bank;1947.2.4—4.15

Chung yin trading co., Tientsin;1947.2.7—7.5

Collateral;1947.2.20

Doulatram sons. Tientsin;The Chase Bank;1947.2.1—9.22

Fu sze co. Tientsin;1947.2.10—7.31

Garage central;1947.2.5—5.3

Hanover end/canc book;1947.2.28

Hsiang tai trading co. ltd., Tientsin;1947.2.7—5.27

I.D. talve, New York;The Chase Bank;1947.2.10—7.12

Institute time clauses;The Chase Bank;1947.2—5

J. agranovsky. Tientsin;1947.2.5—5.31

Paterson & reade pty., ltd. Melbourne;1947.2.5—6.17

Revised temporary regulations with regard to foreign exchange transactions;1947.2

Ta lung trading corp. Tientsin;The Chase National Bank;1947.2.11—12.26

The automobile insurance company of Hartford;Sacramento via San Francisco, california;1947.2—8

The chase bank;1947.2.20—7.30

The Tientsin land investment co., ltd.;The Chase Bank;1947.2.3—5.28

United trading corp. Tientsin ...;The Chase Bank;1947.2.1—6.17

美商广大有限公司有关船只保险综合;American Asiatic Underwriters;1947.2

输入许可证;输入临时管理委员会;1947.2.11

American asiatic underwriters;1947.3—1948.10

Exercise "n";1947.3.14

Hsin tunbg trading co. Tientsin;The Chase Bank;1947.3.1—21

Law for application of land law of China;1947.3.11

The chase national bank;1947.3—11

输入许可证;Banque Franco Chinoise;1947.3

Arankola Angora;香港茂发申庄;1947.4—7

Emmanuel tanchuck, los angeles;The Chase Bank;1947.4.2—5.26

Frazar, federal inc., U.S.A. Tientsin;The Chase Bank;1947.4.2—5.26

Motor car loss Shanghai no.46/16;1947.4

Poling & company. swatow.;1947.4.28

The China engineering co., ltd.;1947.4.26

广州交通银行;1947.4.21

输入许可申请书;恒通汽车有限公司;1947.4.19

American asiatic underwriters;1947.5—1951.2

Cable-department the chase bank Tientsin;1947.5

Frazar federal inc., U.S.A. Tientsin;The Chase Bank;1947.5.14—9.28

Hsin mao trading co. Tientsin;1947.5.26—6.23

Lung mao enterprise co., ltd.;白海洋行;1947.5.22

M.s. lin;1947.5.5

Motor car loss Shanghai no.47/40;1947.5

The chase bank cable address-chase bank, Tientsin;大通银行;1947.5.9

The Shanghai general chamber of cammerre;1947.5

大通银行;Yenching university;1947.5—6

American asiatic underwriters (往来业务文件);1947.6—1949.4

Motor car loss Shanghai no.47/39;1947.6

Motor car loss Shanghai no.s/m 79;1947.6

Cable department the chase bank;大通银行;1947.7.28

Chartered bank Tientsin;1947.7.22

Robertson & rosier;A.A.U.;1947.7.22

附表(二)食品核准进口商名单;输入临时管理委员会;1947.7.25

Chartered bank of India, Australia & China;1947.8—9

Corn exchange national bank & trust co.;1947.8.13

Irving trust company;1947.8

Loss receipt from the automobile insurance co. of Hartford.;1947.8.19

Ming sung ind., co., ltd.海损索赔通知;1947.8.24

The automobile insurance company of Hartford (company) statement of claim;1947.8.25

The chase bank 和大通银行往来文件;1947.8—12

Universal peltry traders inc. Tientsin;The hanover fire insurance company;1947.8.31

Marine loss no.41526;1947.9

Motor car loss Shanghai no.48/56;1947.9

Reichs-kredit-gesellschaft;American Asiatic Underwriters;1947.9.25

The board for the temporary regulation of imports;输入临时管理委员会;1947.9

输入临时管理委员会非限额进口审核处;恒通汽车有限公司;1947.9

中国农业保险公司;1947.9.29

A/P NO.806 louis wulfson Tientsin;1947.10.29

Credit memorandum;隆懋企业股份有限公司总公司;1947.10.12

Motor car loss Shanghai no.48/76;1947.10

North China motors corporation;R.A. Kreulen;1947.10.19

The American-oriental banking corporation;1947.10.15

The American-oriental finance corporation;1947.10—1948.8

美帝美国商业银行;1947.10—1948.8

输入临时管理委员会非限额进口审核处;The million trading co.;1947.10

输入临时管理委员会非限额进口审核处;Capplany hwn hong;1947.10

输入临时管理委员会非限额进口审核处;Reliance motors fed., inc.;1947.10

输入临时管理委员会执行委员会天津办事处文件;1947.10

Memo the underwriters bank, inc.;友邦银行;1947.11.17

Record of rented and unrented boxes;1947.11—12

Southwestern supply company, los angeles;The Chase Bank;1947.11.7—1948.1.10

美帝美国商业银行业务(上海)总行及各分行业务联系;1947.11—1949.1

American asiatic underwriters(往来文件);1947.12—1949.12

California bank;1947.12

Citizens national bank;1947.12

Copy of telegram received by American asiatic underwriters federal inc., U.S.A.;1947.12.3—13

First national bank of arizona;1947.12

Fletcher trust company;1947.12

Friday;1947.12

Hamilton nationak bank of washington, d.c.;1947.12

Motor car loss Shanghai no.S/M 95;1947.12

The cleveland trust company;1947.12

输入临时管理委员会非限额进口审核处;Allied express co.;1947.12

送美帝大通银行总行月报;1947.12—1950.1

天津法国电灯房杂件;1947.12

American asiatic underwriters;1947—1949

American asiatic underwriters;1947—1949

American asiatic underwriters;1947—1950

American international underwriters, limited;1947—1949

American international underwriters与美亚保险股份有限公司往来业务文书;1947—1949

Certificate of survey from eisler, reeves & murphy;1947—1950

China foreign corporation, ltd.;1947—1949

Eduard meyer & co. Tientsin, tsingtau, hamburg;1947—1949

G. nicolis;1947—1950

Hanover fire insurance company;1947—1949

Hanover fire insurance company;1947—1949

Hanover fire insurance company;1947—1950

Hongkong & Shanghai banking corp;1947—1949

Hull insurance;1947—1948

Insurance co. of north America;1947—1950

Nguyen huu Nham;American Asiatic Underwriters;1947—1949

No.4;1947—1949

Northern trading co.;The Chase Bank;1947—1948

The chase bank;1947—1948

The chase bank cable address-chasebank Tientsin;大通银行;1947—1948

The national city bank of New York;1947—1950

The texas company;1947—1948

The underwriters bank, inc.;1947—1949

Usimpex corporation, New York city;1947—1948

Yi ho hsing co. Tientsin;1947—1948

美帝美国商业银行上海分行;1947—1951

美国鼎益洋行;1947—1948

美亚关于借贷、汽车(船只保险)类的损款、战前票据、支票、保险票据协议等及信件往来;1947—1948

上海电话公司;1947—1950

往来文件;The chase bank;1947,1949

伪北美洲保险公司上海分公司给费拉德尔费亚总公司关于所得税和超益税等的文件;1947—1948

伪北美洲保险公司上海分公司与各保险单位有关业务帐目了结;1947—1950

伪北美洲保险公司与伪中央信托局产物保险处再保险火险科有关保险章程等的文件;1947—1948

综合——总行与分行之间及分行与有关单位之间往来函电关于汽车等事由;美帝美国商业银行(上海);1947—1950

A.W. Brun;1948

American and british securities held for account of clients;1948

American asiatic underwriters;1948

American asiatic underwriters;1948

American asiatic underwriters;1948

American asiatic underwriters;1948

American asiatic underwriters;1948

American asiatic underwriters;1948

American asiatic underwriters;1948

American asiatic underwriters;1948

American asiatic underwriters;1948

American asiatic underwriters;1948

American asiatic underwriters, federal inc., U.S.A., as agents and/or managers;1948

American international insurance company, s.a.;1948

American international insurance corporation;1948

Chartered bank, Tientsin; 1948

Copy of telegram received by American asiatic underwriters federal inc., U.S. A.; 1948

Firemen's insurance company; 1948

Foreign department wells fargo bank & union trust co.; 1948

General motors maintains lead as output tops 1000000 mark; 1948

Hanover fire insurance company; 1948

Hanover fire insurance company; 1948

Hanover fire insurance company; 1948

Jenny's notors co., ltd.; 1948

Manila hulls; The Chase Bank; 1948

Marcel leopold & cie; 1948

Marine loss no.480516; 1948

Marine loss no.o/508; 1948

National aniline & chemical company, U.S.A.; 1948

Telegrams despatched; 1948

The automobile insurance company of Hartford, conn.; 1948

The chartered bank of India, Australia & China, Tientsin; 1948

The chartered bank of innia, Australia & China; 1948

The chase bank; 1948

The chase bank; 1948

The chase bank; 1948

The chase bank; 1948

The chase bank; 1948

The hanover fire insurance company; 1948

The hanover fire insurance company; 1948

The national city bank of New York; 1948

The national union fire insurance company of pittsburgh pa. letter of subrogation; 1948

Tientsin race club; 1948

大华贸易商行; 1948

大中华火柴公司董事会通知; 1948

法帝中法工商银行天津分行; 1948

关于信用证事大通纽约行电函上海大通银行; The Chase National Bank; 1948

集义贸易商行; 1948

交通部武汉电信局; 1948

联昌公司; 1948

美联产物保险公司信件及账单; 1948

美亚保险公司; 1948

美亚保险公司; 1948

输入临时管理委员会 非限额进口审核处; 1948

新韩服务社 Korea service company; 1948

中法工商银行; 1948

中国人民银行上海市分行; 1948

中茂贸易公司合伙证书; 1948

First national bank; 1948.1

J. sligh & co. Tientsin; 1948.1.27—2.16

II dah enterprise co., ltd. Tientsin; The C.N.B.; 1948.1

Motor car loss Shanghai no.46/8; 1948.1

Motor car loss Shanghai no.48/71; 1948.1

The canadian bank of commerce; 1948.1

The chase bank; 1948.1

The Yokohama specie bank; The underwriters bank; 1948.1—12

Mercantile-commerce bank trust company;1948.2

Motor car loss Shanghai no.47/54;1948.2

The automobile insurance company;Muller & phipps (China), limited;1948.2—8

美帝花旗银行业务——有关公券信礼往来;美帝花旗银行;1948.2—10

美帝美国商业银行(上海)可供进出口的商品目录;1948.2—1949.12

Muller & phipps (China), limited (往来文件);The automobile insurance company;1948.3—10

The chase bank;1948.3

The chase bank;1948.3.6

Thriftcor bank;1948.3

福申轮船股份有限公司;1948.3—1949.2

Commerce trust company;1948.4

Motor car loss Shanghai no.48/77;1948.4

Motor car loss Shanghai no.49/92;1948.4

The first national bank of Chicago;1948.4

案卷号 3231;1948.4.7—1949.2.4

Motor car loss Shanghai no.47/37;1948.5

The chase bank;1948.5

The chase bank Tientsin;1948.5.27

与永顺利公司往来文件;American Asiatic Underwriters Shanghai;1948.5—6

中央银行;1948.5

Copy of telegram received by American asiatic underwriters federal inc., U.S.A.;1948.6.10

First national trust & savings bank;1948.6

Motor car loss Shanghai no.48/79;1948.6

The chase bank;1948.6

The chase bank;1948.6—7

美帝美国商业银行业务(上海)有权签字人样本;1948.6—1949.10

Agency agreement;1948.7

Ameican asiatic underwriters federal inc., U.S.A., Shanghai cash receipt voucher;Ameican Asiatic Underwriters;1948.7.23

American asiatic underwriters;I.M. Altadukoff;1948.7.18

American asiatic underwriters no.48/2560 (cash receipt voucher);1948.7.30

Duplicate;American Asiatic Underwriters;1948.7.11

North China industrial & trading co., ltd.;1948.7

American international insurance company;1948.8

American international insurance company, U.S.A.;1948.8.31

Department copy-the chase bank;The Chase Bank;1948.8—10

Globe and butgers;1948.8

Loss receipt from the American international ins. co., s.a.;1948.8.28

Loss receipt from the American international insurance company, s.a.;1948.8.13

Mr. giovanni prodan, Tientsin;The Chase Bank;1948.8.18—1949.4.1

The chase national bank;1948.8

美帝花旗银行;1948.8—1950.6

First national bank in dallas;1948.9

Imperial bank of Canada;1948.9.22

Lian seng. co.的信用抵押申请书;1948.9.1—1949.11.5

Motor car loss Shanghai no.47/52;1948.9

Motor car loss Shanghai no.S/13;1948.9

The chase bank Shanghai branch monthly report;1948.9.30

The Shanghai commercial & savings bank, ltd.;1948.9.30

聚兴诚商业银行;American Asiatic Underwriters;1948.9—1949.8

美帝花旗银行进口许可申请、信用证开证申请;1948.9—1950.2

Loss receipt;The corporation of lloyd's, at lloyd's, London, england;1948.10.2

Motor car loss Shanghai no.2;1948.10

Motor car loss Shanghai no.48/6;1948.10

Motor car loss Shanghai no.49/90;1948.10

The federal insurance company, limited;上亚保险公司;1948.10.6

The first national bank of portland;1948.10

新福兴公司保险单;上海美亚保险公司;1948.10.27

American asiatic underwriters;美和洋行;1948.11.22

China national aviation corporation;American Asiatic Underwriters;1948.11

Henry, john & co. tsingtao;The Chase Bank;1948.11.24—1949.4.5

Partial loss receipt;American Asiatic Underwriters Shanghai;1948.11—1949.1

The central bank of China;1948.11

The chartered bank of India, Australia & China;American Asiatic Underwriters;1948.11

The chase bank — New York;The Chase Bank;1948.11.26

关于出入委员公通函及转入许可证;1948.11

进口许可申请、开证申请及业务信件;美帝花旗银行;1948.11—1950.4

美帝花旗银行 业务(上海);1948.11—1950.9

美帝美国商业银行;1948.11—12

美帝美国商业银行;1948.11—1949.12

American asiatic underwriters 公证保险单;上海美亚保险公司;1948.12—1949.1

Billy fur export co.的信用抵押申请书;1948.12.27—1949.4.14

Certification of incorporation of woodcraft works, limited;1948.12.1

Metropolitan land company, limited;1948.12.31

Motor car loss Shanghai no.s/21;1948.12

The chase national bank, New York;1948.12.24

The liberty national bank & trust company;1948.12

The north American syndicate 信用抵押申请书;The Chase Bank;1948.12.16—1949.3.3

信用抵押申请书;Bunge Far East Agencies;1948.12.26

American asiatic underwriters;1948—1949

American asiatic underwriters;1948—1949

American asiatic underwriters;1948—1949

American asiatic underwriters;1948—1949

American international assurance company;1948—1950

American international underwriters;1948—1949

Hanover fire insurance company;1948—1949

Hanover fire insurance company;1948—1950

Hochang & company;1948—1949

Hull-claims department;1948—1949

Insurance co. of north America;1948—1950

Joseph Hadley & son.;1948—1949

Marine loss;1948—1950

Marine loss no.（已阅）;1948—1949

Memorandum for the manufacturers life insurance company;大通国际商业银行;1948—1950

The American general conference mennonite mission of north America;1948—1951

The chartered bank of India, Australia & China;1948—1949

The chase bank;1948—1949

The chase bank 108, chung cheng road;大通国际商业银行;1948—1949

The chase bank cable address-chasebank, Shanghai;大通国际商业银行;1948—1949

The underwriters bank;1948—1951

Union club of China;1948—1949

大通国际商业银行;1948—1949

德盛洋行;1948—1949

美帝美国商业银行;1948—1949

美帝美国商业银行(上海)综合;1948—1949

美帝美国商业银行上海分行;1948—1949

签字样式;新华储蓄商业银行 & manufacturer trust co. & the American express co., inc.;1948—1949

台湾银行、华光企业公司与美亚的账单;1948—1949

伪北美洲保险公司;1948—195...

伪北美洲保险公司 业务信件(有部分“每月汇报”);1948—1949

友邦银行上海分行;1948—1949

中央信托局向美亚保险公司要保单;1948—1949

中元轮船局有限公司;1948—1949

“Gladys”船只保险;1949

“Tea hua”船只保险;American Asiatic Underwriters;1949

“Way nan”船只保险事项、三北轮船公司与美亚之间函件;1949

American asiatic underwriters;1949

American asiatic underwriters;1949

American asiatic underwriters;1949

American asiatic underwriters cash disbursement voucher;American Asiatic Underwriters;1949

American asiatic underwriters federal, inc., U.S.A.;1949

American asiatic underwriters, inc.;1949

American international assurance company, limited;1949

American international underwriters;1949

American international underwriters, limited;1949

Application for personal and other (non-import) requirements;1949

Asia trading corporation;K.K. Tse;1949

Chartered bank of India, Australia & China;1949

China express & trading co., ltd. shipping, transportation, travelling, export & import;1949

Copy of telegram despatched by American asiatic underwriters federal inc., U.S.A.;1949

Equitable eastern banking corporation;American Asiatic Underwriters;1949

Federal insurance company;1949

Federal insurance company;1949

Import license;International Chamber Of Commerce;1949

Lost pass book affidavit;1949

Marine loss no.s/490047;1949

Marine loss no.0/721;1949

Marine loss no.s/490037;1949

Marine loss no.s/490049;1949

Marine loss no.s/490069;1949

Marine loss no.s/490111;1949

Marine loss no.s/490167;1949

Metropolitan land company;1949

New hampshire;1949

Shanghai insurance association;1949

The automobile insurance company;1949

The chartered bank of India, Australia & China;1949

The chase bank;1949

The chase bank;1949

The chase bank;1949

The chase bank;1949

The chase bank cable addressbank, Shanghai;大通国际商业银行;1949

The chase bank Shanghai duplicate outgoing;The chase bank Shanghai;1949

The hanover fire insurance company;1949

The underwriters bank, inc.;1949

The Yokohama specie bank;1949

美帝美国商业银行;1949

伪北美洲保险公司 编号 5100122;1949

友邦银行上海分行还款单;1949

中国航空有限公司;1949

中国人民银行上海市分行;1949

Henry frankel 海损索赔;1949.1.22—3.30

Motor car loss Shanghai no.S/23;1949.1

Mr. t.y. dunn.;1949.1—5

礼惠洋行海损索赔通知;1949.1.16—2.17

美帝美国商业银行;1949.1—1950.7

美帝美国商业银行业务(上海)美帝美国商业银行申请进口办公纸张以及总行发通函;1949.1—1951.1

中国农业保险股份有限公司海损收据;1949.1.21

综合——杂件;美帝美国商业银行;

1949.1—5

North America companies 1600 arch street philadelphia;American Clip Company;1949.2.21

Remittances to New York during the year 1948;1949.2

The chase bank;1949.2

The chase bank;1949.2—1950.6

大通国际商业银行;The chase bank;1949.2

美帝美国商业银行一般业务往来 向总行回报情况;1949.2

泰山保险股份有限公司;American Asiatic Underwriters;1949.2—1951.6

Mr. j.y. chu Hankow;American Asiatic Underwriters;1949.3

The central bank of China;1949.3.8

The chase bank cable address-chasebank. Shanghai;大通国际银行;1949.3.26

The chase bank Shanghai branch monthly report;The Chase Bank;1949.3.28

美帝美国商业银行业务(上海)外国银行名称;1949.3

签名样本×2;Sin hua trust, savings & commercial bank, ltd.;1949.3

Federal insurance company, limited;1949.4

Motor car loss Shanghai no.47/21;1949.4

Motor car loss Shanghai no.47/4;1949.4

Motor car loss Shanghai no.48/78;1949.4

Motor car loss Shanghai no.49/88;1949.4

National union fire insurance company;1949.4

大通国际银行;The chase bank;1949.4—5

美帝美国商业银行;1949.4—1950.2

通泰贸易公司;1949.4.2—8

American asiatic underwriters no.49/1609 (cash disbursement voucher);1949.5.12

Copy of telegram despatched by American asiatic underwriters;1949.5.11—12

Monthly report;The Chase Bank;1949.5—6

Telegrams despatched to Tientsin per mail of 19th February 1936;1949.5.9

The chase national bank;1949.6

解放后,我方机构致美国商业银行函件 中国人民银行华东区行上海分行(公私合营银行上海分行黄浦区办事处...;1949.6—1958.12

美帝美国商业银行(上海) 业务;美帝美国商业银行;1949.6.13

美帝美国商业银行上海分行业务(上海)解放后出口外汇移存证出口申请书及许可证;1949.6—1950.7

美亚与四海保险公司保险业务;1949.6.27—1950.12.30

Motor car loss Shanghai no.49/94;1949.7

美帝美国商业银行业务(上海)一般业务关系;1949.7—9

Memorandum the chase bank;1949.8—9

Motor car loss Shanghai no.48/60;1949.8

Marine loss no.s/49017;1949.9.26

The chase bank cable address-chasebank, Shanghai;大通国际商业银行;1949.9

美帝美国商业银行;1949.9—1950.6

美帝美国商业银行 业务(上海分行);

1949.9—12

业务——进口许可开证申请书;美帝花旗银行;1949.9—1950.10

业务——有关索赔方面资料;American Asiatic Underwriters;1949.9.13

有关汇款的业务往来;1949.10—1950.1

解放后,我方机构致美国商业银行函件华东区国外贸易总公司、中国进口公司、各专业进出口公司函件;1949.12—1958.4

美帝美国商业银行总分行及其他各商行业务联系;1949.12

美帝运通银行业务 战时损失案件;1949.12.18

伪上海商业储蓄银行印鉴变更通知书;1949.12.15

American asiatic underwriters;1949—1950

American international assurance;1949—1950

American international assurance company, limited;Hongkong Office;1949—1950

American international insurance company s.a;American Asiatic Underwriters;1949—1950

American international underwriters, limited;1949—1950

British securities;1949—1950

Casualty department automobile rate bulletin;1949—1950

China insurance company;1949—1950

City defense tax;1949—1950

Company a.i.a policy no.180119;1949—1950

J. henry schroder banking corporation;1949—1950

Marine loss no.s/490154;Hacconei;1949—1951

Nederlandsch indische handersbank, Hongkong;1949—1950

Starr. park & freeman, inc.;1949—1950

The chartered bank of India, Australia & China, Tientsin;1949—1950

The federal insurance company, limited;1949—1950

The underwriters bank, inc.;1949—1950

意商立多利;1949—1951

American asiatic underwriters;1950

American asiatic underwriters;1950

American international underwriters;1950

Canadian mines to play handsomely;1950

Firemen's insurance company of Newark, New Jersey;1950

Marine loss no.s/490141;1950

Marine loss no.s/500003;1950

Marine loss no.s/500057;1950

Marine loss no.s/500058;1950

Marine loss no.s/500059;1950

Marine loss no.s/500095;1950

Marine loss no.s/500103;1950

Marine loss no.s/500106;1950

Marine loss no.s/500113;1950

Marine loss no.s/500115;1950

Marine loss no.s/500117;1950

Marine loss no.s/500119;1950

Marine loss no.s/500126;1950

Marine loss no.s/500134;1950

Marine loss no.s/500092;1950

People's republic of China central government's laws and regulations;1950

Shanghai telephone company;1950

The chartered bank of India, Australia & China;1950

The chase bank;1950

The general seam navigation co., g.m. b.h.;1950

包括保险业务信件、未公布的保险单、火险分保单、火险用金等;1950

江南造船所;1950

开放后我方机电致美国商业银行函件(1950年7月至1956年4月);上海电信局;1950—1956

美帝美国商业银行;1950

美帝美国商业银行;1950

美帝美国商业银行航空邮寄回单;1950

上海市金融筹备;1950

有关法商北平电车公司解雇情况;1950

D.M. cheng & co.信用抵押申请书;The Chase Bank;1950.1.19—2.27

Marine loss no.s/500027;1950.1.9

Marine loss no.s/500085;1950.1.6

上海市金融商业同业公会筹备会;1950.1

水险赔款单、火险及汽车险赔款请求;1950.1—1951.4

Motor car loss Shanghai no.48/66;1950.2

信用抵押申请书;The chase bank;1950.2—3

上海市银行商业同业公会函件;1950.3

American international underwriters;1950.5

Marine loss no.s/500114;1950.5.30

R. Fermus;Insurance Company Of North America;1950.5.6

美帝花旗银行悬案;1950.5

华东外贸管理局与商户花旗银行业务往来函件.综合...;1950.7

Copy of telegram dated 28/8/50 from the public national bank & trust co., of n.y., New York;1950.8.28

Irving r. boody & co., inc. copy for chase bank, Tientsin;P.M. Hoar;1950.9.12

美帝美国商业银行;1950.9—12

美帝美国商业银行业务(上海)我政府各机构通函、通告、公告等翻译;1950.9—12

美帝美国商业银行付款通知单;1950.10

美帝美国商业银行与总行、国外银行、进出口行有关信用证申请及开设事项;1950.10

John j. waldron;1950.11

Premium receipt-insurance company of north America Shanghai branch office;1950.11.17

美帝美国商业银行有关欠单通知及函件;1950.11

Marine loss no.s/510011;1950.12.18

The hanover fire insurance company;1950.12—1951.8

美帝宣布取消进口条例 NO.32A 及综合一般业务函件;1950.12

Shanghai evening post & mercury;1950—1951

United states shipping board washington

application to sell alien and/or transfer to foreign reg ...;1950—1951

美帝美国商业银行;1950—1951

American international underwriters, ltd.;1951

Conditions in peru;1951

Marine loss no.s/510001;1951

Tientsin race club;1951

Translator's note;1951

安通运输公司;1951

百利转运公司;1951

American asiatic underwriters claim advice;American Asiatic Underwriters Shanghai;1951.1

The hanover insurance company;American Asiatic Underwriters;1951.1

美帝美国商业银行上海分行总行通函;1951.1

C.v.o.c 美国四海保险公司海险索赔;1951.2.14

The underwriters bank, inc.;1951.2

美帝美国商业银行客户的信用状 邀请户来行洽谈函及其他信件;1951.3

美帝美国商业银行业务(上海)我政府、公安局等政府机构通告、公告等翻译;1951.3—4

天津电信局;1951.4.28

Deutsche bank;Tientsin Foreign Trade Control Bureau;1951.5.14

美帝美国商业银行 租用家具契约及迁址条件;1951.5—1954.5

美帝美国商业银行与客户一般业务联系;1951.6

美帝美国商业银行;1951.7—1952.9

美帝美国商业银行;1951.9—1954.1

法帝中法工商银行华兴懋业公司清单、票据的副本(法文、英文版);1951—1953

华兴懋业公司;1952

美帝美国商业银行总公司来电留底;1952.2

Duplicate Tientsin;The Chase Bank;1952.7.24

美帝美国商业银行上海分行总分行之间票据、函件等;1952.8

与保险公司来往信件、保险单等;华兴懋业公司;1952—1956

Application for telegraphic transfer;1953

Human hair;1953

American asiatic underwriters;华兴懋业公司;1953—1956

伪美;1954—1956

信件回单签收簿;美帝美国商业银行;1954—1955

泰山保险股份有限公司;1958

美帝花旗银行业务;1963.3

伪美丰银行伪普益公司;1968

The American oriental banking corporation;1968.10

A. lemoine entreprises generales 158 rue pasteur Tientsin;1969

法帝中法工商银行天津分行;1969

美帝花旗银行;1969

美帝美国商业银行每月开支向金融处及总行回报付本;1969

美帝美国商业银行;1969

伪北美洲保险公司与伪国际保险行、上海保险行、美国烟叶公司等单位有关保

险业务、火险、偷窃、赔偿等方面…;伪北美洲保险公司;1969

伪美丰银行;1969

美帝花旗银行;1969.4

美帝花旗银行;1969.4

卷内制卡人物名单、翻译材料登记 案卷号 2987;高静芳;1969.5.5

1931 年 Chase harris forties corporations 公司情况材料;1969.6

1932 年向伪美丰银行申请贷款单;1969.6

伪美丰银行 1924 年至 1926 年中国国内工债表;1969.6

伪美丰银行广告;1969.6

伪美丰银行介绍德士古公司的股份情况及该公司业务发展情况(1930 年);1969.6

美帝美国商业银行;1969.7

美帝美国商业银行上海分行其他业务;1969.7

美帝美国商业银行业务;1969.7

美帝美国商业银行有关客户资料;1969.7

有关提炼石油及操作方法;1969.7.3

美帝美国商业银行;1969.8

与美帝美国商业银行上海分行有往来的组织索引表及人物索引表材料;1969.9.6

American asiatic underwriter;1969.11

Office copy;1969.11.8

Shanghai property owners' association;1969.11.19

法帝中法工商银行华兴懋业公司借款垫款;法帝中法工商银行、华兴懋业公司;1969.11.17

法帝中法工商银行天津分行与皮尔福间的密件;Fei Bengen;1969.11.13

汇款收据;银行外文清档营;1969.11.12

一般函件及凭证;1969.11.29

法人私人照相底片;1969.12.4

中法工商银行;1969.12.4

"Japan under macarther" books;Bliss Isely

Advancing the bomber line;Pierre Ryckmans

Air war puts nazis in hard dilemma

American asiatic underwriter

American asiatic underwriter

American asiatic underwriter

American asiatic underwriters;伪交通部国际电信局

American asiatic underwriters

American asiatic underwriters

American asiatic underwriters

American asiatic underwriters

American international insurance company s.a.

American international underwriters corporation

American oriental finance corporation

American-oriental banking corporation

American-oriental finance corporation

An end to reaction' — a charter for business;L.S. Rowe

Analyses of balance sheets

Announces

Asia banking corporation Shanghai

Asis realty company

Audit schedule for month

B.i.c

Baloise fire insurance co., ltd.

Bank of China, head office

Business tax

Cheque book application receipt

Chinese maritime trust, ltd.

Confidential statement of qualifications to the asia realty company

Consul general for germany

Credit information

Current accounts, a.k. smith (official); Carlos F. Hurd

D.k. lien

D. larralde; Ceding co.

Debit note

Duplicate. Tientsin (telegrams receiver from Peking)

E.W. Bilton (deceased)

East pacific trading co., inc.

Elite trading co.

Emens & co.

Exhibits in case against t.y. chu and z. z. chang

Filing department

Financial statement

Fire loss assessment

Firemen's ins., co.

Firemen's Insurance Company

H.h. liu

I.A.C. (All Kinds Of Ins)

Imperial hotel, limited

Indian marine tariffs; The Burama Marine Insurance Agents' Association

Institute port risk clauses; Hongkong & Shanghai bank bldg

Institute running down and sister ship clause

Institute theft, pilferage and non-delivery (insured value) clause

Institute time clauses

Insurance company of north America

International assurance company, limited; International Assurance Company

International business machines corporation

Josenph liao

K.y. lin

Leysin

Li yu-ying

Liao hsu hsi

Liao ngan tow

Limita of accuracy in enterprisal profit accounting

Lin shin-tzeh

Lin tsung-yung

List of authorized signatures; Asia Realty Company

Liu hao ting

M. hutoransky

Marine loss

Marine loss

Metropolitan motors; D.G. Watts

Midland investment company, limited

Municipal gazette

Nippon kaizi kentei kyokai. (japan marine experts' association)

Notes

Noth pour m. francois

Olma chemicals, ltd.

Outgoing cables the c.n.b. New York

Pax trading co.

Peking syndicate, ltd.

Peter w. lin

Please return to document files American asiatic underwriter

Power Of Attorney

R. martens & company, inc.

Robert u.s. lin

Rundschreiben nr.XXXVI

Schedules annexed to the revised temporary foreign trade regulations

Sedgwick, collins & co., ltd.

Sedgwick, collins & co., limited

Shanghai insurance association

Shawmut bank

Signature and address of bearer

Southampton cherbourg New York

Speculation as a fine art

Stenographer's note book; Banque Franco-Chinoise

Stockholms enskilda bank; 上海市保险业委员会

Summary of cargo landed

T. nai. liang

Ten tragic years

The "tufplex" flat file

The American express company, inc.

The American oriental banking corp

The American oriental banking corporation

The American-oriental banking corporation

The American-oriental banking corporation banking service

The bank of toronto

The bank of toronto

The central bank of China

The chartered bank of India, Australia & China

The chase bank

The chase bank

The chase bank

The chihli river problem

The chung hwa wharf co., ltd.; American Asiatic Underwriters

The coming timber famine

The farmers and merchants national bank

The home insurance company

The inter-American system in peace and war

The national government Tientsin customs surtax government loan

The ocean accident and guarantee corporation, limited

The ocean accident and guarantee corporation, limited

The oriental book store

The swedish trading co. sole proprietor mr. w. henkin

The underwriters bank

The underwriters bank

The underwriters bank

The underwriters bank, inc.

The underwriters bank provident fund

The underwriters bank, inc.

The united export co., inc.

Tientsin customs average values of exports

Tientsin military control commission

Tientsin tele-communications administration advice

Translation

Tung chang company

Tungho trading corporation

U.S. to pay back money deposited in closed banks

U.S. government at work labor department

U.S.A. $. bank

Wang ko king

Westminster bank, limited

Y.y li

Yuen liang

宝记照相馆

保险金额条例

财政部天津金融管理局训令;Foundations and masonry structures

大通银行与李之汤、李高玉等人有关催件保险箱租金之事业务往来函件及有关单据

多家银行

法帝东方汇理银行昆明分行

剪报

交通部武汉电信局回执;交通部武汉电信局

美帝花旗银行企业索引表

美帝花旗银行人物索引表

美帝花旗银行组织索引表

美帝美国商业银行业务(上海)通函客户名册

美亚与香港分公司有关 S.S. "hoilee" exs.s. "sitges";American Asiatic Underwriters

商业信用调查表;和成银行

上海毛绒纺织公司

输入 临时管理委员会输入许可申请书

天津新华信托储蓄银行印鉴;天津新华信托储蓄银行

伪大通

伪刘鸿记;柳江煤矿铁路公司

谢子良履历

兴盛洋行

英帝麦加利银行

中法实业管理公司

中国人民银行上海市分行

中国人民银行上海市分行

中国人民银行上海市分行

中国人民银行上海市分行汽油、煤油车辆预定保险单

中央银行

重建协议;礼康实业建筑厂

资产阶级分子第二册

资产阶级分子第三册

资产阶级分子第四册

资产阶级分子第一册

二、法文资料

题名;责任者;出版时间;载体

Banque industrielle de Chine;1913;合同

Note sur l'extension du reseau de chemins de fer en Chine;1913.11;报告

Bordereau mensuel des assurances maritimes;1915;账本账单

Societe du grand hotel de pekin;1915—1916;报告

Legation de la republique francaise en Chine;1916;报告

Suriete du brand hotel de pekin;1917;账本账单

Banque belge pour l'etranger;1917—1950;综合

Compagine franco-Americaine d'assurances;1917—1950;综合

Banque de l'indo-Chine agenge de Shanghai;1918;综合

Acte de vente;Banque Industrielle De Chine;1919;报告

Effets escomptes sur place;1919;账本账单

Societe du grand hotel de pekin;1919;期刊

Tarif d'encaissement;1919;其他

Banque de l'indoChine;1919—1925;信件

L'energie eiectrique de Tientsin (bilan et compte de profits & peryes);1920;账本账单

Reglement applicable aux comptes courants;1920;其他

Bangue sino-francaise;1920.8;其他

Banque industrell de Chine;1920—1924;信件

Stock a paris scus notre dossier-rubrique;1920—1940;其他

Acte de vente;1921;综合

Mines de sel de tseliutsing;1921;档案

Profits & pertes du 1rer aout 1920 au 31 juillet 1921;1921;表格

Reglement general de la concession francaise;1921;其他

Banque industrielle de Chine;1921.3.29;信件

Banque industielle de China;1921.7;其他

Credit lyonnais agence de madrid;1921.7.27;账本账单

Banque belge pour l'etranger (extreme-orient) s.a.;1921—1926;综合

Banque industrielle de Chine;1922;其他

Banque nationale de credit rapports;1922;报告

Banque sino-francaise;1922;期刊

Banque union de boheme;1922;信件

Mission du tche-ly maritime Tientsin;1922;信件

Union de banques suisses;1922;期刊

Bail avec northern motors corporation;1922.1.19;信件

Loi du 24 mars 1922;1922.3;报告

Banque de l'indoChine;1922—1937;账本账单

Societe generale alsacienne de banque cologne;1922—1928;信件

Banque industrielle de Chine;1923;信件

Banque insustrielle de Chine;1923;信件

Banque undustrielle de Chine;Charles Frere;1923;信件

Direction generale, Paris;1923;账本账单

Profits & pertes du i aout;1923;账本账单

Service du controle no.i07;S.F.G.B.I.C Tientsin;1923;报告

Soci ete francaise de gerance;1923;报告

Societe francaise de gerance de la banque industrielle de Chine;1923;信件

Societe francaise de gerance de la banque industrielle de Chine Tientsin;1923;信件

Societe francaise de gerance de la banque industrielle de Chine Tientsin.;1923;综合

Tarif d'encaissement;1923;图书

Tribunal de commerce;1923;综合

Banque industrielle de Chine;1923.1.4;信件

Banque xindustrielle de Chine;1923.1.24;信件

Societe francai de g erance de la;1923.2—4;信件

Banque industrielle de Chine;1923.3.27;信件

Messrs. v. bazarsky & co.;1923.3.22—1924.1.18;综合

Societe francaise de gerance de la banque industrielle de Chine;1923.4.5—1925.1.22;信件

Banque industrielle de Chine;1923.5.3;信件

Agence de Tientsin;Banque Industrielle De China;1923.9.24;信件

Societe francaise de gerance de la;Banque Franco-Chase;1923.9.19;信件

Acte de vente;L'Ingenieur Municipal;1923.10.23;综合

Banque industielle de Chine;1923.10;信件

Extrait de la note directeur general monsieur carrere;1923.11.28;报告

Banque franco chinoise;中法工商银行;1923—1928;综合

Banque franco chinoise;1923—1946;信件

Banque franco-chinoise;1923—1944;综合

Banque franco-chinoise;1923—1948;综合

Banque franco-chinoise;1923—1950;综合

Banque franco-chinoise;1923—1950;综合

Banque franco-chinoise;1923—1950;综合

Banque franco-chinoise;1923—1950;综合

Banque franco-chinoise;1923—1950;综合

Banque franco-chinoise;1923—1950;综合

Banque franco-chinoise;1923—1950;综合

Banque franco-chinoise;1923—1950;综合

Banque franco-chinoise;1923—1950;综合

Banque franco-chinoise;1923—1950;综合

Banque franco-chinoise;1923—1950;

综合

Banque franco-chinoise;1923—1950;综合

Banque franco-chinoise;1923—1950;综合

Banque franco-chinoise;1923—1950;综合

Banque franco-chinoise;1923—1950;综合

Banque franco-chinoise;1923—1950;综合

Banque franco-chinoise;1923—1950;综合

Banque franco-chinoise;1923—1950;综合

Banque franco-chinoise;1923—1950;综合

Banque franco-chinoise;1923—1950;综合

Banque industrielle de Chine;1923—1925;信件

Banque industrielle de Chine;1923—1927;信件

Bnaque franco-chinoise;1923—1950;综合

Societe francaise de gerance de la banque industrielle de Chine;1923—1924;信件

Societe francaise de gerance de la banque industrielle de Chine Shanghai;1923—1924;信件

Societe immobiliere d'extreme-oreint;1923—1924;手稿

Agence generale de pekin;1924;信件

Le consul de france;Consulat de france;1924;信件

Assurance franco-asiatique;1924;综合

Banque franco-chinoise pour le commerce et l'industrie agence de Tientsin;1924;表格

Banque industrielle de Chine;1924;信件

Banque industrielle de Chine;1924;综合

Societe francai se de gerance de la banque industrielle de Chine;1924;信件

Societe francaise de gerance de la banque industrielle de China;Banque Industrielle De China;1924;信件

Expeditions et agtes de l'etat civil;1924.1.21;手稿

Banque franco chinoise;1924.2—1936.10;信件

Banque industrielle de Chine;1924.3.14;信件

Credit l'yonnais;1924.4.7;信件

Legation de france en Chine;1924.4.9;手稿

Banque industielle de China;1924.6.9;信件

Republique francaise;1924.6;其他

Banque union de boheme;1924.8.13;账本账单

Agence generale de dekin;G. Lion;1924.9;信件

Societe francaise de gerance;中法宝业管理公司;1924.9.8;综合

Societe francaise de gerance de la banque industrielle de Chine;中法宝业管理公司;1924.10.17;信件

Societe francaise de gerance de la banque industrielle de Chine Tientsin;1924.11.14;信件

Society francaise de gerance; Banque Industrielle De Chine; 1924.11.18; 信件

中央汽车公司; 1924.11; 报告

Jnvenlaive du holilier appailement; 1924.12.31; 账本账单

Societe francaise de gerance de la; Banque Industielle De Chine; 1924.12—1925.2; 报告

Banque de paris el des pays-bas geneve; 1924—1937; 信件

Banque franco chinoise; 1924—1947; 综合

Banque franco chinoise; 1924—1948; 综合

Banque franco chinoise; 1924—1948; 综合

Banque franco chinoise; 1924—1949; 综合

Banque franco-chinoise; 1924—1950; 综合

Banque franco-chinoise; 1924—1939; 综合

Banque franco-chinoise; 1924—1946; 综合

Cie franco Americaine d'assurances; 1924—1949; 综合

Credit foncier d'extreme-orient; 1924—1938; 综合

Monsieur le directeur de la banque de l'indoChine, canton; P. Servanin; 1924—1936; 信件

Proces verbal de passation de service; 1924—1925; 账本账单

Societe fonciere franco-chinoise de Tientsin; 天津中法义龙房产公司; 1924—1939; 综合

Societe francaise de gerance; 1924—1925; 档案

Societe francaise de gerance; 1924—1926; 信件

Societe francaise de gerance de la banque industrielle de Chine; 1924—1925; 信件

Societe francaise de gerance de la banque industrielle de Chine Tientsin; 1924—1925; 信件

Societe francaise de gerance de la banque industrielle de Chine Tientsin (duplicata); 1924—1925; 综合

Banque francaise de l'afrique bordeaux; 1925; 信件

Banque industrielle de Chine; 1925; 表格

Banque industrielle de Chine; 1925; 信件

Banque industrielle de Chine; 1925; 信件

Banque industrielle de Chine; 1925; 综合

Compagine franco-Americaine d'assurances; 1925; 报告

Societ franc aise de gerance de la; 1925; 信件

Societe francaise de gerance de la; 1925; 信件

Societe francaise de gerance de la; 1925; 信件

Porvision onez des tiers en F.R.B (etst semestriel No.65); 1925.1; 账本账单

Banque industrielle de Chine; 1925.2.23; 账本账单

Manufacturers trust company, new york; 1925.2; 报告

Societe francaise de gerance de la banque industrielle de Chine; 1925.2.16; 信件

Societe francaise de gerance de la; 1925.3;

信件

法国大律师董唐及庞纳富;1925.4;信件

Olivier-Chine;1925.5.6;信件

Sociele banque suicce;1925.9.3;合同

Agence generale de pekin;1925.10.13;报告

Societe francaise de gerance de la banque industrielle de Chine;1925.10;信件

Agence cenersle de Chine;S.F.G.B.I.C;1925—1927;信件

Banque des pays del'europecentrale;Agent De L'Union;1925—1930;信件

Banque franco chinoise;1925—1940;综合

Societe francaise de gerance de la banque industrielle de Chine Tientsin;Irving Bank And Trust Company;1925—1927;信件

Banque de paris et des pays-bas;1926;信件

Banque franco-chinoise;1926;信件

Banque franco-chinoise;1926;账本账单

Banque franco-chinoise;1926;综合

Banque franco-chinoise;1926;信件

Banque franco-chinoise;1926;信件

Banque industrielle de Chine Tientsin;1926;综合

Corps franais d'occupation de Chine;1926;手稿

Passation de service de la banque industrielle de Chine;1926;账本账单

Police francaise d'assurance maritime sur corps de navires a vapeur;1926;报告

Societe francaise de gerance;1926;综合

Societe francaise de gerance de la;1926;账本账单

Societe francaise de garance de la banque industrielle de Chine Tientsin;1926.1.8;信件

Banque industrielle de Chine;1926.2.26;账本账单

费尔慕诗大律师事务所;1926.2.22;信件

Banque franco chinoise;1926.3.6;信件

Banque industrielle de Chine;1926.3.2;账本账单

Banque franco chinoise 与 irving trust company 往来文件;1926.4—1938.1;综合

Union de banques suisses;Unicn Bank Of Switzerland;1926.5.11;报告

Renuis eu fanco;1926.6.23;信件

Messrs, brance industrielle de Chine;1926.7.1;信件

有关法国总会;1926.10—1929.8;档案

Messrs. m.d. kenton co;1926.11.29;信件

Banque industrielle de Chine pekin;1926.12.14;信件

Etablissements brossard mopin ingenieurs civils;1926—1928;信件

Avis de reception;1926—1931;综合

Banque de madagascar tananarive;1926—1935;信件

Banque de paris et des pays-bas bruxelles;1926—1939;综合

Banque franco chinoise;1926—1936;信件

Banque franco chinoise;1926—1941;综合

Banque franco-chinoise;1926—1934;综合

Banque franco-chinoise;1926—1936;综合

Banque franco-chinoise;1926—1942;综合

Banque generale de bulgarie sofia;1926—1927;信件

Banque interstrielle de Chine Tientsin;Inspection & Controle;1926—1923;报告

Compagnie olivier;1926—1927;信件

Societe de banque suisse;1926—1945;综合

Societe francaise de gerance;1926—1927;综合

Societe francaise de gerance;中法宝业有限公司;1926—1934;信件

Banque franco-chinoise;1926.2.22;报告

Banque de l'indo Chine;1927;信件

Banque de paris & des pays bas;1927;信件

Banque industrielle de Chine;1927;信件

Banque industrielle de Chine;1927;信件

Banque industrielle de Chine Tientsin (monsieur le commissaire);Banque Industrielle De Chine;1927;信件

Compagnie oliver;1927;信件

Situation au 30 juin 1939;1927;账本账单

Societe francaise de gerance;1927;信件

Societe francaise de gerance de la banque industrielle de Chine;1927;信件

Societe generale alsacienne de banque;1927;图书

Banque franco chinoise;1927.1.28;信件

Banque industrielle de Chine;1927.1.12;信件

Credit foncier d'extreme-orient;1927.1—1930.3;信件

Verrerie d'art et soufflage moderne;1927.1.19;综合

Banque franco-chinoise;1927.2.16;账本账单

Comptoir national d'escpmpte;1927.2.18;信件

France c. millington;1927.3;信件

Marrons glaces de l'ardeche;Pour Cl. Faugier;1927.3;信件

Banque industrielle de Chine;1927.5.25;信件

Construction d'un immeuble de rapport;Societe immobiliere d'extreme-orient;1927.6.15;报告

Societe francaise de gerance;Banque Franco-Chinois;1927.6.19;信件

M paul Benoist commissaire a l'execution du traite de reglement transactionnel de la banque indus ...;Mr. Benoist;1927.7—8;信件

天津老西开天主堂;1927.7;信件

Compagnie mondiale de transports;1927.8;综合

Agence generale de Chine;Banque Franco Chinoise;1927.9—10;信件

Liste des clefs telegraphiques;1927.9.12;综合

Agence generale de Chine;中法工商银行驻华总经理;1927.10.29;报告

Banque francaise & italienne;1927.10;

报告

Banque franco chinoise;1927.10;报告

Banque franco-chinoise;1927.11.19;报告

Societe francaise de librairie et d'edition; Banque Franco-Chinoise;1927.11.28;综合

Societe francaise des telephones interurbains balance sheet as at december 31;1927.12.31;表格

V. moyroux & cie;1927.12.20;综合

Banque de l'indo Chine;1927—1928;综合

Banque francaise & italienne pour l'amerique du sud. santiago;1927—1940;综合

Banque francaise et italienne pour l'amerique du sud;Banque Francaise;1927—1939;报告

Banque franco chinoise;1927—1929;信件

Banque franco chinoise;中法工商银行;1927—1929;信件

Banque franco-chinoise;1927—1947;综合

Banque franco-chinoise;1927—1928;信件

Banque franco-chinoise;1927—1931;信件

Banque franco-chinoise;1927—1947;综合

Comptes courants garantis par promissory-notes;Banque Franco-Chinoise;1927—1932;综合

Credit foncier d'extreme-orient;1927—1928;信件

Etude chao chuan;1927—1933;信件

Garage francais;1927—1928;信件

中法工商银行;1927—1951;综合

Banque belge pour l'etranger;1928;其他

Banque franco-chinoise;1928;账本账单

Banque franco-chinoise pour le commerce et l'industrie, Tientsin (C.F. Kleye Tientsin.);1928;信件

I'energie electrique;1928;信件

Societe detudes industrielles & commerciales;1928;图书

Banque franco chinoise;1928.7;信件

Banque franco-chinoise;1928.8;账本账单

Banque franco chinoise;1928—1942;信件

Banque franco chinoise;中法工商银行;1928—1946;综合

Banque franco chinoise;1928—1949;综合

Banque franco-chinoise;Messrs. Andres Merzarlo S.A.;1928—1930;信件

Banque franco-chinoise;1928—1938;信件

Banque franco-chinoise;1928—1940;合同

Banque franco-chinoise;1928—1948;综合

Cie pour la fabrication des;1928—1941;综合

Cie pour la fabrication des;1928—1941;综合

Olivier Chine;1928—1933;综合

Sociele des succzcies coloniales l'jlede la r'eunion;1928—1929;综合

Societe financiee d'entreprises en China; Banque Franco-Chinoise;1928—1947;综合

Stocks magasin cycles et motos;1928—1929;综合

The national city bank of nwe york messrs banque franco-chinoise;1928—1929;信件

Tribunal consulaire de france a Shanghai; Faillite Varenne & Co;1928—1930;综合

Banque belge pour l'etranger;1929;综合

Banque franco-chinoise;1929;其他

Expcopcialion de l'jimeulle de la jzanque; 1929;信件

Exproprialion de p'jmmeulle;1929;综合

Inventaire de la maison du directeur; 1929.1—1933.10;其他

Banque franco-chinoise;1929.2.20;信件

Messrs thomsen trading co. Tientsin; Banque Franco-Chinoise;1929.2.5;信件

Consulat de france a Tientsin;1929.3.6;手稿

Banque franco chinoise;中法工商银行;1929.4.18;其他

Banque franco-chinoise;1929.4.23;账本账单

Banque franco-chinoise;1929.4.6;账本账单

Bank of commumications (banque franco-chinoise);Bank Of Commumications,Tientsin;1929.5.18;信件

Commission du Hai-ho;1929.6;账本账单

Banque industrielle de Chine, Tientsin; Buchheister & Co;1929.7.12;信件

Comptoir national d'escompte;Banque Franco Chinoise;1929.7;信件

Releve des recettes et dee depenses de la; 1929.7.17;账本账单

Etablissements brossard-mopin;1929.8;综合

Cercle sportif francais;1929.10;账本账单

Companie franco-Americaiine d'assurances;1929.10.16;信件

Banque de l'indoChine note de portefeuille aadressee a l'angece de canton;1929—1939;信件

Banque franco chinoise;中法工商银行;1929—1949;综合

Banque franco-chinoise agence de Tientsin;Banque Franco-Chinoise;1929—1948;综合

Banque franco-chinoise pour le commerce et l'industrie;1929—1931;信件

Schweizerischer bankverein-societe de banque suisse;1929—1930;账本账单

丙 中法工商银行 房屋租赁合同;1929—1938;合同

中法工商银行;1929—1951;综合

中法工商银行;1929—1951;综合

中法工商银行(英法文版);1929—1951;综合

Banque belge pour l'etranger (extreme-orient) s.a;Banque Franco-Chinoise;1930;综合

Banque de l'indoChine telegramme;1930;其他

Banque de l'indoChine telegramme;1930;其他

Banque d'escompte suisse;1930;信件

Banque franco-chionise;1930;综合

Compagnie olivier;1930;其他

Credit lyonnais;1930;综合

Manufacture de bois contreplaques; General Veneer Factory;1930;信件

Memo etude w. tondon & h. bonnafous; 1930;信件

Olivier Chine;1930;信件

Societe battegey & cie;1930;账本账单

The banque franco-chinoise pour le commerce;1930.1.28;信件

Par devant maftre bernard leservoisier; Loia Todd;1930.2.17;报告

Banque belge pour l'etanger (extreme-orient) s.a.;1930.2.25;账本账单

Monsieur h. bar;1930.2.14;信件

法学博士 费尔慕诗大律师事务所; 1930.2.20;信件

Bordereau des pieces justificatives jointes a la situation generale de l'agenc;Banque Franco Chinoise;1930.3.5;综合

Tresorerie au;1930.3;账本账单

Comptoir national d'escompte de paris; 1930.7.24;账本账单

J.p. ferrer 78, rue de france;1930.8; 信件

Banque belge pour l'etranger;1930.10.6; 信件

L'energie electrique;1930.12;账本账单

Conditions applicables a nos correspondants;American-oriental banking corporation;1930.12.31;信件

Banque de l'indo Chine;1930—1931; 综合

Banque franco chinoise;1930—1935; 信件

Banque franco chinoise;中法工商银行; 1930—1937;账本账单

Banque franco chinoise;1930—1941; 报告

Banque franco chinoise;1930—1941; 信件

Banque franco chinoise;1930—1945; 信件

Banque franco chinoise;1930—1947; 信件

Banque franco chinoise;1930—1949; 综合

Banque franco-chinoise;1930—1939; 综合

Banque franco-chinoise;1930—1941; 综合

中法工商银行;1930—1939;档案

Banque franco-chinoise;1931;综合

Banque franco-chinoise;1931;信件

Banque franco-chinoise pourle;1931;信件

Carte dossier de 120 kgs;1931;信件

Chemins de fer de l'etat chinois;1931; 信件

Compagnie charles ley s.a;Banque Franco-Chinoise;1931;信件

Energie electrique de Tientsin;1931;信件

Franco-Americaine d'assurances;1931; 综合

Mission catholique de Tientsin;1931;手稿

Mission de sienhsien race course road (achat valeurs or;1931;信件

Oliver-Chine;1931;其他

Traduction d'un article du ta kung pao du15 mai 1931；1931；信件

Banque belge pour l'etranger, s.a.；1931.2.10；信件

Institut international de statistique；1931.3.15；其他

Banque de l'indoChine；1931.5.7；信件

Oliver Chine to the manager of banque franco-chinoise pour le commerce t l'industrie；1931.5.20—27；信件

Contrat d'avance en compte courant；Mr. Hardel；1931.6.15；报告

Credit commercial de france；1931.6.18；信件

L'energie electrique de Tientsin；1931.6.1；信件

Societe banque suisse zurich；1931.6.2—9.3；信件

Pei ping, le 12 juin 1931；1931.6.12；账本账单

Banque de l'indoChine；1931.7.27；信件

Banque franco chinoise 报告；1931.7；报告

Comptoir national d'escompte de paris；1931.7.26；账本账单

Maitre du pac de marsoulies；Rue Cho Pao San；1931.7；信件

Olivier Chine；1931.7.15；信件

To the manager of banque franco-chinoise；Banque Franco-Chinoise；1931.7.1；信件

Banque de Chine；1931.8；账本账单

Agence de peiping；Banque Franco-Chinoise；1931.9.29；信件

Banque franco-chinoise；1931.9.1；账本账单

Expertise des immeubles de la s.i.e.o. (i203/t.i10)；1931.10；报告

Oliver Chine to the manager of banque franco-chinoise pour le commerce et l'industrie；1931.10.2；信件

Banque belge l'etranger (extreme-orient) s.a.；China & South Sea Bank；1931—1936；综合

Banque de l'indoChine；1931—1932；账本账单

Banque franco chinoise；1931—1940；账本账单

Banque franco chinoise；中法工商银行；1931—1940；账本账单

Banque franco chinoise pour le commerce et l'industrie；1931—1936；综合

Banque franco-chinoise；1931—1947；账本账单

Banque franco-chinoise；1931—1939；综合

Banque franco-chinoise；1931—1933；综合

利华放款公司；1931—1934；信件

Banque belge pour l'etranger；1932；账本账单

Banque franco-chinoise；1932；信件

Banque franco-chinoise；1932；账本账单

Banque franco-chinoise；1932；账本账单

Banque franco-chinoise a Tientsin；Banque Franco-Chinoise；1932；报告

Banque franco-chinoise Tientsin；1932；信件

Cahier des charges；1932；综合

Olivier Chine；1932；账本账单

Societe generale;1932;其他

Banque imperiale ottomane;American Asiatic Underwriters;1932.1;其他

Messrs. o. joerg & co Tientsin;S.G. Sabbagh & Bro;1932.1.12;信件

Banque franco-chinoise;Banque Franco-Chinoise;1932.2.12;信件

Invenraire de la maison du di ecteur;1932.2.28;报告

Banque belge pour i'etranger s.a.;1932.4;信件

Banque franco chinoise;中法工商银行;1932.4;报告

La croix rouge francaise;1932.4.21;信件

Banque franco-chinoise;Banque Franco-Chinoise;1932.5.28;信件

Banque franco-chinoise;Banque Franco-Chinoise;1932.5.5;账本账单

Banque franco chinoise;1932.7;其他

Banque franco-chinoise;Banque Franco-Chinoise;1932.7.2;信件

Agence de Tientsin;Banque Franco Chinoise;1932.9;信件

Banque franco-chinoise;Banque Franco-Chinoise;1932.9.3;信件

Banque franco-chinoise;Banque Franco-Chinoise;1932.9.6;信件

Banque franco-chinoise;Banque Franco-Chinoise;1932.11.14;信件

Banque franco-chinoise;1932.11.30;账本账单

Cie franco Americaine d'assurances;1932.11.22;账本账单

Banque franco-chinoise;Banque Franco-Chinoise;1932.12.22;信件

Chung te tang procure de la mission de sienhsien;1932.12.22;手稿

Banque de l. indoChine;1932—1937;综合

Banque franco chinoise;中法工商银行;1932,1941,1942;账本账单

Banque franco chinoise;中法工商银行;1932—1942;综合

Banque franco chinoise;1932—1947;账本账单

Banque franco-chinoise;中法工商银行;1932—1938;信件

Banque franco-chinoise;1932—1939;综合

Expertises des immeubles de Tientsin-moukden-pekin & peitaho;1932—1940;综合

Louis ogliastro & cie. sarl.;1932—1940;信件

Procure de la mission de sienhsien;1932—1933;手稿

Titres en depot-entrees;1932—1939;表格

Banque franco chinoise;1933;信件

Banque franco chinoise;中法工商银行;1933;信件

Banque franco-chinoise;1933;账本账单

Banque jmperiale ottomane paris;1933;信件

Conliole ogence de Tientsin;1933;综合

Credit du nord;1933;综合

Les voiturs de tourisme renault 1933;1933;报告

Wecter geran Chine Shanghai;1933;其他

Banque franco chinoise 往来文件;1933.1—1934.1;信件

Banque franco-chinoise; Banque Franco-Chinoise;1933.1.25;信件

Expertises des immeubles de la societe immobiliered d'extreme-orient; 1933.1.9;报告

Messrs. martin katz & co.; 1933.1.16;信件

共益公司; 1933.1.11;信件

Banque franco-chinoise; Banque Franco-Chinoise;1933.2.16;信件

Banque franco-chinoise; Banque Franco-Chinoise;1933.2.22;信件

Banque franco-chinoise; Banque Franco-Chinoise;1933.2.22;信件

L'enwegie electrique; 1933.2.18;信件

Banque franco chinoise; 1933.3;表格

Banque franco-chinoise; Banque Franco-Chinoise;1933.3.25;信件

Banque franco-chinoise; Banque Franco-Chinoise;1933.3.25;信件

Banque franco-chinoise; Banque Franco-Chinoise;1933.4.22;信件

Banque franco-chinoise; Banque Franco-Chinoise;1933.4.7;信件

Banque franco-chinoise; Banque Franco-Chinoise;1933.5.10;信件

Banque franco-chinoise; Banque Franco-Chinoise;1933.5.20;信件

Banque franco-chinoise; Banque Franco-Chinoise;1933.5.6;信件

Banque franco-chinoise; Banque Franco-Chinoise;1933.5.8;信件

Banque franco-chinoise; Banque Franco-Chinoise;1933.5.8;信件

Banque franco-chinoise; Banque Franco-Chinoise;1933.5.8;账本账单

Banque franco-chinoise; Banque Franco-Chinoise;1933.6.15;信件

Banque franco-chinoise; Banque Franco-Chinoise;1933.6.30;信件

Banque franco-chinoise; Banque Franco-Chinoise;1933.6.8;信件

Banque franco-chinoise; 1933.6.8;信件

Banque franco-chinoise; Banque Franco-Chinoise;1933.7.13;信件

Banque franco-chinoise; Banque Franco-Chinoise;1933.7.17;信件

Banque franco-chinoise; Banque Franco-Chinoise;1933.7.2;信件

Banque franco-chinoise; Banque Franco-Chinoise;1933.7.21;信件

Banque franco-chinoise; Banque Franco-Chinoise;1933.7.26;信件

Banque franco-chinoise; Banque Franco-Chinoise;1933.7.30;信件

Banque franco-chinoise; Banque Franco-Chinoise;1933.7.8;信件

Note sur les operation effectuees; 1933.7.1;其他

Olivier chine; 1933.7.10;账本账单

Transpert a la societe Chine indoChine immobiliere; 1933.7.1;报告

Banque franco-chinoise; Banque Franco-Chinoise;1933.8.3;信件

Societe lyonnaise des eaux & de l'eclairage; 1933.8—9;报告

Babque francaise & italienne; 马场汽车行;1933.10.6;信件

Accuse de reception; 1933.11.10;信件

Banque belge pour l'etranger; 1933.11.4;

账本账单

Banque francaise et italienne (signature autorisees au bresil);1933.11;其他

Banque franco-chinoise;1933.11.17;账本账单

Etude w. tondon & bonnafous;1933.12.5;信件

Banque franco chinoise;中法工商银行;1933—1942;综合

Banque franco chinoise;1933—1946;信件

Banque franco chinoise;1933—1948;综合

Banque franco-chinoise;1933—1934;期刊

Olivier Chine;1933—1934;综合

Societe de banque suisse;1933—1936;信件

Societe de banque suisse;1933—1945;综合

Banque franco chinoise;1934;信件

Banque franco-chinoise;1934;信件

Banque franco-chinoise;1934;信件

Banque franco-chinoise;1934;账本账单

Banque franco-chinoise;1934;综合

Conseil d'administeration;1934;信件

Franco-Americaine d'assurances;1934;综合

Messrs banque franco-chinoise;1934;综合

Mission catholique de Tientsin;1934;信件

Procure de la mission de sienhsien;1934;信件

Police flottante d'assurance;Jute & General Merchandise;1934.1.1;报告

Banque franco chinoise;1934.3;信件

Banque franco-chinoise agence de Shanghai;1934.4.30;综合

Etat des avances au 30 avril 1943;1934.4.30;账本账单

Usines & boulonneries hermant huguet;1934.4.30;账本账单

Nederlandsch indische handelsbank n.v.;1934.5;信件

Credit foncier d'extreme-orient;The American Oriental Finance Corporation;1934.7.30;报告

Banque franco chinoise;1934.8;信件

Paul premet avocat docteur en droit;Garage Central;1934.9.4;信件

Banque de madagascar;1934.10.19;信件

Banque national pour le commerce et l'industrie;1934.11.25;信件

Recapitulation des chiffres indiques dans la note;1934.12.31;账本账单

Repartition des features;1934.12.31;账本账单

Banque franco-chinoise;1934—1346;账本账单

Banque belge pour l'etanger (extreme-orient) s.a.;1934—1937;信件

Banque franco chinoise;中法工商银行;1934—1941;综合

Banque franco chinoise 账单;中法工商银行;1934—1935;账本账单

Banque franco-chinois;1934—1947;综合

Banque franco-chinoise pour le commerce et l'industrie & the thriftcor bank;1934—1940;综合

Conseil d'administration municipale de la

concession francaise;1934—1937;综合

Banque franco-chinoise;1935;综合

Banque franco-chinoise pour le commerce et l'industrie;Banque Franco-Chinoise;1935;信件

Banque transatlantique paris;1935;综合

Bordereau des pieces justificatives jointes a la situation generale de l'agence;1935;账本账单

Cher monsieur franceis;W.L. Guthrie;1935;信件

Renseignements divers;1935;综合

Societe de banque soises;1935;手稿

Comptoir national d'escpmpte de paris;1935.1;账本账单

Duplicata original expedie par avion;Haskins & Sells;1935.6.15;综合

Banque belge pour l'etramger (extreme-orient) s.a;H.W. Weyler;1935.8.8;信件

中法工商银行;1935.9—10;其他

Union des banques helleniques;L'owe Bingham & Matthews;1935.11.28;图书

Banque france-chinoise; Maitre R. De Laprade;1935—1940;综合

Banque franco chinoise;1935—1941;账本账单

Banque franco-chinoise pour le commerce et l'industrie;1935—1946;综合

Credit foncier d'extreme-orient;1935—1950;信件

法帝中法工商银行天津分行;1935—1941;综合

Avance ou Escompte;The Chase Bank;1936;合同

Banque de indo Chine telegramme teleegram;1936;其他

Banque franco-chinoise;1936;账本账单

Banque franco-chinoise;1936;综合

Banque ottomane;1936;综合

Le president du conseil d'administration;1936;账本账单

Letters de la municipalite chinoise de Tientsin;1936;综合

Proces verbal de constat;1936;档案

Societe du grand hotel de pekin; grand hotel de pekin;1936;综合

Banque franco-chinoise;1936.2.6;其他

Memo etude w. tondon & h. bonnafous avocats;The North China Advertising Co.;1936.2.18;信件

Banque franco-chinoise;1936.3.6;信件

Banque belge pour l'etranger, s.a.;1936.5.4;信件

Banque franco-chinoise;1936.5.6;报告

Societe China-indoChine immobilliere;The Chinese Bank;1936.5.5;信件

Oliver-Chine Tientsin;1936.6.30;信件

B.f.c. direction agence de Tientsin;1936.9.30;账本账单

Banque franco-chinoise;1936.9.29;账本账单

Banque franco-chinoise;1936.9.3;信件

F. browet 5, boulevard des arbaletriers nivelles;Mr. Eisler;1936.10;手稿

Immeuble de la societe immobiliere d'extreme-orient;1936.10;其他

Societe generale;1936.10;报告

Banque de l'indo Chine, Tientsin.;1936.11;信件

Banque franco chinoise;1936—1941;信件

Banque franco chinoise;1936—1950;综合

Banque franco-chinoise;中法工商银行;1936—1937;综合

Banque franco-chinoise;1936—1939;信件

Banque franco-chinoise;1936—1942;账本账单

Banque franco-chinoise;1936—1946;账本账单

Banque franco-chinoise pour le commerce et l'industry;Banque Franco-Chinoise;1936—1937;综合

Bibliotheque francaise de Tientsin;1936—1940;综合

Mr. d. habinsky;Banque Franco-Chinoise;1936—1941;综合

Societe francaise des telephones interurbains balance sheet with supplements;1936—1939;表格

兴盛洋行;1937;信件

Banque de l'indoChine;1937;其他

Banque de l'indoChine;1937;账本账单

Banque de l'indoChine;1937;账本账单

Banque franco-chinoise;Adj Bertrand;1937;综合

Banque franco chinoise;中法工商银行;1937;其他

Banque franco chinoise 律师信;中法工商银行;1937;信件

Banque franco-chinoise;1937;账本账单

Banque franco-chinoise;1937;账本账单

Cathay oil co., fed., inc., U.S.A.-rxchange sales undereca;1937;账本账单

Consulat de france a Tientsin;1937;信件

Credit foncier d'extreme-orient;1937;信件

Etat des principaux comptes crediteurs. au;1937;信件

Extrait de la presse japonaise du 22 mars 1937;1937;报告

Gerance des immeuble de la s.i.e.o (dossier no.121);1937;综合

Gerance des immeubles de moukden (dossier no.121);1937;信件

Les exportations de sel de chang lou;1937;信件

Proposition de limited d'engagementsavec la clientell;1937;账本账单

Sociale jiancaisc des cilebones jnleiuilains;1937;综合

Societe generale alsacienne de banque;1937;综合

Telegramme envoye'a geran Chine Tientsin;Louis Dreyfus & Cie;1937;信件

Monsieur w. wecter;1937.1.7;信件

Extrait de la oresse japonaise du 22 mars 1937;1937.3.22;报告

Les exportations de sel de chang lou;1937.3.24;其他

Manufacture francaise d'armes & cycles de saint etienne;1937.3.6;账本账单

Banque belge pour l'etranger (extreme-orient);1937.4;综合

L'abandon de;The chase bank;1937.5;信件

Mustard's lines as users see them;1937.5.31;其他

Extrait de la presse japonaise;1937.6.22;报告

Accorde par l'agence de tientain;1937.7.22;信件

Banque franco chinoise;1937.9—1938.4;账本账单

Banque franco-chinoise;中法工商银行;1937.9.4;信件

Banque franco chinoise;1937.10;报告

Banque franco-chinoise;1937.10.12;信件

Risques de l'agence de Tientsin carantis par le compradore;Banque Franco Chinoise;1937.10;其他

法帝中法工商银行天津分行函件;1937.12—1940.2;综合

Banque de l'indoChine;1937—1940;综合

Banque franco-chinoise;1937—1940;综合

Banque franco-chinoise;1937—1947;综合

Credit foncier d'extreme-orient;1937—1939;信件

Fontaine 寄往巴黎函件;1937—1939;信件

Mission catholique de Tientsin;Banque Franco-Chinoise;1937—1948;综合

Recepisse de depot;Banque Franco Chinoise;1937—1947;账本账单

Renseignements fournis par le compradore;永兴洋行;1937—1943;综合

Republique francaise ministere du commerce et de l'industrie;1937—1938;合同

法帝中法工商银行;1937—1941;信件

Banque de paris & des pays-bas;1937.7.24;信件

Agence de Tientsin;1938;报告

Banque de paris & des pays-bas;1938;信件

Banque de paris et des pays-bas;1938;账本账单

Banque franco chinoise 报告;中法工商银行;1938;报告

Banque franco-chinoise;1938;账本账单

Banque franco-chinoise;1938;账本账单

Banque franco-chinoise;1938;综合

Banque franco-chinoise Tientsin;Banque Franco-Chinoise;1938;信件

Chemin de fer de nanning a cheng nan quan;1938;报告

Chemin de fer de nanning a cheng nan quan;1938;期刊

Gouvernement general de l'indoChine;1938;账本账单

Rundschreiben nr.44;1938;其他

Situation des comptes"fonds de garantie";1938;账本账单

Titres en depot a Shanghai;1938;信件

Banque franco-chinoise;1938.3.30;账本账单

Consulat de france;1938.3.11;综合

Procure des franciscains;J. Gully;1938.3;其他

Banque franco-chinoise;1938.5.2;账本账单

Direction generale paris, resultate mensufls au 30 1948;1938.7;账本账单

Banque franco chinoise;1938.10;账本

账单

Banque franco-chinoise pour le commerce et l'industrie;Mr'F. Giraud;1938.10;合同

Banque franco-chinoise agence de Tientsin ordres de paiement;1938.11.14;表格

Banque franco chinoise;1938—1939;综合

Banque franco chinoise;中法工商银行;1938—1943;账本账单

Banque franco chinoise;中法工商银行;1938—1947;信件

Banque franco chinoise;1938—1948;账本账单

Banque franco chinoise 与各公司往来文件;1938—1939;综合

Banque franco-chinoise;1938—1939;综合

Banque franco-chinoise;1938—1941;账本账单

Compagnie franco-Americaine d'assurances;1938—1948;综合

Institute time clauses;Banque Franco-Chinoise;1938—1940;综合

Situation de liquidite et position de change au;1938—1940;账本账单

Banque de l'indoChine;1939;综合

Banque de l'indoChine Tientsin agency;1939;信件

Banque de paris et des pays-bas;1939;账本账单

Banque franco-chinoise;1939;账本账单

Banque franco chinoise;中法工商银行;1939;报告

Banque franco chinoise;1939;账本账单

Banque franco-chinoise;1939;信件

Banque franco-chinoise;1939;信件

Banque franco-chinoise;1939;账本账单

Banque franco-chinoise;1939;账本账单

Banque franco-chinoise;1939;账本账单

Banque franco-chinoise;1939;账本账单

Banque franco-chinoise;1939;账本账单

Banque franco-chinoise;1939;账本账单

Banque franco-chinoise;1939;账本账单

Banque franco-chinoise pour le commerce et l'industrie;1939;账本账单

Bordereau d'enc aissement-;1939;账本账单

Chemin de fer de kunming a suifu;1939;报告

Compagnie franco-Americaine d'assurances;1939;综合

Direct des agences de Chine;1939;账本账单

Forces de terre francaises en Chine;1939;信件

Fr-france;1939;账本账单

Henry s. de vault & co.;1939;综合

La federale compagnie anonyme d'assurances;1939;综合

Memorandum banque de l'indoChine;Banque de l'indoChine;1939;综合

Orin de motte walker;1939;信件

中法工商银行;1939;综合

中法工商银行;1939;综合

Banque franco chinoise;1939.3;综合

Banque franco-chinoise;1939.3.16;信件

Monsieur j. medard;1939.3.21;信件

Son excellence monsieur A boppe; 1939.3;信件

Banque de l'indoChine; 1939.4.4;综合

Banque franco chinoise; 1939.5;综合

Banque franco-chinoise pour le commerce et l'industrie; Banque Franco-Chinoise;1939.5.30;综合

Banque de paris et des pays-bas; 1939.6.17;账本账单

Consulat de france; 1939.6;综合

Numertage des cables de et a mr. bar; 1939.6.5;信件

Olivier Chine; 1939.7.12;账本账单

Banque franco-chinoise; 1939.8.17;账本账单

Banque franco-chinoise; 1939.8.23;信件

Compagnie des messageries maritimes; Banque Franco Chinoise;1939.8—9;信件

Banque franco-chinoise pour le commerce l'industrie; 1939.10.7;综合

Banque franco chinoise; 1939.11;账本账单

Banque franco chinoise; 1939.11;账本账单

Banque ottomane; 1939.11.18;综合

Olivier Chine; 1939.11.13;信件

Banque franco-chinoise; 1939.12.4;账本账单

Banque cantonale neuchateloise; 1939—1948;信件

Banque franco-chinoise; 1939—1940;账本账单

Credit foncier d'extreme-orient; 1939—1941;信件

法帝中法工商银行天津分行; 1939—1942;综合

Banque de l'indoChine; 1940;信件

Banque de l'indoChine; 1940;账本账单

Banque de l'indoChine; 1940;账本账单

Banque de l'indoChine; 1940;综合

Banque de l'indoChine; 1940;综合

Banque de l'indoChine; 1940;综合

Banque franco chinoise; 1940;综合

Banque franco chinoise pour le commerce et l'industrie; 1940;综合

Banque franco-chinoise; 1940;信件

Banque franco-chinoise; 1940;信件

Banque franco-chinoise; 1940;账本账单

Banque franco-chinoise; 1940;账本账单

Banque franco-chinoise; 1940;账本账单

Banque franco-chinoise; 1940;账本账单

Banque franco-chinoise; 1940;账本账单

Banque franco-chinoise; 1940;综合

Banque franco-chinoise; 1940;综合

Banque franco-chinoise pour le commerce et l'industrie; 1940;综合

Banque ottomane; 1940;账本账单

Banquet de l'indoChine; 1940;账本账单

Compagnie franco-Americaine d'assurances; 1940;信件

Compagnie franco-Americaine d'assurances; 1940;综合

Compagnie franco-Americaine d'assurances; 1940;综合

Contrat de cooperation miniere; 1940;报告

Controle des existences;1940;信件

Copy of telegram received by compagnie franco-Americaine d'assurances;1940;其他

Credit foncier d'extreme-orient;Banque Franco-Chinoise;1940;信件

Doney & company (the manager, banque franco-chinoise);1940;信件

Etat des recettes;1940;账本账单

La federale compagnie anonyme d'assurances zurich liste des signatures autorisees;1940;综合

Liquidation e medard et cie;1940;综合

Parts cooiete financiere d'indoChine;1940;综合

中法工商银行北京分部与天津分部来往函件;1940;信件

Banque franco chinoise 和 the swiss bank corporation;1940.1;信件

Compagnie des industries electriques de la Chine du nord;Banque Franco Chinoise;1940.1;报告

Loss receipt from the compagnie franco Americaine d'assurances;1940.1;账本账单

Societe de transactions generales;1940.1;报告

Banque franco chinoise;中法工商银行;1940.2;信件

Banque franco chinoise;中法工商银行;1940.2.27;信件

Banque franco-chinoise;中法工商银行;1940.2.29;账本账单

Affaire fonciere & immobiliere de Chine;1940.4—1941.9;报告

Banque franco chinoise;1940.4;信件

Banque franco-chinoise;1940.4—5;账本账单

Rapport du conseil d'administration et du commissaire aux comptes;1940.4;报告

Banque franco-chinoise;1940.5.21;账本账单

Yee tsoong tobacco distributors limited. (banque franco-chinoise, Tientsin.);1940.5;信件

Banque franco-chinoise;1940.6;账本账单

Compagnie franco-Americaine d'assurances;1940.6.2;账本账单

Banque franco-chinoise pourle commecre et l'industrie;Banque Franco-Chinoise;1940.9.26;账本账单

Agence de Tientsin;Banque Franco-Chinoise;1940.10.12;账本账单

Banque franco chinoise;1940.10;表格

Banque franco chinoise Shanghaiociete financiere d'entreprises en Chine;1940.10;报告

Monsieur h. bar, directur des agences de China;1940.10.14;信件

Societe anonyme francaise au capital de millions de francs;中法工商银行;1940.10.2;合同

Banque franco-chinoise;1940.11.25;账本账单

Compagnie franco-Americaine d'assurances;1940.11.19—1941.9.30;信件

Compagnie franco-Americaine d'assurances;1940.11;信件

Recu de le received from the banque franco-chinoise;Banque Franco-

Chinoise;1940.11.18;信件

Agence de Tientsin; Banque Franco-Chinoise;1940.12.19;账本账单

Banque franco chinoise; Cathay mansions, ltd.;1940.12—1941.6;综合

Releve de votre compte "francs" du ler janvier 19470 au 31 december 1940; 1940.12.31;账本账单

Tresorerie au 15 septembre 1947; Banque Franco-Chinoise;1940.12.20;账本账单

Banque franco chinoise; 1940—1941;账本账单

Banque franco chinoise; 中法工商银行;1940—1941;账本账单

Banque franco chinoise; 中法工商银行;1940—1941;综合

Banque franco chinoise; 中法工商银行;1940—1942;综合

Banque franco chinoise; 中法工商银行;1940—1943;综合

Banque franco chinoise; 1940—1944;综合

Banque franco chinoise; 1940—1947;账本账单

Banque franco-chinoise; 1940—1945;综合

Banque franco-chinoise; 1940—1941;账本账单

Banque franco-chinoise; 1940—1941;账本账单

Banque franco-chinoise; 1940—1950;综合

Banque franco-chinoise pour le commerce et l'industrie; 1940—1941;综合

Banque Franco-Chinoise pour le commerce et l'industrie; Banque Franco-Chinoise;1940—1946;综合

Bordereau des pieces justificatives; 欧普洋行;1940—1947;综合

Credit foncier d'extreme-orient; 1940—1942;信件

O. joerg & co. to the banque franco-chinoise; 1940—1941;信件

Telegrammes recus par; 1940—1941;综合

华兴懋业公司财务债券及期票; 1940—1950;档案

Agence de marseille; Banque Franco-Chinoise;1941;综合

Assurance franco-asiatique; 1941;综合

Banque belge pour l'etranger; 1941;信件

Banque belge pour l'etranger (extreme-orient) s.a.; 1941;账本账单

Banque franco chinoise; 中法工商银行;1941;其他

Banque franco chinoise; 中法工商银行;1941;信件

Banque franco chinoise; 1941;综合

Banque franco chinoise; 中法工商银行;1941;综合

Banque franco chinoise; 1941;综合

Banque franco-chinoise; 1941;账本账单

Banque franco-chinoise; 1941;账本账单

Banque franco-chinoise; 1941;账本账单

Banque franco-chinoise; 1941;账本账单

Banque franco-chinoise; 1941;账本账单

Banque franco-chinoise; 1941;综合

Banque franco-chinoise; 1941;综合

Banque franco-chinoise; 1941;综合

Banque franco-chinoise pour le commerce l'industrie;1941;账本账单

Banque franco-chinoise (1057);1941;账本账单

Banque Industielle De Chine (Vladivostock).账本账单;1941;账本账单

Banque industrielle de Chine;1941;账本账单

Banque industrielle de Chine;Banque Franco-Chinoise;1941;账本账单

Bordereau banque franco-chinoise;1941;账本账单

Chemin de fer de chengtu a chungking;1941;账本账单

Cie franco-Americaine d'assurances (英文、法文版);1941;综合

Compagnie franco-Americaine d'assurances;1941;信件

Compagnie franco-Americaine d'assurances;1941;综合

Compagnie franco-Americaine d'assurances;1941;账本账单

Compagnie franco-Americaine d'assurances;1941;账本账单

Compagnie franco-American d'assurance;1941;综合

Compte courant a la banque de paris et des pays-bas;1941;账本账单

Contrats de chemins de fer en Chine;1941;报告

Custom house to the manager, banque franco-chinoise, local;1941;账本账单

Franco-Americaine d'assurances;1941;账本账单

Franco-Americaine d'assurances;1941;综合

Le journal de Shanghai;1941;其他

Note pour m. francois;1941;报告

Societe financiere d'entreprises en Chine;1941;账本账单

Banque franco-chinoise;1941.1—12;账本账单

Societe financiere d'entrfises en ohine;E. & O.E.;1941.1—12;账本账单

Societe financiere dindoChine;1941.1.31;其他

Banque franco chinoise (application for t/t);P.T.O.;1941.2—3;账本账单

The national city bank of new york (banque franco-chinoise, rue de france, Tientsin);1941.2.28;信件

The national city bank of New York (the manager banque franco-chinoise pour le commerce et l'indus ...;1941.2—4;账本账单

Banque franco chinoise;1941.3;账本账单

Banque franco chinoise (to national city bank of New York, Tientsin);P.T.O.;1941.3—4;账本账单

Societe financiere d'entreprises en Chine;1941.3—4;综合

Application for demand draft (to banque franco-chinoise pour le commerce et l'industrie, Tientsin;The National City Bank Of New York;1941.4.9;账本账单

Banque franco-chinoise;1941.4.22;账本账单

Banque franco-chinoise;1941.4.28;账本账单

Banque franco-chinoise;1941.4.28;账本

账单

Le journal de Shanghai 法文上海日报;上海日报;1941.4.18;期刊

Banque franco-chinoise;1941.6.14;账本账单

Banque franco-chinoise agency de Tientsin;1941.6.30;账本账单

Cher monsieur veron;1941.6.4;信件

中法两国签订的中法商业的协议;中法工商银行;1941.6—1942.6;综合

Banque franco-chinoise;1941.7.30—1942.12.4;账本账单

Banque franco-chinoise;1941.7.4;账本账单

Mon cher ami;1941.7.2;信件

兴盛洋行 往来文件;Banque Franco Chinoise;1941.8—1942.10;综合

Banque franco-chinoise;中法工商银行;1941.9—11;综合

Banque franco-chinoise four le commerce et l'industrie;Banque Franco-Chinoise;1941.9.23;账本账单

Cie franco-Americaine d'assurances;1941.9.18;账本账单

Compagnie continentale de l'indoChine;1941.9.27;信件

Compagnie franco-Americaine d'assurances;1941.9.25;账本账单

Monsieur h. bar directeur des agences de Chine;Banque Franco Chinoise;1941.9;综合

Banque franco-chinoise;中法工商银行;1941.10—11;信件

Banque franco-chinoise;中法工商银行;1941.10—11;其他

Compagnie franco-Americaine d'assurances;1941.10.9;账本账单

F.f. mathieu;1941.10.3;信件

Messgeries terrestres et maritimes;1941.10.28;综合

Banque franco-chinoise;中法工商银行;1941.11.13;其他

Bordereau des pieces justificatives jointes a la situation generale de l'agence;1941.11;综合

Des sommes bestant dues par le gouvernement chinois;1941.11.5;报告

Banque franco-chinoise;1941.12.5;账本账单

La mutuelle;American Asiatic Underwriters;1941.12.21;信件

Situation des comptes du chemin de fer sui-kun en supposant les accords;1941.1.5;报告

Banque franco-chinoise;1941—1949;综合

"Gascogne" petites depenses D'entretien;1942;账本账单

Banque de l'indoChine;1942;综合

Banque franco-chinoise;1942;账本账单

Banque franco-chinoise;1942;账本账单

Banque franco-chinoise;1942;账本账单

Banque franco-chinoise;1942;账本账单

Banque transatlantique;1942;其他

Compte n5;1942;账本账单

Direction des agences de Chine;1942;账本账单

Ordres de paiments;1942;表格

Renseignements sur les operations des

comptes s.o.f.e.c.;1942;账本账单

Messrs. moyler powell & co.;1942.1.30;信件

Ambassade de france;1942.2.3;综合

Etude w. tondon & h. bonnafous avcoats pekin & Tientsin;1942.5.5;信件

Banque franco-chinoise 账本账单;1942.6;账本账单

Compagnie franco-Americaine d'assurances;1942.6;报告

Franco-Americaine d'assurances;Home Office;1942.7.21;综合

Messrs. gregorieff & co., ltd. 860 - 864 avenue joffre, Shanghai;1942.7.6;综合

Banque franco chinoise;中法工商银行;1942.9—11;综合

Banque de l'indoChine;1942.11.26;其他

Direction des agences de Chine Shanghai;Banque Franco-Chinoise;1942.11.30;信件

Foeces de terre francaises;1942.11;信件

Compte n4;1942.12.31;账本账单

Banque franco chinoise;1942—1946;账本账单

Banque franco-chinoise;1942—1943;账本账单

Banque franco-chinoise;1943;账本账单

Banque franco-chinoise;1943;综合

Banque franco-chinoise pour le commerce et l'industrie;1943;信件

Compte n6;1943;账本账单

Swiss bank corporation societe de banque suisse;1943.2.8;账本账单

Schweizerischer bankverein societe de banque suisse;1943.3.22;账本账单

Consulat de france a tien-tsin;Banque Franco-Chinoise;1943.8.7;综合

Banque franco chinoise;1943.10;信件

Strictement personnelle & confidentielle;1943.10—11;信件

Agence de Shanghai;Banque Franco-Chinoise;1943.12.31;信件

Consulat de france a Tientsin;1943.12.7;信件

Banque franco-chinoise;1943—1947;综合

Banque franco-chinoise pour le commerce et l'industrie pekin;1943—1944;账本账单

Banque franco-chinoise pour le commerce et l'industrie Tientsin;1943—1944;信件

Le journal de Shanghai;1943—1944;账本账单

Releve du compte c.n. $. de l'agence de Tientsin;Banque Franco-Chinoise;1943—1946;账本账单

Schweizerischer bankverein societe de banque suisse;1943—1944;综合

Banque franco-chinoise;1944;账本账单

Banque franco-chinoise;1944;账本账单

Banque franco-chinoise;1944;账本账单

Banque franco-chinoise;1944;综合

Consulat de france;1944;信件

Banque franco chinoise;中法工商银行;1944.1—1945.7;账本账单

Banque franco chinoise Shanghai;1944.1;账本账单

Banque franco-chinoise;1944.1;账本账单

Banque franco-chinoise;1944.1.17;账本账单

Banque franco-chinoise;1944.1.19;账本账单

Banque franco-chinoise;1944.1.21;信件

Societe de banque suisse schweizerischer bankverein;1944.2.9;信件

Banque franco-chinoise;1944.6.30;账本账单

Olivier chine;1944.6.23;账本账单

Procure de la mission de sienhsien (chung te tang);1944.8.2;信件

Banque nationale pour le commerce et l'industrie;1944.9.9;其他

Bordereau des pieces justificatives jointes a la situation generale de l'agence;Banque Franco Chinoise;1944.10;账本账单

Banque franco-chinoise;1944.11;账本账单

Releve du comote frais d'exploitation;1944.11;表格

Banque franco chinoise;1944—1946;综合

Banque Franco-chinoise original;1944—1948;账本账单

Agence de Tientsin;1945;账本账单

Banque franco-chinoise;1945;综合

Chemin de fer de chengtu a chuncking;1945;报告

Explication des operations concernant le traitement de m. fontaine a partir du ler mars 1945;1945;账本账单

Bordereau des pieces justificatives jointes a la situation generale de l'agence;Banque Franco-Chinoise;1945.2.28;报告

Consulat de france Tientsin;1945.2.9;信件

Balance du grand-livre;1945.6.30;账本账单

Direction des agences de Chine;1945.7.12;账本账单

Monsieur le consul de france;1945.7.9;信件

Banque franco chinoise;1945.8—9;账本账单

Le directeur des agences de Chine;1945.8.3;账本账单

Balance du grand-livre;1945.9;账本账单

Banque franco chinoise;中法工商银行;1945—1947;报告

Banque franco-chinoise;1945—1946;账本账单

Acte de vente;1946;合同

Banque franco chinoise;1946;信件

Banque franco chinoise;1946;账本账单

Banque franco chinoise;1946;综合

Banque franco-chinoise;1946;账本账单

Banque franco-chinoise;1946;账本账单

Banque franco-chinoise;1946;账本账单

Banque franco-chinoise;1946;综合

Banque franco-chinoise;1946;综合

Banque franco-chinoise pour le commerce l'industrie;1946;账本账单

Banque franco-chioise;1946;账本账单

Caisse des oeuvres allocation annuelle cnc $.100000 aux O.F.C. Pekin;1946;档案

Chemin de fer de nanning a chen nan quan;1946;报告

Consulat de france Tientsin;1946;信件

Messrs. north China produce corp;1946;综合

Nomenclature dans l'ordre de l'inventaire de la banque;1946;其他

Projet pour amenager cet immeuble en 3 maisons a'habitation separees;1946;其他

Tramways de pekin;1946;综合

Wolfiam oie;1946;信件

Banque de l'indoChine;1946.1;账本账单

Franco-Americaine d'assurances;1946.2—3;综合

Personnel commissionne;1946.2.26;信件

Banque franco-chinoise pour le commerce et l'industrie Shanghai;1946.3.30;信件

Acte de vent;La societe immobiliere d'extreme orient;1946.5;其他

B.f.c paris;1946.5.8;信件

Monsiece field;The Chase Bank;1946.5.1;综合

Agence de Shanghai;Banque France Chinoise;1946.6.18;信件

Banque franco chinoise;1946.6;表格

Direction generale, paris;The Chase Bank;1946.6.24;信件

Messrs. j. twyford & son, ltd., Tientsin;大通银行;1946.8.2;综合

Consulat de france;1946.9.3;账本账单

La chambre;1946.9.14;期刊

Banque franco-chinoise;1946.10;其他

Banque ole baolagaocal galio;The Chase Bank;1946.10;账本账单

Messrs wan shing tai (万庆泰);Banque Franco Chinoise;1946.10—11;综合

Olivier-Chine;1946.10.16;信件

Banque franco chinoise;1946.12;其他

Banque franco-chinoise;1946.12;信件

Banque franco-chinoise pour le commerce & l'industrie;Banque Franco-Chinoise;1946.12.27;信件

Banque franco chinoise;中法工商银行;1946—1947;表格

Banque franco-chinoise;1946—1947;其他

Banque franco-chinoise pour le commerce et l'indusrtie;1946—1947;账本账单

Objets en inventaire;1946—1947;综合

Avance ou escompte;Mr. E.J. Schilling;1947;合同

Banque franco chinoise;1947;账本账单

Banque franco chinoise;1947;综合

Banque franco chinoise (中文、英文、法文版);1947;综合

Banque franco-chinoise;1947;账本账单

Banque franco-chinoise;1947;综合

Banque franco-chinoise pour le commerce et l'industrie;1947;账本账单

Banque national francaise du commerce exterieur;1947;综合

Compagnie d'assurances generales contre l'incendie et les explosions (general fire insurance comp ...;1947;账本账单

Direction des agences de chinse, Shanghai;1947;信件

Franco-Americaine d'assurances;1947;综合

Francois d'hardivilliers;1947;信件

Memorandum banque franco-chinoise; 1947;综合

Remeises sur l'etranger en; 1947;账本账单

Tarif d'encaissement; 1947;图书

Assurance franco-asiatique; 天津泰孚父子有限公司;1947.1—3;信件

Messrs. sondovitch bros., inc.; 1947.2.10—4.29;综合

Messrs. nichols Chinese rugs, inc.; 1947.3.12;信件

Olivier-Chine; 1947.3;综合

Credit foncier d'extreme-orient; 1947.4—1948.9;综合

Banque franco-chinoise; 1947.5.6;账本账单

Compagine franco-Americaine d'assurances; 1947.5.14;信件

Future contracts on world' commodity exchanges; The board for the temporary regulation of imports;1947.5—8;其他

Messrs. dairen kisen kaisha; 1947.5.26;信件

Monsieur w. wecter; 1947.5.15;信件

Banque franco-chinoise pour le commerce et Industrie; 1947.7.15;账本账单

Banque sino-francaise; 1947.7;其他

Capitaine pomes; The Chase Bank;1947.7.30;综合

Frais generaux; 1947.7;表格

Societe financiere d'entreprises en Chine; The Underwriters Bank;1947.8.18;账本账单

La mutuelle; The Chase Bank;1947.10.11;综合

Societe pour l exploitatjon des ets brossard nopin; The Chase Bank;1947.10—12;信件

Alliance francaise; 1947.12.20;信件

S.i.e.c. peiping immeuable ho yuen an che; 1947.12.31;表格

Agence de rapprochement au; 1947—1948;表格

Veuillez bien noter que les ecritures suivantes on ete passees a votre; Mr. S. Michaels;1947—1948;账本账单

Banque belge pour l'etranger; 1948;账本账单

Banque belge pour l'etranger (extreme orient) s.a.; 1948;合同

Banque franco chinoise; 1948;其他

Banque franco chinoise; 1948;信件

Banque franco chinoise(中文、英文、法文版); 1948;综合

Banque franco-chinoise; 1948;账本账单

Banque franco-chinoise; 1948;综合

Banque franco-chinoise Shanghai, le; 1948;报告

Copie pour l'agence de Tientsin; 1948;信件

Releve du compte commissions-Peking; 1948;账本账单

Societe financiere d'entreprises en Chine; 1948;账本账单

Thriftcor bank; 1948;账本账单

Banque belge pour l'etranger; 1948.1.29;其他

Societe generale; The Chase National Bank;1948.1;综合

Cr. ibf compagnie commerciale

marseillaise marseilles;The Chase Bank;1948.2.9;信件

La neuchateloise compagnie d'assurances sur la vie;American Asiatic Underwriters;1948.3.24;综合

Banque franco-chinoise;1948.5.14;账本账单

Banque franco chinoise;1948.6;表格

Banque franco-chinoise;1948.6.15;账本账单

Banque franco chinoise;The central bank of China;1948.7;综合

Banque franco-chinoise;1948.7.5;账本账单

Direction des agences de Chine Shanghai;Le & Aout;1948.7—1947.10;综合

Banque franco chinoise;1948.9;表格

Renises sur l'etranger en francs;1949.8;表格

Banque franco chinoise;1948.10;综合

Bordereau des pieces justificatives 账本账单;1948.10;信件-

Diplofrance paris;1948.11—1949.2;信件

Olivier Chine;1948.11.2;信件

Banque franco-chinoise;中法工商银行;1948.12.28;信件

Memorandum banque de l'indoChine acence de Tientsin;Banque Franco-Chinoise;1948.12.3;信件

"Gescofi" s.a.45, bld haussmann, 45 paris;1948—1949;信件

Compagnie franco-Americaine d'assurances;1948—1949;综合

Bordereau des traites remises par;1949;综合

Cie. franco-Americaine d'assurances;1949;综合

Cr inf de mao heng trading co. Tientsin;1949;综合

Societe Chine indoChine immobiliere;1949;其他

Ambassade de france en Chine;M. Dupnt;1949.2.11;信件

Assurance franco-asiatique;1949.2.28;账本账单

Messrs. o. thoresen & co.;1949.2.21;账本账单

Societe belge pour i'exportatio industrielle;1949.2.18;账本账单

Societe franco-chinoise de contructions;1949.2.3;信件

Messrs contiental forwarders;1949.3.1;账本账单

Olivier-Chine, s.a.;1949.3.1;信件

Banque franco chinoise;1949.4;综合

Messrs. j.p. kutchukian;William C. Ryan, Jr.;1949.5.2;信件

F. giraud;1949.8;账本账单

Messrs. anker b. henningsen. fed., inc., U.S.A.;1949.8.15;账本账单

Messrs. China x'ray co.;1949.8.16;账本账单

Banque franco chinoise;1949.9;报告

F. browet boulevard des arbaletriers nivelles;1949.9;手稿

Materiel de voie;1949.9;其他

Service des titres;中国人民银行上海市分行;1949.12.31;合同

Tranways de bnkin trolleybus;Monsieur Wectrr;1949.12.28;信件

Messrs, karatzas bros, fed., inc., U.S. A.; International Ins. Office; 1949—1950; 综合

P.e.t. co lettres aux tramways; 1949—1950; 信件

Objets en inventaire; Hankow Controlling Agency; 1949—1950; 账本账单

Ateliers de secheron; 1950; 信件

Banque de l'indoChine; 1950; 综合

Banque franco chinoise; 1950; 账本账单

Banque franco-chinoise; 1950; 信件

Banque franco-chinoise; 1950; 综合

Banque franco-chinoise; 1950; 综合

Conseil d'administration; 1950; 信件

Direction des agences de Chine; 1950; 综合

Union de banques suisses; 1950; 信件

Banque franco-chinoise; 1950.1.4; 账本账单

Messieurs olivier Chine; 1950.3.31; 账本账单

Banque franco-chinoise; 1950.4.5; 信件

Compagnie nouvelle de courtage et de transit; 1950.4.5; 信件

Banque franco chinoise; 1950.5; 报告

Banque franco chinoise; 1950.5; 报告

Banque franco chinoise; 1950.6; 信件

Compagnie nouvelle de courtage et de transit; 1950.7.31; 报告

Union siderurgique du nord de la france; 1950.7.28; 信件

Banque franco-chinoise; 1950.10.16; 信件

Banque sino francaise; The Hanover Fire Insurance Company; 1950.11.19; 账本账单

Societe anonyme pour l'industrie des oeufs; 1951; 档案

Holland-China handelscompagnie n.v.; The Chartered Bank Of India; 1951.2.10; 信件

华兴懋业公司北京代表处收支报告表; 1951.9—1952.2; 综合

中法工商银行(中文、法文版); 1951—1953; 综合

Messrs mao lung & co.; 1953; 综合

Banque de l'indoChine; Shanghai Branch; 1954; 账本账单

Maleiaux; Banque France-Chinoise; 1955; 账本账单

Societe financiere d'entrepeprises en Chine; H.K. Nahcai; 1969; 手稿

中法工商银行 1918 年至 1921 年 6 月工资单; Banque Franco Chinoise; 1969.11.14; 账本账单

法帝中法工商银行; 1969.12.5; 其他

The yokohama spiece bank, limited (to the manager the banque franco-chinoise); The Yokohama Spiece Bank, Ltd.; 1981.8.4; 信件

Assurance franco-asiatique; 其他

Banoue franco-chinoise; 信件

Banque belge pour l'etranger; 报告

Banque belge pour l'etranger; 其他

Banque de credie roumain, bucarest; 信件

Banque de l'indoChine; 账本账单

Banque de l'indoChine 往来文件; 信件

Banque de paris & des pays-bas; 账本账单

Banque francaise et italienne;其他
Banque francaise et italienne;图书
Banque franco chinoise;信件
Banque franco-chinoise;账本账单
Banque franco-chinoise;信件
Banque franco-chinoise;报告
Banque franco-chinoise;中法工商银行;其他
Banque franco-chinoise;信件
Banque franco-chinoise;账本账单
Banque franco-chinoise;综合
Banque franco-chinoise;综合
Banque franco-chinoise;综合
Banque franco-chinoise;综合
Banque franco-chinoise pour le commerce et l'industrie;其他
Banque industielle de China;其他
Banque industielle de Chine;账本账单
Banque industrielle de Chine;综合
Banque industrielle de China — Shanghai 地图;地图
Banque industrielle de Chine;其他
Banque industrielle de Chine;账本账单
Banque industrielle de Chine;综合
Banque industrielle de Chine;综合
Banque industrielle de Chine agence de Tientsin;手稿
Banque union de boheme;信件
Banques;表格
Banques;表格
Banquet de l'indoChine;账本账单
Banquet franco-chinoise confirmation;综合
Bordereau d'encaissement;账本账单
Castel des banques de la vieille;报告
Castel des banques de la vieille;报告
Chambre de compensation;档案
Chemin de fer de chengtu è chungking;其他
Comission de garde du sinking fund de;账本账单
Compagnie d'assurances generales;报告
Compagnic franco Americaine;账本账单
Compte n3;账本账单
Concession francaise de Tientsin 地图;地图
Credit foncier d'extreme-orient;Banque Franco-Chinoise;信件
Croix rouge francaise;信件
Croquis shematique;其他
Drodriete de la hai-ho condervahcy commion 地图;地图
Invent airs de la maibon du race course;表格
Inventaire du contenu du coffre-fort irving moyen déposé dans les bureaux de la;其他
Inventaire du materiel et mobilier de nos bureaux;账本账单
Invere de la maison du race course;报告
Linge de tsinanfu;报告
Liste;图书
Liste de pieces de rechange;账本账单
Liste recapitulative des depiteurs de toutes les;报告
Messrs. reuter. broeckeelmann & co.,

Shanghai;其他

Olivier & cie.;档案

Olivier Chine;I.T. Koo;信件

Olivier-Chine;信件

Ortsverzeichnis;Banque Franco-Chinoise;其他

Pour le fonctionnement de la serrure et des combinaisons n.s. contr? le et combinaisons ....;其他

Rapport contradictore d'expertise;输入临时管理委员会;报告

Releve du compte;账本账单

Salle a manger;表格

Societe anonyme;G.D. Forster & Co., Limited;其他

Societe d'exploitstion des etablissements brossard mopin;报告

The banque national de credit;账本账单

Tramways de pekin;上海马利工艺厂出品;综合

天津中法工商银行储蓄存折;其他

中法工商银行;其他

三、意大利文资料

题名;责任者;出版时间;载体

Assemblee generale ordinaire 1932;1922.11.14;信件

Banca commerciale italian;1922.12.19;信件

Banca commerciale italiana genes;1922—1934;综合

Banca commerciale italiana sede di milano;1923;信件

Banca commeuiale ltaliana;1923;信件

Credito italiano;1923;图书

Banca commerciale Italian sede di milano;1923.11.23;账本账单

Banca commerciale italiana;1923—1933;综合

Immeubles racine;1924.7.28;账本账单

Immeubles racine;1924.7.28;账本账单

Banca commerciale italiana;1924—1927;综合

Banca commerciale italiana;1926—1929;信件

Banca commerciale italiana;1928;信件

Banca moldova;1928.8.30;合同

A/a inward riunione & la protectrice (fire) dateed 23rd oct. 1928;1928.10.23;合同

Intasco;1928.12;综合

Fernand leconte;1928—1941;账本账单

Fernand leconte;1928—1941;账本账单

Banca commerciale italiana;1929;表格

Procuration generale;1929.10.1;报告

Banca commerciale italian;1930.4.23;账本账单

Banca commerciale italia;1930—1931;账本账单

Banca commerciale italiana;1931.5.16;表格

Riunion adriatica di sicurta, trieste;North-China Daily News;1932.7.20;期刊

Sola;1933;综合

Banca commerciale italian;1934.2.19;报告

Societa di navigazione fluviale;1937.6;综合

Banca commerciale italiana;1938—1939;综合

Banca commerciale italiana;1939;档案

La donna;1946;账本账单

Banca commerciale italiana;1946.8;信件

Banca commerciale italiana;1947;其他

Societa anonima italiana;1947.3;信件

Assemblee generale ordinaire;The Bank of Adelaide;1947.6.1;报告

Letters envotees a la direction generale;1948.3;信件

Amintasco;1948.12—1949.1;综合

Sino-chenica;1950;信件

Credito italiano;报告

Credito italiano;图书

Elenco firme autorizzate;其他

Immeubles racine;账本账单

四、德文资料

题名;责任者;出版时间;载体

Deutch-asiatische bank, berlin.;1924.6.16;信件

Dizeclion dez disconlo gesellscbarc berlin;1925—1928;综合

Berliner handels-gesellschaft;1926;信件

J. ullmann & co.;1926.6.28;信件

Telegramme recu;1927;手稿

Commerz-und privat bank;1927.1.6;信件

Nederlandsch indische handelsbank n.v.;1927.2.15;账本账单

Solothurner handelsbank;1927—1928;综合

Deutsche bank and disconto genellocho berlin;1928—1948;综合

H.j. zimmerman co;1929;信件

Nederlandsch indische handelsbank n.v.;1929;信件

Nederlandsch indische handelsbank n.v.;1929;账本账单

Darmstadter und national bank;1929.1.8;信件

Nederlandsch indische handelsbank;1929—1934;综合

Nederlandsch indische handelsbank n.v.;1930.1.24;账本账单

J. ullmann & co.;1932.5.20;账本账单

Escher wyss tender no.1027/e.d vorteile der escher wyss impuls-turbine;1933;报告

Nederlandsch indische handelsbank n.v.;1933;账本账单

Nederlandsch indische handelsbank, N.V.;1933.4;其他

Nederlandsch-indische handelsbank n.v.;1933.5.10;信件

Nederlandsch indische handeksbank, Shanghai;1933.8.31;信件

Nederlandsch indische handelsbank n.v.;1935;信件

Nederlandsch indische handelsbank. n.v.;1935.6.26;账本账单

Cr inf weinschenker eisenbach co. inc;1936;信件

Deutsche bank und disconto cesellschaft berlin;1936;报告

Kleffel;1936.2;信件

J. ullmann & co.;1937;信件

J. ullmann & co.;1937;账本账单

J. ullmann & co.;1937;综合

Mr. n. yakoonnikoff;1937.3.4;账本账单

Tientsin baugesellschaft;1937.12;账本账单

Ernest d. kracht;1937—1938;综合

Inkasso tarif;1938;其他

Mr. n. yakoonnikoff;1938.7.12;账本账单

Nederlandsch indische handelsbank n.v.;1938.8;账本账单

Deutsch-asiatische bank;1938.11—12;综合

Nederlandsch indische handelsbank. n.v established at amsterdam (batavia);1938.11;综合

Nederlandsch indische handelsbank n.v.;1938.12.29;信件

Schweizerisch bankverein;1939.8;合同

Yayeur and aimmer;Banque Franco-Chinoise;1939.10.23;综合

Schweizerischer bankverein;1939.6.10;信件

Carlowitz & co.;1939.12.1;信件

J. ullmann & co.;1939.12.8;账本账单

Schweizerischer bankverein;1940;账本账单

Nederlandsch indische handelsbank;1940.3.7;账本账单

Nederlandsch indische handelsbank;1940.5.28;报告

Nederlandsch indische handelsbank, n.v hong kong;1940.5.31;信件

Nederlandsch indische handelsbank n.v (gevestigd te amsterdam);1940—1941;综合

Nederlandsch indische handelsbank. n.v.;1940—1942;综合

Nederlandsch indische handelsbank, n.v.;1941;信件

Virement;1941;综合

Deutsch-aisatische bank;1941.5.6;信件

J. ullmann & co.;1941.7.23;信件

Norddeutscher lloyd bremen;AKS/SFC;1941.11;信件

Nederlandsch indische handelsbang, N.V;1944.9.19;信件

Deutsch-asiatische bank;The Chase Bank;1945—1947;综合

Mrs. l.m. kleinhans;1946;账本账单

Mrs. w.e. van der meulen;1946;账本账单

Nederlandsch indische handelsbank;Manufacturers trust company;1946;综合

Rev. reinhold j. mueller;1946;账本账单

Schweizerischer bankverein;1946.1.22;账本账单

Nederlandsch indische handelsbank n.v.;1946.3.7;信件

Nederlandsch indische handelsbank n.v.;1946.8;综合

Nederlandsch indische handelsbank, n.v.;The Chase Bank;1946.8—11;综合

Nederlandsch-indische handelsbank n.v.;1946.11.28;信件

Schweizerischer bankverein.账单;1946.12.4;账本账单

Nederlandsch indische handelsbank n.v;1947.7.1;其他

Nederlandsch indische handelsbank, n.v.;华光企业公司;1947—1948;综合

Nederlandsch indische handelsbank;1948;综合

Blum & haas. wiesbaden weingrosshandlung;1948.1.9;信件

Mr. i. altadukoff;1948.5.3;账本账单

Wehrhahn & co;1948.8.5;信件

Schweizerische kreditanstalt;1949.3.3;账本账单

Nikolai kononowitsch, hamburg;1949.5.5;报告

Nnederlandsch indische handelsbank n.v,;1949.10;账本账单

Deutfches ceneralkonfulat shanghai;新泰兴洋行;信件

Korrespondentenliste fur deutschland (list

of correspondents for germany/list de correspondants en ...; Reichs-Kredit-Gesellschaft;表格

Deutsche bank und disconto-gedellschaft; 1949.1—3;其他

Nederlandsch indische handelsbank, n.v; Sir Norman Angell, The New York Times Magazine;其他

Nederlandsch indische handelsbank, N.V; 其他

Reichs-kredit-gesellschaft aktiengesellschaft, berlin;报告

Telegramme expedie;手稿

五、西班牙文资料

题名;责任者;出版时间;载体

Banco hispano Americano;1917.9.29;信件

Banco lliquino calalan bancelone;1925.11;合同

Banco urquijo catalan;1930;账本账单

Banco buinag lilonne;J. Warner Brown;1930.9—10;信件

哥斯达黎加国民银行函件;美帝美国商业银行;1948.9—1949.6;其他

Banco frances e italiano para la America del sud;1948—1949;综合

六、日文资料

题名;责任者;出版时间;载体

Kinkai yusen kaisha;1934;账本账单

读卖新闻;读卖新闻社;1936.7.27,1936.7.24;期刊

Nippon yusen kaisha;1938—1950;其他

Keishin nichi-nichi shimbun;1941;综合

横滨正金银行天津支店 御中;颍川义彦;1944;信件

The nisshin kisen kaisha;1944.7.24;信件

天津日报;金田一良,天津日本租界寿街合名会社天津日报社;期刊

天津手形交换所规约;其他

清算贷借对照表 附表(昭和十六年十二月七日现在);账本账单

他所割引手形证印账;账本账单

七、其他语种资料

题名;责任者;出版时间;载体

E. vernaudon;1929;档案

N.v. exploitatie maatschappij en lederfabriek "wonotjolo";Frank A. Howard;1930.8.23;信件

J. Kleffel;Bank Of Communications, Tientsin;1930.11.18;信件

Aktiva;Hugo Reiss & Company;1932;综合

Acnz oktorg;1936;综合

Nederlandsch indische handersbank, calcutta et Bombay;1937;其他

D.e. galatis;1937.12.20;账本账单

Sanatorjum pol. czerwonego krzyza zakopane;L.B. Gray;1939—1948;信件

Kaplan & varshavsky;1946;账本账单

Stockholms enskilda bank aktiebolag;Stockholms enskilda bank aktiebolag;1946.5;其他

Allman daines & kopa;P.H. Vissers;1946.12.17;合同

Hivallakem j kjolenbavn copenbague;1947.1.;信件

M.p. altamira;1947.1;信件

N.b. Daszkiewicz;American Asiatic Underwriters;1947—1949;综合

Colonel cdl fuciliar;1948;信件

Manutaerne;1949;综合

P. Kierulff. Co;1949;信件

Pr ets auguste lepoutre & co s.a.;1950.8.29;信件

Magyar tudomanyos akademia;其他

后　　记

张仲礼先生是上海社会科学院的老院长，在中国经济史研究领域享有盛名，他所收藏的资料内容广泛、种类繁多，但长期不见天日，处于杂乱无章的状态。院图书馆从接收清点到整理编目再到出版成书，前后历时四年，终于在 2017 年年底为读者献上了张老所藏中文资料的目录，而现在呈现在大家眼前的是其所藏西文资料的目录。

2013 年 6 月 19 日，院第九次党政联席会议决定将张仲礼老院长留存的学术资料交由院图书馆存放，并希望根据具体情况建立专门资料室陈列。收到装满几十只旧木箱的资料后，图书馆随即开始制订计划，安排人手，成立工作小组，由馆长王海良亲自挂帅。是年秋，我们拆箱除尘，按文种分开摆放，并经过一年整理，弄清了这批资料的情况。资料分中文和西文两大部分，而西文主要是英文，遂决定先整理中文资料。2014 年 9 月，李蘅、程佳、蒋晨一起带领上海师范大学古典文献专业的实习生开始分类编目。2016 年初，中文资料整理编目完毕，我们立即启动了西文资料的整理工作。

由于西文资料年代早于中文资料，保存状况更差，整理起来更加困难费力。在程佳的统筹协调和蒋晨、施玉妹、崔新梅带领下，整理编目工作于 2016 年年底完成。后又在武模会、王莺、王立伟、杨士奇等帮助下，完成了数据导出、合并和查重，形成了完整成果。西文资料目录共收西文条目 8 537 条，与中文资料目录数量相当，但其内容更广博，纷繁芜杂。语种以英语为主，但也涵盖其他多种语言，如法语、意大利语、德语、西班牙语、葡萄牙语等。由于西文资料原封面或首页形式不一，标题文字纷杂，加之整理录入容易出错，西文目录最初出现大量单词、字母错误。王威、毕晓妍对全部条目进行了逐一校对，改正了错误，统一了拼写，又根据责任编辑曹艾达女士的建议，协助主编对全部条目进行了分类和编排，最终形成了成书时的目录。

除了上述工作小组成员外，这本目录得以顺利出版还要感谢许多人的辛勤付出。感谢图书馆办公室的张瑞力，一直默默无闻地为大家做好后勤保障工作，准备口罩、手套等劳动工具。感谢上海师范大学古典文献专业 2011—2013 级连续三届的四年级实习生，协助我们进行整理编目。他们是：李沁、文静、马岭、吴长城、黄舒萍、庄慧杰、邱倩云、李晓峰、陶佳婕、李仪、江艳、姚骄桐、沈怡琦、张诗琪、钟添好。正是由于这些同学的努力,为我们解了人手不足的燃眉之急,真是十分感谢。同时我们还想感谢上海师范大学人文学院副院长张剑光教授、古籍所所长刘光胜教授和刘宇老师,近年来陆续推荐了许多十分优秀的学生过来帮忙,为我们顺利整理张仲礼收藏的学术资料做出了贡献。

值得一提的是,张老毕业于上海圣约翰大学,而上海社会科学院图书馆的前身即是圣约翰大学图书馆,也许这在冥冥之中也是一种缘分。2015 年 9 月 19 日,一代学人驾鹤西去,我想张仲礼收藏中文学术资料目录的率先出版,也是对张老的一种告慰和纪念。作为中文资料目录的姊妹篇,此次西文资料目录的成功出版,终于使我们得以借此达成学习和纪念张老的夙愿。2018 年 9 月,上海社会科学院和院图书馆迎来了 60 周年华诞,这本目录的面世也是一份献礼,希望它能鼓励更多社会科学工作者继承先贤的治学精神并加以发扬光大。

编者谨识

图书在版编目(CIP)数据

上海社会科学院图书馆馆藏张仲礼学术收藏目录：西文/王海良主编.—上海：上海社会科学院出版社，2018

ISBN 978-7-5520-2483-8

Ⅰ.①上… Ⅱ.①王… Ⅲ.①科研图书馆—图书馆目录—上海 Ⅳ.①Z822.5

中国版本图书馆 CIP 数据核字(2018)第 235007 号

上海社会科学院图书馆馆藏张仲礼学术收藏目录(西文)

主　　编：王海良
副 主 编：王　威　毕晓妍
责任编辑：曹艾达
封面设计：周清华
出版发行：上海社会科学院出版社
　　　　　上海顺昌路 622 号　邮编 200025
　　　　　电话总机 021-63315900　销售热线 021-53063735
　　　　　http://www.sassp.org.cn　E-mail:sassp@sass.org.cn
排　　版：南京展望文化发展有限公司
印　　刷：上海新文印刷厂
开　　本：710×1010 毫米　1/16 开
印　　张：13.5
插　　页：2
字　　数：288 千字
版　　次：2018 年 12 月第 1 版　2018 年 12 月第 1 次印刷

ISBN 978-7-5520-2483-8/Z·065　定价：98.00 元